高职高专"十三五"规划 国际商务（跨境电商）系列教材

报关实务

刘 丽 主编
陈 婧 汪媛媛 庄 诺 副主编
杨志刚 主审

化学工业出版社

·北京·

本书密切结合报关岗位实际工作内容，介绍报关岗位的认知、海关的认知和海关管理、对外贸易管理认知、我国对外贸易管制的主要制度、我国贸易管制主要措施、一般进出口货物通关流程、保税加工贸易货物通关流程、跨境电商零售通关流程、展览品暂准进出境通关流程、特定减免税货物进口通关流程、其他贸易进出境货物通关流程、进出口税费认知、进出口完税价格和税率、进出口关税和进口环节税费核算、滞报金和滞纳金核算、进出口报关单认知、报关单填制作业、报关单复核。

本书可作为高等学校报关与国际货运、国际商务、物流管理、集装箱运输管理、国际贸易等专业的学习教材，也可作为报关公司、物流公司、货运代理公司等相关单位管理、技术和业务人员的培训教材。

图书在版编目（CIP）数据

报关实务/刘丽主编. —北京：化学工业出版社，2019.3（2024.8重印）
高职高专"十三五"规划　国际商务（跨境电商）系列教材
ISBN 978-7-122-33760-3

Ⅰ.①报… Ⅱ.①刘… Ⅲ.①进出口贸易-海关手续-中国-高等职业教育-教材　Ⅳ.①F752.5

中国版本图书馆CIP数据核字（2019）第011574号

责任编辑：董　琳　　　　　　　　　　文字编辑：谢蓉蓉
责任校对：宋　玮　　　　　　　　　　装帧设计：张　辉

出版发行：化学工业出版社（北京市东城区青年湖南街13号　邮政编码100011）
印　　装：北京七彩京通数码快印有限公司
787mm×1092mm　1/16　印张13¼　字数323千字　2024年8月北京第1版第4次印刷

购书咨询：010-64518888　　　售后服务：010-64518899
网　　址：http://www.cip.com.cn
凡购买本书，如有缺损质量问题，本社销售中心负责调换。

定　　价：48.00元　　　　　　　　　　　　　　　　　版权所有　违者必究

高职高专"十三五"规划 国际商务（跨境电商）系列教材
编 委 会

主　　　任：毛忠明

副 主 任：刘　丽　杨志刚

编委会成员（按姓氏笔画排序）：

于丽艳	王宇翔	毛忠明	吕冬梅	朱新强
庄　诺	毕盛楠	刘　丽	刘　艳	汤丽佳
李爱群	杨志刚	杨　顺	杨春兰	吴文一
邹　娟	汪媛媛	沈　力	沈　洋	张　磊
张晓昕	陈　婧	周琼琼	房京坤	钟松影
董　淼	谢　莹	蔡　艺		

近年来国家大力推进"互联网+"行动计划,倡导"大众创业、万众创新",坚持创新驱动发展,全面实施"中国制造2025",着力推进外贸供给侧结构性改革。随着"一带一路"国际合作高峰论坛的成功举办,跨境电商将迎来新的历史机遇。

为贯彻落实《国务院关于促进外贸回稳向好的若干意见》(国发〔2016〕27号),以上海自贸区进行试点,推进自贸试验区贸易监管制度创新、推进跨境电子商务加快发展、加快培育外贸自主品牌、加快国际营销网络建设等多条措施,围绕中国(上海)跨境电子商务综合试验区建设目标,培育和集聚跨境电子商务、跨境金融、跨境物流及其他相关服务企业,形成具有国际竞争力的跨境电子商务产业集群。随着上海自贸区的发展,跨境电子商务发展也展现出勃勃生机,逐渐开通的国际商流、物流和迅速提升的产品运输速度和物流监管力为跨境电商发展提供了便捷有保障的服务支撑。

中国电子商务研究中心针对多家企业的调研结果显示,跨境电商企业普遍认为目前跨境电商人才严重缺乏,而不同规模企业对人才类型需求有差异。小型企业和大型企业相对于中型企业而言,更倾向于选择跨境电商复合型人才,而非专业人才。这类人才需要具备外语沟通能力、国际贸易实务、电子商务等专业知识和职业能力,并熟悉相关国际规则。

国内高等学校为了顺应经济社会发展需要,纷纷开设国际商务(跨境电商)专业(方向),以培养跨境电商行业急需的专业人才。但是目前教材大多偏重于传统国际贸易或电子商务平台,适合跨境电商的复合型系列教材还是比较缺乏。《国际商务(跨境电商)系列教材》正是在这种背景下编写的。为了做好此项工作,我们邀请多家高职高专、高校和企业专家共同参与教材编写。本系列教材基于对国际商务(跨境电商)相关岗位工作任务的调研,以培养学生的职业能力为核心目标,充分体现了工学结合、任务驱动和项目教学的特点。

本系列教材共有11本,涵盖了跨境电商、报关、报检、国际金融、会计、国际结算、人力资源、客户关系、网络推广、国际物流等,其中3本为双语教材,旨在将国际商务(跨境电商)的相关理论知识与英语的学习有机结合起来,培养跨境电商复合型人才,突出以就业为导向、以企业工作需求为出发点的职业教育特色。在内容上,注重与岗位实际要求紧密结合;在形式上,提供配套学习多媒体课件和项目学习评价。本系列教材既能满足国际商务(跨境电商)专业人才培养的需要,也可满足企业人员进行自我提升的需要,还可以作为在职人员培训教材。我们希望通过本系列教材的出版,能够加强专业内涵建设,促进复合型跨境电商人才与市场需求接轨,为跨境电商和"互联网+"行动计划提供高素质、技能型的复合型人才。

国际商务(跨境电商)系列教材编委会
2018年5月

前言

进出境报关是对外贸易活动的一个关键环节,是国家对外经济贸易活动和商品供应链管理系统中的一个重要组成部分。随着我国对外贸易的结构性变革,报关已经成为具有一定规模从业人员和相对独立成熟职业技能的专门职业,并且逐步扩大外延向具有更多内涵的报关关务、海关合规等新的职业领域发展。随着我国对外贸易的发展,与对外贸易相关联的社会化服务体系逐步形成,报关服务的专业化、社会化程度不断提高,报关作为一种社会职业已经逐渐为社会所关注。

报关业务范围十分广泛,报关业务的质量直接关系着进出口货物的通关速度、企业的经营成本和经济效益、海关的行政效率等。由于报关活动与国家对外贸易政策法规的实施密切相关,报关业务有着较强的政策性、专业性、技术性和操作性。

本书把高等职业教育"以服务为宗旨,以就业为导向"的培养目标作为出发点,以知识"必需、够用"为原则来构建内容框架。采用项目引领、任务驱动的编写方式,以进出口报关业务为主线,重点全面阐述报关岗位操作和报关技能培养。报关岗位操作阐述一般进出口货物、保税加工货物、跨境电商零售进出口货物、展览品、特定减免税货物等货物进出境报关程序;报关技能培养以阐述进出口税费核算和报关单填制与复核为主,并有相应的情境操作加深读者的理解。

本书力求反映报关行业的最新动态和发展趋势,做到理论与实务兼顾,内容完整、翔实和新颖,并突出报关业务重点。本书密切结合报关岗位实际工作内容,总结了编者多年的教学和企业培训经验,参考了国内相关教材的知识和案例,充分体现结构编排合理、深入浅出、循序渐进、体例新颖、内容生动实用,注重培养学生岗位技能的特点。因此,本书可作为报关与国际货运、国际商务、物流管理、集装箱运输管理、国际贸易等专业的学习教材,也可作为报关公司、物流公司、货运代理公司等相关单位管理、技术和业务人员的培训教材。

本书由上海工商外国语职业学院刘丽主编并统稿,上海工商外国语职业学院陈靖、庄诺和上海市现代流通学校汪媛媛参与编写相关内容,闵千叶、诸美红协助收集整理材料。感谢上海海事大学王立坤副教授、上海海事职业技术学院徐金玲副教授、上海报关协会尚思瑶和广东欧华国际货运代理公司上海分公司何震总经理提供支持。全书由上海海事大学杨志刚教授主审。在本书编写过程中，参考或引用了国内外相关资料，在此谨向各位专家、学者致以诚挚的感谢！

由于编者学识水平有限，本书难免出现疏漏和不妥之处，真诚希望广大读者批评指正。

编者

2018 年 10 月

项目一　报关实务认知 ·· 1
　　任务一　报关岗位认知 ··· 2
　　任务二　海关认知和海关管理 ··· 12
　　小结 ·· 25
　　实践案例 ··· 25
　　学习评价 ··· 26

项目二　对外贸易管理实务 ·· 29
　　任务一　对外贸易管理认知 ·· 30
　　任务二　我国对外贸易管制的主要制度 ·· 36
　　任务三　我国贸易管制主要措施 ·· 43
　　小结 ·· 49
　　实践案例 ··· 49
　　学习评价 ··· 50

项目三　报关岗位操作实务 ·· 53
　　任务一　一般进出口货物通关流程 ·· 54
　　任务二　保税加工贸易货物通关流程 ··· 63
　　任务三　跨境电商零售通关流程 ·· 82
　　任务四　展览品暂准进出境通关流程 ··· 90
　　任务五　特定减免税货物进口通关流程 ·· 95
　　任务六　其他贸易进出境货物通关流程 ······································· 101
　　小结 ··· 111
　　实践案例 ··· 112
　　学习评价 ··· 113

项目四　报关岗位专项技能——进出口税费成本的核算 127
　任务一　进出口税费认知 128
　任务二　进出口完税价格和税率 132
　任务三　进出口关税和进口环节税费核算 144
　任务四　滞报金和滞纳金核算 150
　小结 152
　实践案例 153
　学习评价 153

项目五　报关岗位专项技能——报关单的填制与复核 156
　任务一　进出口报关单认知 157
　任务二　报关单填制作业 159
　任务三　报关单复核 177
　小结 181
　实践案例 181
　学习评价 184

附录　中华人民共和国海关法（2017年修正版） 190

参考文献 202

项目一　报关实务认知

 知识目标

◆ 掌握报关工作岗位对报关人员的基本能力要求
◆ 熟记海关的权力以及对报关单位和报关人员的管理要求

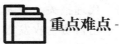 **能力目标**

◆ 能够根据工作情境，理解并掌握报关的内涵，列举报关工作的特点；能够理解报关单位的设立条件；能够分析报关岗位的行为规范和要求
◆ 能够根据工作情境，理解并掌握海关的性质、基本任务，海关权力内容，海关对报关单位和报关人员的监管以及管理制度

重点难点

◆ 报关岗位的行为规范和要求
◆ 海关对报关单位和报关人员的监管以及管理制度

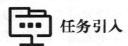 **任务引入**

　　进出境报关是对外贸易活动的一个关键环节，是国家对外经济贸易活动和商品供应链管理系统中的一个重要组成部分。本项目将以报关实务基础知识为核心，从报关单位、报关人员、海关监督管理三个方面阐述相关知识和技能，突出培养报关过程中实务认知能力。

任务一　报关岗位认知

一、报关认知

(一) 报关的概念

报关是与进出境运输工具、货物和物品的进出境密切相关的职业服务行为。在国际贸易和国际交往中，存在着大量的运输工具、货物和物品进出境的活动。通过设立海关的地点进出境并依法办理海关手续是国际通行规则，也是进出境运输工具负责人、进出口货物收发货人和进出境物品所有人应尽的义务。

《中华人民共和国海关法》（以下简称《海关法》）规定，进出境运输工具、货物和物品必须通过设立海关的地点进境或出境，并向海关办理相关申报、纳税等通关手续。由于办理进出境货物的通关手续需要由熟悉国际贸易业务，精通海关法律法规、海关业务制度和业务流程的专业人员办理，因此，在社会实践过程中，逐渐形成了为社会提供专门办理通关手续的专业技能服务——报关。

本书论述的报关，是指进出口货物的收发货人或其代理人（或称受委托的报关企业），在货物进出境时，依法办理有关手续的行为及其过程，包括向海关申报、交验单据证件，并接受海关的监管和检查等。向海关办理进出口货物的报关手续，依法缴纳关税和其他税费，是国家对进出口货物进行监督管理的基本要求，也是进出口货物收发货人及其代理人必须履行的基本义务。

(二) 报关的分类

1. 自理报关与代理报关

从委托关系的角度，报关可以分为自理报关和代理报关两种形式。进出口货物收发货人自行办理报关手续，称为自理报关。接受进出口货物收发货人的委托代理办理报关手续，称为代理报关。

根据法律行为责任承担者的不同，代理报关又分为直接代理报关和间接代理报关。直接代理报关是指报关企业接受委托人（进出口货物收发货人）的委托，以委托人的名义办理报关业务的行为。间接代理报关是指报关企业接受委托人的委托，以报关企业自身的名义向海关办理报关业务的行为。

直接代理报关与间接代理报关的区别在于：在直接代理报关中，报关企业（代理人）报关行为的法律后果直接作用于进出口货物收发货人（委托人）；而在间接代理报关中，报关企业（代理人）应当承担与进出口货物收发货人（委托人）自理报关时所应当承担的相同的法律责任。目前，我国报关企业大多采取直接代理形式报关，间接代理报关主要用于经营快件业务的营运人等国际货物运输代理企业。

2. 逐票报关与集中报关

逐票报关是指根据《中华人民共和国海关进出口货物申报管理规定》，进出口货物收发货人按照进出口货物每次进出口时的实际状态，根据规范要求，填制"中华人民共和国海关进/出口报关单"，逐票逐次向海关进行申报。这是一种常规的通关方式。

集中报关是指根据《中华人民共和国海关进出口货物集中申报管理规定》，经海关备案，进出口货物收发货人在同一口岸多批次进出口规定范围内的货物，先以"中华人民共和国海关进/出口货物集中申报清单"申报货物进出口，再以报关单集中办理海关手续。这是一种特殊的通关方式。

适用集中报关的进出口货物主要包括以下几种。

（1）图书、报纸、期刊类出版物等时效性较强的货物；

（2）危险品或者鲜活、易腐、易失效等不宜长期保存的货物；

（3）公路口岸进出境的保税货物。

3. 有纸报关与无纸报关

有纸报关，也称为纸质报关，是指进出口货物的收发货人、受委托的报关企业，按照《中华人民共和国海关进出口货物报关单填制规范》（简称《报关单填制规范》）的规定填制纸质报关单，备齐随附单证，向海关当面递交纸质报关单履行申报义务的方式。

无纸报关，也称为电子报关，是指进出口货物的收发货人、受委托的报关企业通过计算机系统，按照《报关单填制规范》的规定，向海关报送报关单电子数据并且备齐上传随附单证的申报方式。

无纸报关是利用现代信息技术，采取互联网方式，对进出口货物电子申报数据进行自动处理的一种先进的报关方式，具有数据处理自动化程度高、通关速度快、成本低等特点。

4. 口岸报关与属地报关

按照报关地点的不同，报关可以分为口岸报关和属地报关。口岸报关是指在货物的实际进出境地海关办理报关手续，属地报关是指在报关单位的企业注册地直属海关关区内办理报关手续。

2006年以来，我国海关启动了全面深化区域通关的业务改革，首先实施了跨关区的"属地申报，口岸验放"的通关模式。这种模式下，对于符合海关规定条件的企业，可在其注册地海关履行申报义务，海关在口岸放行环节履行其监督检查管理的职责。符合海关规定条件的企业进出口货物时，还可自主选择向属地（企业注册地直属海关关区内）海关任一海关单位申报的报关方式，货物由实际进出境地的口岸海关办理货物验放手续，从而简化海关手续，提高通关效率，降低通关成本。

2013年11月后，"属地申报，口岸验放"通关模式进一步拓展为"属地申报，属地放行"通关模式，即结合海关企业信用管理措施，收发货人为高级认证类企业且报关企业为一般信用类以上企业进出口货物时，可自主选择向属地海关申报，并在属地海关办理货物放行手续。自2014年5月1日起，经营单位为一般认证企业且申报单位为一般信用企业以上进出口货物，除布控查验货物外，也可适用"属地申报，属地放行"通关模式。两种通关方式如图1-1所示。

图1-1 属地报关

根据《海关全面深化改革总体方案》（署党发〔2014〕35号）精神，全国通关一体化改革是海关全面深化改革的核心任务，其结构支撑是"两中心三制度"，即建设风险防控中心、税收征管中心，实施"一次申报，分步处置"、改革税收征管方式、优化协同监管。

"一次申报，分步处置"是通关流程再造的核心内容，改变海关接受申报、审单、查验、征税、放行的"串联式"作业流程，由企业完成报关和税款自报自缴，安全准入风险主要在口岸通关现场处置，税收风险主要在货物放行后处置（已缴纳税款或提供有效担保）。在开展安全准入和税收风险防控时充分考虑企业信用。

5. 报关增值服务

报关增值服务主要有代理报检手续、代理国际货运和国内货运、关务咨询、预归类服务、代办原产地预确认手续等增值服务。以下主要介绍关务咨询和预归类服务。

（1）关务咨询。关务咨询是指以通关业务为核心，围绕企业经营背景和特点，结合海关等政策环境，研究、策划、解决企业国际贸易货物通关运作及与此相关的各种实际问题。也可称为通关业务咨询或关务管理咨询。按专业层次，关务咨询可分为通关运作咨询和通关管理咨询。

通关运作咨询是指以报关作业及其相关作业行为为核心的实务操作方法探讨和行为方式选择。其业务涵盖范围主要包括：通关政策解读与运用，供应链信息沟通、确认的方法，货物通关数据备案、报关操作的办法等。通关运作咨询是关务咨询不可或缺的重要组成部分，对企业进出口货物通关有着直接的专业支持作用。

通关管理咨询是指以设计、构建通关管理模式、通关控制系统为核心目标的系统解决方案的研究与选择。其主要业务内容涵盖关务管理组织、关务作业流程、关务作业标准、关务运作核算、关务信息管理、关务作业团队等。通关管理咨询的立足点和出发点是：专业解决企业与供应商、客户、海关、外管、税务的关务对接和信息交流，并借此促进企业关务管理规范化、专业化、系统化、信息化，确保进出口货物通关顺畅、成本可控、核算专业、管理有序，并借此塑造良好的海关信用和公众形象。

按业务范围，关务咨询可分为通关专项咨询和系统解决方案咨询。专项业务咨询也称个案业务咨询，主要是针对具体事项、具体问题的专项策略研究和专门办法探讨；系统解决方案咨询则主要是针对所有涉及事项、所有涉及范围的完整策略研究和系统解决办法选择。

某一外资企业员工因工作出色，学习能力强，该企业继续教育部门派其前往母公司考察学习半年专业技能。该员工在学习期间省吃俭用，节约外汇，回国前用自己节省下的食宿补助购买企业机床用铣刀刀片2盒（共100片），价值2000美元。飞回国内时，他认为无须申报，选择通过"绿色通道"，海关例行检查发现后货物被查扣。为此，该员工及所在企业向你所在报关单位咨询。若你是某报关企业员工，将会合理建议哪些关务手续？

通关业务咨询方案的策划、设计和实施组织，是关务核算管理综合知识的系统运用，是工作经验和客观环境的有机结合，是专业技能的集中体现，是报关职业工作中颇有专业高度和技术难度的挑战性工作。

(2) 预归类服务。预归类服务是指进出口货物预归类服务单位（简称预归类服务单位），受进出口货物收发货人及其代理人的委托（签订"进出口货物预归类服务委托协议"），对其拟进出口货物预先进行商品归类，并出具"进出口货物预归类服务意见书"（简称预归类意见书）的民事行为。

预归类服务单位是指经中国报关协会评估从事进出口货物预归类服务的单位。预归类服务单位的资质牌匾和证书由中国报关协会统一监制。预归类服务人员是指经中国报关协会组织的预归类专业技能培训并考试合格，从事进出口货物预归类服务的人员。预归类服务人员应在预归类服务单位开展预归类服务。正常情况下，预归类服务单位应当自签订"进出口货物预归类服务协议"后，且预归类服务单位在接到委托人交付齐全的材料之日起，十个工作日内完成预归类服务，签发预归类意见书给委托人，并通过预归类服务网络系统（全国预归类服务平台）发送海关。预归类服务单位发现商品归类错误时，应立即在预归类服务系统里对该份预归类意见书进行撤销标注，并书面通知预归类服务委托人终止使用该预归类意见书，同时将预归类意见书收回。委托人接到预归类服务单位通知后，应立即停止使用该意见书。预归类服务单位应按相应程序重新进行商品预归类。

"全国预归类服务平台"（www.hscode.net）是预归类服务单位接受预归类委托人委托，开展预归类咨询服务的全国性统一网络平台。所有预归类单位统一在该平台上开展预归类服务。预归类委托人可通过预归类服务系统发布需求信息，并指定某一预归类服务单位为其提供预归类服务。预归类单位可通过预归类服务系统接受预归类委托人委托，与委托人签订"进出口货物预归类服务委托协议"，为其提供预归类服务，并将"预归类意见书"电子数据上传至海关H2010通关管理系统，也可通过系统打印纸质的意见书交给委托人。

二、报关单位管理措施认知

（一）报关单位的认知

根据《海关法》和《中华人民共和国海关报关单位注册登记管理规定》（以下简称《报关单位注册登记管理规定》），报关单位是指依法在海关注册登记的报关企业和进出口货物收发货人。

报关单位具有以下3个基本特征。

(1) 依法在海关注册登记。必须依法在海关注册登记后，方可向海关办理报关业务，这是成为报关单位的前提条件。

(2) 必须在中国境内。报关单位必须是中华人民共和国境内的法人、其他组织或者个人，这就意味着境外的企业、其他组织或者个人均不能成为报关单位。所谓境内，即法人或者其他组织必须是在中国关境内依法成立。

(3) 报关单位是一个集合概念，由进出口货物收发货人和报关企业两类主体共同构成。

① 进出口货物收发货人。进出口货物收发货人是指依法直接进口或者出口货物的中华人民共和国关境内的法人、其他组织或者个人。进出口货物收发货人经向海关登记注册后，只能为本单位进出口货物办理报关业务。

从所有制结构来看，收发货人主要包括国有企业、外商投资企业、民营企业和集体企业，具有企业数量多但报关单量相对较小等特点。近年统计数据显示，收发货人约占全国报关单位的98%，但其年报关单量仅占年报关单总量的约15%。

由于报关业务要求报关人员不仅具备一定的操作经验和技能，包括熟悉单证规范填报、预录入操作、传送申报和办理报关手续等，还必须对商品归类、国家贸易管制政策的调整、海关改革措施的跟进熟悉等要求具有较强的综合适应和应变能力。因此，为节约企业成本，进出口货物收发货人选择委托专业报关公司代理报关的态势在上升。

除上述企业外，一些没有进出口经营权，但临时有进出口业务的单位（组织），如境外企业、新闻机构、经贸机构、文化团体等依法在中国境内设立的常驻代表机构，学校、科研院所等组织机构，临时接受捐赠、礼品、国际援助的单位等，可以向海关申请办理临时注册登记手续。经海关注册登记后，这些单位就成了特殊的收发货人，获得了临时报关权，报关范围仅限于本单位进出口非贸易性物品。

② 报关企业。报关企业是指按照规定经海关准许注册登记，接受进出口货物收发货人的委托，以进出口货物收发货人的名义或者以自己的名义，向海关办理代理报关业务，从事报关服务的境内企业法人。其主要包括：经营国际货物运输代理业务，兼营进出口货物代理报关业务的国际货物运输代理公司；主营代理报关业务的报关公司或报关行。

专业报关企业目前开展的主要业务类型有：代理报关、报检、查验、换单，代为办理海关征免税证明、加工贸易备案与核销等。另外，有些企业也提供一些质检服务，例如代为办理熏蒸处理、3C证明、旧机电备案等。为了提高通关服务的含金量，越来越多的专业报关企业介入物流衍生服务和咨询服务。目前，专业报关企业所服务客户的行业主要集中在纺织服装、塑料橡胶、机电、食品饮料、化工等行业，但是根据产品类型来划分其部门和岗位的专业报关企业非常少，大多数专业报关企业按照服务区域、客户划分来设置部门，根据业务流程来设置岗位。而从国外报关企业的经验来看，成熟报关企业为增强其专业性，往往会依照产品类型设置报关师来进行复核和把关。这对我国报关企业的发展模式有一定的借鉴作用。

（二）海关对报关单位的管理

1. 报关单位的海关注册登记管理

2014年3月13日，海关总署发布《报关单位注册登记管理规定》（海关总署令第221号），该规定由《海关对报关单位注册登记管理规定》（海关总署令第127号）、《海关对报关人员记分考核管理办法》（海关总署令第119号）和《海关报关人员执业管理办法》（海关总署令第146号）三个行政规章合并修订而成。

修订的《报关单位注册登记管理规定》的变化主要体现在：取消报关人员的注册登记，改为以报关企业名义对其所属从业人员进行备案；取消报关企业分支机构注册登记行政许可，进一步方便企业并降低企业成本；降低报关企业注册门槛，取消注册资本、报关人员人数等条件限制；简化报关企业注册登记程序，将报关企业行政许可与注册程序合二为一，同时减少审批层级；大幅简化报关企业注册提交材料。

修订的《报关单位注册登记管理规定》的发布意义在于：一是充分体现了国务院转变职能、简政放权的精神和要求，实施后将有利于发挥市场在资源配置中起决定性作用，降低就业门槛，释放就业活力，激发创业热情，将对报关服务市场起到较大的促进作用；二是大幅降低了报关企业注册登记门槛标准（取消了150万元注册资本和报关人员人数限制），取消了报关企业关区内分支机构注册登记行政许可等，简化了注册登记手续等，这些都将降低报关企业的经营成本，有利于促进企业发展；三是扩大了企业自主用人权利，增加了报关企业的管理责任，增加了报关协会行业自律的管理责任，今后对报关企业的管理将会更多地由报关协会实行行业自律管理。

根据该规定，报关单位的注册登记管理主要有报关企业注册登记、进出口货物收发货人注册登记、临时注册登记三种类型。

(1) 报关企业注册登记。报关企业注册登记属于行政许可范畴，未经许可不得报关。基于便民、高效的原则，以及报关企业注册登记行政许可改为后置的做法，2014年公布施行的《报关单位注册登记管理规定》采用了两步并一步的简化做法，即在申请行政许可的同时办理注册登记。

① 报关企业注册登记的申请条件。具备境内企业法人资格条件；法定代表人无走私记录；无因走私违法行为被海关撤销注册登记许可记录；有符合从事报关服务所必需的同定经营场所和设施；海关监管所需要的其他条件。

② 报关企业应当提交的文件材料。报关单位情况登记表；企业法人营业执照副本复印件及组织机构代码证书副本复印件；报关服务营业场所所有权证明或者使用权证明；其他与申请注册登记许可相关的材料。申请人按照上述规定提交复印件的，应当同时向海关交验原件。

③ 报关单位注册登记证书的核发。经海关审查，申请人的申请符合法定条件的，海关依法作出准予注册登记许可的书面决定，并送达申请人，同时核发"中华人民共和国海关报关单位注册登记证书"（以下简称"报关注册登记证书"）。经海关审查，申请人的申请不符合法定条件的，海关依法作出不准予注册登记许可的书面决定，并且告知申请人享有依法申请行政复议或者提起行政诉讼的权利。

报关企业注册登记许可期限为两年。需要延续注册登记许可有效期的，应当办理注册登记许可延续手续。

报关企业在取得注册登记许可的直属海关关区外从事报关服务的，应当依法设立分支机构，并且向分支机构所在地海关备案。报关企业在取得注册登记许可的直属海关关区内从事报关服务的，可以设立分支机构，并且向分支机构所在地海关备案。

(2) 进出口货物收发货人注册登记。进出口货物收发货人应当按照规定到所在地海关办理报关单位注册登记手续。进出口货物收发货人在海关办理注册登记后可以在中华人民共和国关境内口岸或者海关监管业务集中的地点办理本企业的报关业务。

申请办理注册登记应当提交下列文件材料，另有规定的除外。

① 报关单位情况登记表；

② 营业执照副本复印件及组织机构代码证书副本复印件；

③ 对外贸易经营者备案登记表复印件或者外商投资企业（台港澳侨投资企业）批准证书复印件；

④ 其他与注册登记有关的文件材料。

注册地海关依法对申请注册登记材料进行核对。经核对申请材料齐全、符合法定形式的，应当核发报关单位注册登记证书。除海关另有规定外，进出口货物收发货人报关单位注册登记证书长期有效。

(3) 临时注册登记。临时注册登记单位在向海关申报前，应当向所在地海关办理备案手续。特殊情况下可以向拟进出境口岸或者海关监管业务集中地海关办理备案手续。

办理临时注册登记，应当持本单位出具的委派证明或者授权证明及非贸易性活动证明材料。临时注册登记的，海关可以出具临时注册登记证明，但是不予核发注册登记证书。

临时注册登记有效期最长为一年，有效期届满后应当重新办理临时注册登记手续。

2. 报关单位的权利义务和法律责任

（1）主要权利义务。报关单位有权向海关查询其办理的报关业务情况。

报关单位应当妥善保管海关核发的注册登记证书等相关证明文件。发生遗失的，报关单位应当及时书面向海关报告并说明情况。遗失的注册登记证书等相关证明文件在补办期间仍然处于有效期间的，报关单位可以办理报关业务。

报关单位向海关提交的纸质进出口货物报关单应当加盖本单位的报关专用章。报关专用章应当按照海关总署统一规定的要求刻制。报关企业及其分支机构的报关专用章仅限在其取得注册登记许可或者备案的直属海关关区内使用。进出口货物收发货人的报关专用章可以在全关境内使用。

报关单位在办理注册登记业务时，应当对所提交的申请材料及所填报信息内容的真实性负责并且承担相应的法律责任。

海关依法对报关单位从事报关活动及其经营场所进行监督和实地检查，依法查阅或者要求报关单位报送有关材料。报关单位应当积极配合，如实提供有关情况和材料。

海关对报关单位办理海关业务中出现的报关差错予以记录，并且公布记录情况的查询方式。报关单位对报关差错记录有异议的，可以自报关差错记录之日起十五日内向记录海关以书面方式申请复核。海关应当自收到书面申请之日起十五日内进行复核，对记录错误的予以更正。

（2）主要法律责任。报关单位在办理报关手续时，应当遵守国家有关法律、行政法规和海关的各项规定，承担相应的法律责任。报关单位对其所属的报关人员的报关行为应当承担相应的法律责任。

海关实施处罚的种类包括警告、罚款、没收、暂停、撤销资格。对在海关注册登记、取得有关业务资格的企业，违反海关有关规定的，海关除给予相应的申诫罚、财产罚外，还可予以相应的资格罚。

根据《海关法》第八十七条至第九十条规定，报关单位有下列行为之一的，应当承担相应的法律责任。

① 海关准予从事有关业务的企业违反有关规定的，由海关责令整改，可以给予警告，暂停其从事有关业务的资格，直至撤销注册。

② 未经海关注册登记从事报关业务的企业，由海关予以取缔，没收违法所得，并处以罚款。

③ 报关企业非法代理他人报关或者超出其业务范围进行报关活动的，由海关责令整改，处以罚款，暂停其执业；情节严重的，撤销其报关注册登记。

④ 进出口货物收发货人、报关企业向海关工作人员行贿的，由海关取消其注册登记，并处以罚款；构成犯罪的，依法追究刑事责任，并不得重新注册登记为报关企业。

⑤ 报关单位、报关人员违反法律法规规定，构成走私行为、违反海关监管规定行为或者其他违反《海关法》行为的，由海关依照《海关法》和《海关行政处罚实施条例》的有关规定予以处理；构成犯罪的，依法追究刑事责任。

 小案例

报关单位册立

杨某为一进出口公司的综合业务经理,他发现本公司的进出口报关一直委托负责运输的货运代理公司办理,而货运代理公司又委托一家专业报关公司操作,往来手续烦琐且漫长。于是杨某向总经理建议本公司也向海关注册登记,自己的货物自己报关,并详细地向总经理说明自理报关单位和代理报关单位的行为规则。

设问:若你是杨某,你能说明自理报关和代理报关企业注册过程与行为规则的区别吗?

3. 海关企业信用管理与 AEO 制度

2001 年美国遭遇"9·11"恐怖袭击事件后,国际社会意识到全球贸易体系在面对恐怖犯罪和有组织犯罪时的薄弱性。在原来立足于边境负责国际贸易事务的基础上,国际社会又赋予海关保障全球贸易安全的新使命。世界海关组织认为,国际贸易是世界经济繁荣的原动力,海关在加强全球供应链安全和通过税收征管与贸易便利化促进社会经济发展中起着非常重要的作用。2004 年 6 月世界海关组织理事会决定在上述指南基础上发展标准框架,2004 年 12 月世界海关组织政策委员会采用了指南,初步形成了《全球贸易安全和便利标准框架》(以下简称《标准框架》),并于 2005 年 6 月召开的世界海关组织年会上作为 WCO 成员必须实现的最低标准而通过的文件,包括中国海关在内的 168 个成员海关正式表达了实施《标准框架》的意向。

"AEO"即"Authorized Economic Operator"的缩写,意为"经认证的经营者"。AEO 制度是世界海关组织 WCO 为了实现《全球贸易安全与便利标准框架》目标,构建海关与商界之间的伙伴关系,实现贸易安全与便利方面的目标引入的管理制度。

WCO 在《标准框架》中将 AEO 定义为"以任何一种方式参与货物国际流通,并经海关认可符合世界海关组织或相应供应链安全标准的一方。AEO 企业包括生产商、进口商、出口商、报关行、承运商、理货人、中间商、口岸和机场、货站经营者、综合经营者、仓储业经营者和分销商"。这意味着任何从事与国际贸易相关的企业,只要愿意且符合相应的国际供应链安全标准和要求,就可以被海关认证为 AEO 企业,从而获得作为 AEO 企业的一些便利。AEO 制度的基本内涵是,海关以企业为基本合作对象,通过海关为守法、安全的企业提供最大化的通关便利,建立合作伙伴关系,达到互利双赢的目的。AEO 制度的构建,从本质上改变了海关与企业之间在传统意义上的管理与被管理的关系,以适应现代化海关制度建设及大监管体系建设改革需要,符合政府职能转变的要求。

中国于 2005 年 6 月在世界海关组织第 105/106 届理事会年会上签署实施《标准框架》意向书,此后的 3 年多时间里,中国积极进行 AEO 制度的研究和实践,逐步建立起中国海关的 AEO 制度。2010 年 11 月 15 日海关总署令第 197 号公布的《中华人民共和国海关企业分类管理办法》(以下简称《海关企业分类管理办法》)基本建立了我国海关的企业信用管理制度。

2014年6月，国务院对外公布了《社会信用体系建设规划纲要（2014—2020)》，要求各部门、各领域要按照"守信激励，失信惩戒"的原则，大力推进社会信用体系建设。随着海关业务改革的不断深化，特别是在简政放权、转变职能方面，与国务院加强社会信用体系建设、促进市场公平竞争的要求存在一定差距，同时与国际海关接轨的要求也日益迫切。因此，2014年10月8日，海关总署令第225号公布了《中华人民共和国海关企业信用管理暂行办法》，自2014年12月1日起施行，同时废止了197号令。

225号令公布后，海关总署公告2014年第81号《中华人民共和国海关企业信用管理暂行办法实施相关事项》就《海关企业信用管理办法》与《海关企业分类管理办法》的衔接方式进行了规定。《海关企业分类管理办法》的AA类企业将直接过渡为高级认证企业，海关每三年对高级认证企业进行一次重新认证；A类企业将直接过渡为一般认证企业，海关将通过系统对企业的信用状况进行动态监控和评估，并实行不定期重新认证；B类企业将直接过渡到一般信用企业；C类和D类企业将由海关按照信用管理办法重新审核并确定信用等级。

中国海关近年来大力推进AEO国际互认，对中国的高信用企业在国际海关间实施联合激励，给予最优惠的贸易便利，助推企业更好地走出去。

2012年6月，中新签署《中华人民共和国海关总署与新加坡海关关于〈中华人民共和国海关企业分类管理办法〉和〈新加坡安全贸易伙伴计划〉互认安排》。这个安排是中国海关签署的第一个AEO互认安排。

2014年5月，中国与欧盟双方海关正式签署了《中欧联合海关合作委员会关于在〈中华人民共和国政府和欧洲共同体关于海关事务的合作和行政互助协定〉下建立中国海关企业分类管理制度和欧洲联盟海关经认证经营者制度互认安排的决定》（简称《互认安排决定》）。中欧海关根据2015年6月达成的联合共识对《互认安排决定》进行了修订，决定自2015年11月1日起正式实施该互认安排。互认实施后，中国3000多家高级认证AEO企业出口到欧盟的货物，在欧盟28个成员国海关通关时，均可以享受到和对方境内AEO企业一样的通关便利，据初步估算，通关平均查验率将降低约70%，通关速度将提高50%以上，从而有效降低企业港口、保险、物流等贸易成本。

截至2017年3月，中国已分别和新加坡、韩国、瑞士、新西兰、欧盟，以及我国香港、台湾地区等实现了AEO互认，互认企业出口贸易额占到我国出口总额的40%，且在不断增长中。

目前，中国海关正根据国家"一带一路"建设部署，大力推进与美国、俄罗斯等主要贸易国以及哈萨克斯坦、以色列、印度、土耳其、埃及等国家的AEO国际互认合作，最大限度提升中国企业境内外通关便利化水平，增强其在国际市场的竞争力，促进中国外贸回稳向好。

预计到2020年，中国海关将力争实现对AEO互认国家（地区）出口额占到我国出口总值的80%以上。届时，AEO企业在全球主要国家和地区将享受更多的优惠和便利，促进企业更好发展。

三、报关人员管理措施认知

（一）报关人员的认知

报关人员是具有专业知识、向社会提供专门智力服务的专业人才。在我国《海关法》及2014年3月实施的《报关单位注册登记管理规定》中，将报关单位从事报关业务的人员称为"报关人员"，也即"经报关单位向海关备案，专门负责办理所在单位报关业务的人员"。

在职业实践中,这两个概念不存在本质区别,只是不同角度所用的称谓。从报关职业角度,报关从业人员统称为报关人员;从现行海关法律体系角度,进出口货物收发货人自行办理报关业务人员和报关企业报关业务人员统称为报关人员。为便于表述,本书所述报关人员即现行海关法律体系中所指的报关人员。

海关总署于 1985 年 2 月发布了《中华人民共和国海关对报关单位实施注册登记制度的管理规定》,其中规定经海关考试合格,发给报关人员证件后,才能负责办理报关事宜。此后,我国 1987 年实施的《海关法》规定,报关人员应当经海关考核认可。这是我国海关第一次统一要求对报关人员进行培训考试、发证上岗,是我国报关管理制度形成和发展的一个里程碑。1992 年 9 月,海关总署发布了《中华人民共和国海关对报关单位和报关人员的管理规定》(海关总署第 36 号令),进一步明确了报关人员必须经过海关的业务培训和考核,同时对参加报关人员培训人员的资格条件作出了具体规定,对报关人员的报关行为规则、义务和法律责任作了明确要求。上述规定对报关职业的社会化、报关服务的专业化,以及促进外贸发展、提高通关效率方面起到了极为重要的作用。但此阶段各地的报关人员培训考核工作均由各地海关自行安排,缺乏全国统一的培训考核管理。

随着社会经济的发展,报关作为一种社会职业受到了越来越广泛的重视。各地海关自行组织培训、考核、发证的做法已难以适应海关管理的要求。1997 年 4 月,海关总署发布了《报关人员资格全国统一考试暂行规定》,正式确定了对报关人员实行报关人员资格全国统一考试制度。同年 12 月 25 日,报关人员资格全国统一考试在全国各地首次举行。除 1998 年、1999 年各举办两次外,报关人员资格全国统一考试每年举办一次,最后一次全国统一考试于 2013 年 11 月举行。

报关人员资格全国统一考试制度实施以来,对报关人员整体素质和执业水平的提高奠定了良好的基础。2013 年 10 月,根据国务院简政放权、转变职能,进一步减少资质资格类许可和认定的有关要求,海关总署发布 2013 年第 54 号公告,决定改革现行报关从业人员资质资格管理制度,取消报关人员资格核准审批,对报关人员从业不再设置门槛和准入条件,自 2014 年起不再组织报关人员资格全国统一考试。

取消报关人员资格考试后,报关人员由企业自主聘用,由报关协会实行行业自律管理。海关按照"由企及人"的管理理念,通过指导、督促报关单位加强内部管理,进而实现对报关人员的管理。

(二)海关对报关人员的管理内容

海关对报关人员的管理主要体现在报关单位向海关的报备、报关单位与报关人员法律关系的确认和法律责任的承担三个方面。

(1)《报关单位注册登记管理规定》明确规定:报关单位对其所属报关人员的报关行为应当承担相应的法律责任。这进一步强化了报关单位对所属报关人员的管理责任及其应当承担的法律责任。

报关人员的报关行为是基于报关单位的授权,并以报关单位的名义来办理的,因此是一种职业行为。职业行为的法律责任应该由所在报关单位承担。但如果报关人员利用执业之便违法则要自行承担。如果明知报关单位的行为违法而故意实施,则应当与报关单位一并承担连带责任。

(2)报关单位与所属报关人员的劳动合同关系的真实性和有效性由报关单位负责。在"报关人员情况登记表"中注明并加盖公章确认。

(3)《报关单位注册登记管理规定》明确由报关单位为所属报关人员办理海关有关手续。报关单位所属人员从事报关业务的,报关单位应当到海关办理备案手续,海关予以核发证明。它包含以下三层含义。

① 由所在报关单位向海关提出和办理备案手续。只有在海关注册登记的报关单位才能够向海关申请为其所属的报关从业人员办理备案手续,海关不接受以个人名义提出的备案申请。

② 报关人员只能受聘于一家报关单位。

③ 报关单位所属人员从事报关业务到海关备案的,海关收取"报关单位情况登记表"(所属报关人员),并验核拟备案报关人员有效身份证件原件后,核发"报关人员备案证明"。

(三) 报关人员的权利和义务

1. 报关人员的权利

作为从事报关业务的专门人员,有权以所属报关单位的名义执业,办理报关业务。报关人员可以办理的业务包括以下几点。

(1) 如实申报进出口货物的商品编码、商品名称、规格型号、实际成交价格、原产地及相应优惠贸易协定代码等报关单有关项目,并办理填制报关单、提交报关单证等与申报有关的事项。

(2) 申请办理缴纳税费和退税、补税事宜。

(3) 申请办理加工贸易合同备案(变更)、深加工结转、外发加工、内销、放弃核准、余料结转、核销及保税监管等事宜。

(4) 申请办理进出口货物减税、免税等事宜。

(5) 协助海关办理进出口货物的查验、结关。

报关人员有权对违反国家规定,逃避海关监管的行为进行举报,有权对海关及其工作人员违法、违纪行为进行控告、检举,报关人员有权向海关查询其办理的报关业务情况。

2. 报关人员的义务

(1) 依法报关。报关人员应当遵守海关法律法规和规章,依法办理报关业务。

(2) 合理审查。报关人员应该熟悉所申报货物的基本情况,对申报内容和有关材料的真实性、完整性进行合理审查,提交齐全、正确、有效的单证,准确、清楚、完整地填制报关单证。

(3) 配合执法。具体包括:海关查验进出口货物时,报关人员应配合海关查验;配合海关稽查和对涉嫌走私违规案件的查处;协助落实海关对报关单位管理的具体措施。

(4) 协助工作。报关人员需配合所属报关单位完整保存各种原始报关单证、票据、函电等资料,协助报关单位办理有关事项。

任务二 海关认知和海关管理

一、海关认知

(一) 海关的起源和概念

海关是一个有着悠久历史的行政管理机关,是代表一个国家对内对外独立行使与海关活动相关权力的行政管理机构。

据史书记载,我国是从古代西周就开始设关的。但是,"海关"这个词正式使用是在清朝康熙二十四年(1685),当时设立江、浙、闽、粤四个海关。新中国成立后,设立在沿海口岸的海关机构称为"海关",设立在陆路边境以及内陆的海关机构称为"关"。1985年2月18日,海关总署下达《关于统一海关机构名称和调整隶属关系的通知》,正式地统一称为"海关"。

《中华人民共和国海关法》以立法的形式明确表述了中国海关的概念和基本任务。《海关法》第二条规定:"中华人民共和国海关是国家的进出关境监督管理机关。海关依照本法和其他有关法律、行政法规,监管进出境的运输工具、货物、行李物品、邮递物品和其他物品,征收关税和其他税、费,查缉走私,并编制海关统计和办理其他海关业务。"

(二)海关的性质与基本任务

1. 海关的性质

(1)海关是国家行政机关。海关是国家的行政机关之一,从属于国家行政管理体制,属我国最高国家行政机关——国务院的直属机构。海关对内对外代表国家依法独立行使行政管理权。

(2)海关是国家进出境监督管理机关。海关履行国家行政制度的监督职能,是国家宏观管理的一个重要组成部分。海关依照有关法律、行政法规并通过法律赋予的权力,制定具体的行政规章和行政措施,对特定领域的活动开展监督管理,以保证其按国家的法律规范进行。海关实施监督管理的范围是进出关境及与之有关的活动,监督管理的对象是所有进出关境的运输工具、货物、物品。

(3)海关的监督管理是国家行政执法活动。海关通过法律赋予的权力,对特定范围内的社会经济活动进行监督管理,并对违法行为依法实施行政处罚,以保证这些社会经济活动按照国家的法律规范进行。因此,海关的监督管理是保证国家有关法律、法规实施的行政执法活动。

 小知识

中国海关关徽寓意

中国海关的标志由商神手杖与金色钥匙交叉组成,寓意为:商神手杖代表国际贸易,金色钥匙象征海关为祖国把关。关徽寓意着中国海关依法实施进出境监督管理,维护国家的主权和利益,促进对外经贸发展和科技文化的交流,保障社会主义现代化建设。

2. 海关的基本任务

《海关法》明确规定海关有四项基本任务，即监管进出境的运输工具、货物、行李物品、邮递物品和其他物品（以下简称"监管"），征收关税和其他税费（以下简称"征税"），查缉走私，编制海关统计。

（1）监管。海关监督管理是海关全部行政执法活动的统称，海关监管是由海关运用国家赋予的权力，通过一系列管理制度与管理程序，如《对专业报关企业的管理规定》《对企业实施分类管理办法》《中华人民共和国海关稽查条例》等，通过备案、审单、查验、放行、后续管理等方式对进出境运输工具、货物、物品的进出境活动实施监管。海关监管是一项国家职能，其目的在于保证一切进出境活动符合国家政策和法律的规范，维护国家主权和利益。

监管是海关最基本的任务。根据监管对象的不同，海关监管分为运输工具监管、货物监管和物品监管三大监管体系，每个监管体系都有一整套规范的管理程序与方法。

除此以外，海关监管还要执行或监督执行国家其他对外贸易管理制度的实施，如进出口许可制度、外汇管理制度、进出口商品检验检疫制度、文物管理制度等，从而在政治、经济、文化、道德、公众健康等方面维护国家利益。

（2）征税。依据《海关法》《进出口关税条例》和《进出口税则》，海关代表国家征收关税和其他税、费。这是海关的另一项重要任务。

"关税"是指由海关代表国家，按照《海关法》和进出口税则，对准许进出口的货物、进出境物品征收的一种税。"其他税、费"指海关在货物进出口环节，按照关税征收程序征收的有关国内税、费，目前主要有增值税、消费税等。

（3）查缉走私。查缉走私是世界各国海关普遍的一项职责，也是海关的四项基本任务之一。《海关法》规定："国家实行联合缉私、统一处理、综合治理的缉私体制。海关负责组织、协调、管理查缉走私工作。"因此，查缉走私是指海关依照法律赋予的权力，在海关监管场所和海关附近的沿海沿边规定地区，为发现、制止、打击、综合治理走私活动而进行的一种调查和惩处活动，是保证顺利完成监管和征税等任务而采取的保障措施。

（4）编制海关统计。海关统计是国家统计的一个重要组成部分。以实际进出口货物作为统计和分析的对象，通过搜集、整理、加工处理进出口货物报关单或经海关核准的其他申报单证，对进出口货物的品种、数（重）量、价格、国别（地区）、经营单位、境内目的地、境内货源地、贸易方式、运输方式、关别等项目分别进行统计和综合分析，全面、准确地反映对外贸易的运行态势，及时提供统计信息和咨询，实施有效的统计监督，开展国际贸易统计的交流与合作，促进对外贸易的发展。我国海关的统计制度规定，列入海关统计的货物范围有两类：实际进出境的国际贸易货物和能引起我国境内物质资源储备增加或减少的进出口货物。

除了以上四项基本任务外，随着我国改革开放的不断深入，国家通过有关法律、行政法规赋予海关一些新的职责，如知识产权海关保护、进出口商品原产地规则协调、口岸规划和审理工作等，这些是海关的新任务。

二、我国海关的权力

为了保证海关依法行使职权，严格履行职责，《海关法》作为管理海关事务的基本法律规范，于1987年1月22日由第六届全国人民代表大会常务委员会第十九次会议通过，同年

7月1日起实施。为了适应形势发展的需要，2000年7月8日第九届全国人民代表大会常务委员会第十六次会议审议通过了《关于修改〈中华人民共和国海关法〉的决定》，对《海关法》进行了较大范围的第一次修改，修正后的《海关法》于2001年1月1日起实施。根据2013年6月29日第十二届全国人民代表大会常务委员会第三次会议《关于修改〈中华人民共和国文物保护法〉等十二部法律的决定》，对《海关法》进行第二次修正。根据2013年12月28日第十二届全国人民代表大会常务委员会第六次会议《关于修改〈中华人民共和国海洋环境保护法〉等七部法律的规定》，对《海关法》进行了第三次修正。修正后的《海关法》于2014年3月1日起施行。2016年11月7日，对《海关法》进行了第四次修正。国家立法机关通过对《海关法》的修订和不断完善，使人民的权利始终参与海关事务的管理，体现国家的意志和人民的愿望，以适应海关执法和监督的形势需要。

（一）我国海关权力的特点

我国海关权力的来源主要是宪法、法律及行政法规的规定。我国宪法虽然没有直接涉及海关权力的规定，但它作为国家的最高法律对海关权力的行使有法定的效力。宪法规定："一切法律、行政法规和地方性法规都不得同宪法相抵触。"这一禁止性规定实际上为其他各项法律规定，包括海关法律，对海关权力的授予提出了先决条件。作为海关权力重要渊源的法律主要是指《中华人民共和国海关法》《中华人民共和国行政诉讼法》《中华人民共和国行政处罚法》等；海关行政法规是指依据宪法、法律制定的规范性法律文件，如《进出口关税条例》《中华人民共和国海关行政处罚实施条例》（以下简称《海关行政处罚实施条例》）、《中华人民共和国海关稽查条例》（以下简称《海关稽查条例》）等。海关权力主要有以下特点。

1. 特定性

海关权力的特定性是指海关依法具有行使进出境监督管理职权的资格。《海关法》明确了海关管理进出境活动的主体资格，决定了海关权力具有的特定性。其特定性表现在：第一，海关具有进出境的监督管理权，其他任何机关、社会团体、个人都不具备、不拥有这种权力；第二，海关以自己的名义行使权力，在法律范围内依照自己的判断作出决定，发布命令，独立地组织和实施行政行为；第三，海关能够独立参加行政复议和行政诉讼活动，独立承担因实施权力而产生的法律责任。

2. 复合性

海关权力的复合性是指海关依据法律授权行使行政职权的同时，还可以依据法律授权行使一定的立法权和司法权。传统政治理论认为立法、司法和行政权力应由不同部门分别执行，但是现代社会的发展客观导致了大量复合型权力部门的产生。这些部门除原有的传统行政权力之外，还具有一定的立法权和司法权，海关权力就是一种典型的复合型权力。当前，行政和司法、立法的相互融合在海关工作领域显得尤为突出。随着世界经济一体化的不断深入发展，海关权力的复合性不仅是必要的，而且将迅速发展，以促进海关行政效率的提高，有利于维护国际经济贸易秩序。

3. 强制性

海关管理的相对人对于海关依法所实施的管理活动有服从、接受和协助的义务。如果海关管理的相对人不服从海关监督管理或妨碍海关行使职权，海关可以运用其权力强制海关管理的相对人执行和服从自己的行政决定，以保障行政行为的有效实施。海关管理的相对人如果拒不履行海关的行政命令或行政处理，海关可以依法强制其履行或者依法申请人民法院强制执行。即使相对人认为海关具体行政行为侵犯了其合法权益,也只能通过行政复议、行政诉讼等行政救济程序解决,但在相应机关作出裁决前,海关行使职权行为推定为合法,相对人必须履行义务,服从海关行政决定。

4. 自由裁量性

自由裁量性是指海关在法律所允许的范围内自行判断和选择自己认为正确的行为,从而更加准确地贯彻法律意图和体现公正。无论如何严密,任何一部行政法规范都不可能将行政机关的每一个行政行为的每一个细节都予以规定,海关也是如此。因此,自由裁量是有必要的。由于海关行政管理的客体非常广泛,内容和形式也常有变化,在监管和处罚的过程中往往有许多不可预见的因素,这就需要海关执法人员在法律许可的幅度范围内具体灵活地掌握、运用和处理。如对违规、走私的处理上,特别是在没收、罚款和罚没并处的量罚上,不可否认其自由裁量往往伸缩性较大,这既是对海关的一种信任授权,同时也带来了一定的执法难度。

5. 广泛性

海关在口岸代表国家对进出境的货物、物品和运输工具及其相关事务实施监督管理,其管理内容涉及政治、经济、文化、社会等诸多方面。海关不仅要面对中国公民,又要面对外国公民或无国籍人;既要面对自然人,也要面对机关、团体、企事业单位等法人,其职能具有广泛性。面对如此复杂的对象和艰巨的任务,国家赋予了海关比较广泛的权力,细分起来有九大类之多。

(二) 我国海关权力的内容

1. 行政许可权

行政许可权是指海关依据《中华人民共和国行政许可法》《海关法》及《海关实施〈中华人民共和国行政许可法〉办法》的规定,对公民、法人或者其他组织的申请,经依法审查,准予其从事与海关进出境监督管理相关的特定活动的权力。包括报关企业注册登记许可、从事海关监管货物的仓储、转关运输货物的境内运输、加工贸易备案、变更和核销业务的许可、报关人员的报关从业资格许可等权力。

2. 税费征收权

税费征收权是指海关依据《海关法》《进出口税则》《进出口关税条例》及《中华人民共和国海关进出口货物征税管理办法》的规定,所具有的对进出境的货物、物品和运输工具行使征收税费的职权。海关税费征收权的具体内容如表1-1所示。

表1-1 海关税费征收权具体内容

序号	名称	内容
1	价格审定	海关有权依据关税法规对进出口货物的价格进行审查,以确定完税价格,制止价格瞒骗、偷逃关税行为
2	化验鉴定	根据海关总署的规定,海关在监管过程中如果对申报进出口货物、物品的属性有质疑,经现场查验不能确认的,有权提取货样进行化验鉴定,以正确地进行商品归类,为揭露、证实伪报货物品名,涉嫌价格瞒骗的案件提供监督证据
3	补征、追征	在法定期限内,对海关放行后的有关进出口货物、物品发现少征或者漏征税款的,海关有权依法进行补征、追征税款
4	减征或免征	海关有权依法对特定的进出口货物、物品减征或免征关税

3. 进出境监管权

进出境监管权是指海关依据《海关法》及有关法律、行政法规的规定，所具有的对货物、物品、运输工具进出境活动实施监管的职权。海关进出境监管权的具体内容如表 1-2 所示。

表 1-2　海关进出境监管权具体内容

序号	名称	内容
1	检查权	有权检查进出境运输工具；海关对进出境运输工具的检查不受海关监管区域的限制
		检查有走私嫌疑的运输工具和有藏匿走私货物、物品嫌疑的场所；对于有走私嫌疑的运输工具和有藏匿走私货物、物品嫌疑的场所，在海关监管区和海关附近沿海沿边规定地区内，海关人员可直接进行检查。超过以上范围，在调查走私案件时，应经直属海关关长批准或经授权的隶属海关关长批准，才能进行检查，但不能检查公民住宅
		检查走私嫌疑人的身体。对走私嫌疑人身体的检查，应在海关监管区和海关附近沿海沿边规定地区内进行，并应得到直属海关关长的批准或经授权的隶属海关关长批准
2	查阅、复制权	查阅进出境人员的证件，查阅、复制与进出境运输工具、货物、物品有关的合同、发票、账册、单据、记录、文件、业务函电、录音录像制品和其他有关数据
3	查问权	海关有权对违反《海关法》或者其他有关法律、行政法规的嫌疑人进行查问，调查其违法行为
4	查验权	海关有权查验进出境货物、个人携带进出境的行李物品、邮寄进出境的物品。海关查验货物认为必要时，可以径行提取货样
5	查询权	海关在调查走私案件时，经直属海关关长或者其授权的隶属海关关长批准，可以查询案件涉嫌单位和涉嫌人员在金融机构、邮政企业的存款、汇款
6	稽查权	海关在法律规定的年限内，对企业进出境活动及与进出口货物有关的账务、记账凭证、单证资料等有权进行稽查
7	扣留权	海关有权扣留违反《海关法》和其他有关法律法规的进出境运输工具、货物、物品，扣留与走私违规行为有关的合同、发票、账册、单据、记录、文件、业务函电、录音录像制品，海关还有权扣留走私犯罪嫌疑人

4. 行政强制权

海关行政强制包括海关行政强制措施和海关行政强制执行。海关行政强制措施是指海关在行政管理过程中，为制止违法行为、防止证据损毁、避免危害发生、控制危险扩大等情形，依法对公民的人身自由实施暂时性限制，或者对公民、法人或者其他组织的财物实施暂时性控制的行为。海关行政强制执行是指海关在有关当事人不依法履行义务的前提下，为实现监督管理职能，依法强制当事人履行法定义务的行为。海关行政强制权的具体内容如表 1-3 所示。

表 1-3　海关行政强制权具体内容

序号	名称	内容
1	限制公民人身自由	在海关监管区和海关附近沿海沿边规定地区，对走私犯罪嫌疑人，经直属海关关长或者其授权的隶属海关关长批准，可以扣留，扣留时间不得超过 24 小时，在特殊情况下可以延长至 48 小时
		个人违抗海关监管逃逸的，海关可以连续追到海关监管区和海关附近沿海沿边规定地区以外，将其带回
		受海关处罚的当事人或者其法定代表人、主要负责人在出境前未缴清罚款、违法所得和依法追缴的货物、物品、走私运输工具的等值价款，又未提供担保的，海关可以通知出境管理机关阻止其出境

续表

序号	名称	内容
2	扣留财物	对违反海关法的进出境运输工具、货物、物品及与之有牵连的合同、发票、账册、单据、记录、文件、业务函电、录音录像制品和其他数据,可以扣留
		在海关监管区和海关附近沿海沿边规定地区,对有走私嫌疑的运输工具、货物、物品,经直属海关关长或者其授权的隶属海关关长批准,可以扣留
		在海关监管区和海关附近沿海沿边规定地区以外,对有证据证明有走私嫌疑的运输工具、货物、物品,可以扣留
		有违法嫌疑的货物、物品、运输工具无法或者不便扣留,当事人或者运输工具负责人未提供等值担保的,海关可以扣留当事人等值的其他财产
		海关不能以暂停支付方式实施税收保全措施时,可以扣留纳税义务人其价值相当于应纳税款的货物或者其他财产
		进出口货物的纳税义务人、担保人自规定的纳税期限届满之日起超过三个月未缴纳税款的,经直属海关关长或者其授权的隶属海关关长批准,海关可以扣留其价值相当于应纳税款的货物或者其他财产
		对涉嫌侵犯知识产权的货物,海关可以依法申请扣留
3	冻结存款、汇款	进出口货物的纳税义务人在规定的纳税期限内有明显的转移、藏匿其应税货物及其他财产迹象,不能提供纳税担保的,经直属海关关长或者其授权的隶属海关关长批准,海关可以通知纳税义务人开户银行或者其他金融机构暂停支付纳税义务人相当于应纳税款的存款
4	封存货物或者账簿、单证	海关进行稽查时,发现被稽查人的进出口货物有违反《海关法》和其他法律、行政法规嫌疑的,经直属海关关长或者其授权的隶属海关关长批准,可以封存有关进出口货物
		海关进行稽查时,发现被稽查人有可能篡改、转移、隐匿、毁弃账簿和单证等数据的,经直属海关关长或者其授权的隶属海关关长批准,在不妨碍被稽查人正常的生产经营活动的前提下,可以暂时封存其账簿、单证等有关资料
5	其他强制措施	进出境运输工具违抗海关监管逃逸的,海关可以连续追至海关监管区和海关附近沿海沿边规定地区以外,将其带回
6	加收滞纳金	进出口货物的纳税义务人逾期缴纳税款的,由海关依法征收滞纳金
		进出口货物和海关监管货物因纳税义务人违反规定造成少征或者漏征税款的,海关可予以追征并加征滞纳金
7	加收滞报金	进口货物收货人未按照规定期限向海关申报产生滞报的,由海关依法征收滞报金
		进口货物收货人向海关传送报关单电子数据申报的,未在规定期限或者核准期限内递交纸质报关滞单及随附单证,海关予以撤销报关单电子数据处理。进口货物收货人重新向海关申报,产生滞报的,由海关依法征收滞报金
		滞报金应当由进口货物收货人于当次申报时缴清。进口货物收货人要求在缴清滞报金前先放行货物的,海关可以在其提供与应缴滞报金等额的保证金后放行
8	扣缴税款	进出口货物的纳税义务人、担保人自规定的纳税期限届满之日起超过三个月未缴纳税款的,经直属海关关长或者其授权的隶属海关关长批准,海关可以书面通知其开户银行或者其他金融机构从其暂停支付的存款中扣缴税款

续表

序号	名称	内容
9	抵缴、变价抵缴	当事人逾期不履行海关的处罚决定又不申请复议或者提起诉讼的,海关可以将其保证金抵缴或者将其被扣留的货物、物品、运输工具依法变价抵缴
		进出口货物的纳税义务人、担保人自规定的纳税期限届满之日起超过三个月未缴纳税款的,经直属海关关长或者其授权的隶属海关关长批准,海关可以依法变卖应税货物,或者依法变卖其价值相当于应纳税款的货物或者其他财产,以变卖所得抵缴税款
		海关以扣留方式实施税收保全措施,进出口货物的纳税义务人在规定的期限内未缴纳税款的,经直属海关关长或者其授权的隶属海关关长批准,海关可以依法变卖所扣留的货物或者其他财产,变卖所得抵缴税款
		进口货物的收货人自运输工具申报进境之日起超过三个月未向海关申报的,其进口货物由海关提取依法变卖处理
		确属误卸或者溢卸的进境货物,原运输工具负责人或者货物的收发货人逾期未办理退运或者进口手续的,由海关提取依法变卖处理

5. 行政处罚权

海关有权对不予追究刑事责任的走私行为和违反海关监管规定行为,以及法律、行政法规规定由海关实施行政处罚的行为进行处罚。主要包括对走私货物、物品、运输工具及违法所得处以没收,对有走私行为和违反海关监管规定行为的当事人处以罚款,对有违法情形的报关单位处以罚款或暂停其从事有关业务,直至撤销报关注册登记等。

6. 走私犯罪侦查权

海关走私犯罪侦查权的具体内容如表1-4所示。

表1-4 海关走私犯罪侦查权具体内容

序号	名称	内容
1	侦查权	海关缉私部门有权侦查有走私犯罪嫌疑的人员、货物、物品和行为,包括扣留有关货物、物品、运输工具及人员。侦查这类案件,一是根据举报或其他有关线索直接开展侦查;二是接受有关执法单位移送的案件,继续侦查,以初步认定案件的性质和有关证据
2	拘留权	对有走私犯罪嫌疑的人员予以拘留,进行审查
3	执行逮捕权	对经确认有重大走私犯罪嫌疑的当事人执行逮捕,以进一步审查其行为
4	预审权	对走私犯罪嫌疑人进行初步审讯,确定有关犯罪事实与证据,为移送检察机关提起诉讼作准备

7. 佩带和使用武器权

履行职责时,海关工作人员可以依法佩带武器,并使用武器。根据1989年6月海关总署、公安部联合发布的《海关工作人员使用武器和警械的规定》,海关使用的武器包括轻型枪支、电警棍、手铐及其他经批准可使用的武器和警械;使用范围为执行缉私任务时;使用对象为走私分子和走私嫌疑人;使用条件必须是在不能制服被追缉逃跑的走私团体或遭遇武装掩护走私,不能制止以暴力掠夺查扣的走私货物、物品和其他物品,以及以暴力抗拒检查、抢夺武器和警械、威胁海关工作人员生命安全非开枪不能自卫时。

8. 连续追缉权

进出境运输工具或个人违抗海关监管逃逸的,海关可以连续追至海关监管区和海关附近沿海沿边规定地区以外,将其带回处理。

9. 其他海关权力

除上述海关权力外，海关还有行政裁定权、行政复议权、行政命令权、行政奖励权、对知识产权实施边境海关保护权等权力。

（三）海关权力行使的原则

海关权力的行使应遵循下列原则。

1. 合法性原则

合法性原则是指海关权力的存在、行使都必须于法有据，符合法律规定。也就是说，法律法规规定的海关可行使的职权，海关及其工作人员才能行使，法律法规对海关权力规定到什么范围和幅度，海关及其工作人员就只能在法定范围和幅度内去行使。

海关权力行使的合法性原则，规定了海关权力行使所依据的准则或标准，是海关行政执法的基础。

2. 合理性原则

合理性原则是指海关在执法时必须公平、正当、合理地行使权力，是合法性原则不可或缺的补充。因国家管理的需要，海关在验、放、征、减、免、罚的管理活动中拥有相应的自由裁量权。但自由裁量权不是任意裁量权，它是海关执法的一柄"双刃剑"：运用得当，有利于实现公正和效率；反之，便会导致权力滥用、越权执法、侵犯当事人的合法权益，并严重损害法律的尊严。为了防止自由裁量权的滥用，目前我国对海关自由裁量权进行执法监督（主要有社会监督、行政监督和司法监督），即依法对海关及其工作人员的执法活动进行监察、检查、督促等，以确保海关权力在法定范围内行使。

3. 程序法定原则

程序法定原则是指海关的职权、海关行政执法的权力及海关调查相对人违法行为、处理相对人的程序等，都只能由法律法规明确规定，法律法规没有明确赋予的职权，海关不得行使；即使是法律法规授予的职权，也必须在法定的授权范围内，依照法定的条件和程序行使。

4. 独立行使原则

独立行使原则是指海关可以以自己的名义行使权力，在法律法规规定的范围内依照自己的判断和意志作出决定，发布命令，独立地采取行政行为，并可以独立地参加行政复议和行政诉讼活动，独立承担因实施权力而产生的法律责任。

海关实行的是集中统一管理的垂直领导体制，地方海关只对海关总署负责。海关无论级别高低，都是代表国家行使管理权的国家机关，各地方、各部门应当支持海关依法行使职权，不得非法干预海关的执法活动。《海关法》第十二条规定："海关依法执行职务，有关单位和个人应当如实回答询问，并予以配合，任何单位和个人不得阻挠；海关执行职务受到暴力抗拒时，执行有关任务的公安机关和人民武装警察部队应当予以协助。"

三、我国海关的管理体制

（一）海关的领导体制

《海关法》规定，"国务院设立海关总署，统一管理全国海关""海关依法独立行使职权，向海关总署负责""海关的隶属关系，不受行政区划的限制"，明确了海关总署作为国务院直属部门的地位，明确了海关机构的隶属关系，把海关集中统一的垂直领导体制以法律的形式确立下来。海关集中统一的垂直领导体制既适应了国家改革开放、社会主义现代化建设的需要，也适应了海关自身建设与发展的需要，有力地保证了海关各项监督管理职能的实施。

（二）海关的设关原则

《海关法》以法律形式明确了海关的设关原则："国家在对外开放的口岸和海关监管业务集中的地点设立海关。海关的隶属关系，不受行政区划的限制。"

对外开放的口岸是指由国务院批准，允许运输工具及所载人员、货物、物品直接出入国（关）境的港口、机场、车站以及允许运输工具、人员、货物、物品出入国（关）境的边境通道。国家规定，在对外开放的口岸必须设置海关、出入境检验检疫机构。

海关监管业务集中的地点是指虽非国务院批准对外开放的口岸，但是海关某类或者某几类监管业务比较集中的地方，如转关运输监管、保税加工监管等。这一设关原则为海关管理从口岸向内地，进而向全关境的转化奠定了基础，同时也为海关业务制度的发展预留了空间。

"海关的隶属关系，不受行政区划的限制"，表明了海关管理体制与一般性的行政管理体制的区域划分无必然联系，如果海关监督管理需要，国家可以在现有的行政区划之外考虑和安排海关的上下级关系和海关的相互关系。

目前，我国在下列地方设立海关机构。

(1) 对外开放口岸和进出口业务集中的地点；
(2) 边境火车站、汽车站及主要国际联运火车站；
(3) 边境地区陆路和江河上准许货物、人员进出的地点；
(4) 国际航空港；
(5) 国际邮件互换局（交换站）；
(6) 其他需要设立海关的地点。

（三）海关的组织机构

为了完成国家赋予海关的任务和职能，海关实行集中统一的垂直领导体制。海关机构的设置为海关总署、直属海关和隶属海关三级。隶属海关由直属海关领导，向直属海关负责；直属海关由海关总署领导，向海关总署负责。

海关总署是中华人民共和国国务院下属的正部级直属机构，统一管理全国海关。全国海关目前共有47个直属海关（广东分署，天津、上海特派办，42个直属海关，2所海关院校）。目前全国各省、直辖市、自治区都设有直属海关，其中广东省7个直属海关（广州海关、深圳海关、拱北海关、汕头海关、黄埔海关、江门海关、湛江海关），福建（福州海关、厦门海关）、内蒙古（呼和浩特海关、满洲里海关）、辽宁（沈阳海关、大连海关）、浙江（杭州海关、宁波海关）、山东（济南海关、青岛海关）都有2个直属海关。直属海关的地域管辖范围称为关区。直属海关承担着在关区内组织开展海关各项业务，全面有效地贯彻执行海关各项政策、法律、法规、管理制度和作业规范，在海关三级业务职能管理中发挥着承上启下的作用。隶属海关由直属海关领导，向直属海关负责，负责办理具体海关业务，是海关进出境监督管理职能的基本执行单位，一般设在口岸和海关业务集中的地点。目前有700多个隶属海关和办事处（含现场业务处）。

（四）海关缉私警察

1998年，中央决定由海关总署、公安部联合组建海关缉私警察队伍，实行"联合缉私，统一处理，综合治理"的反走私斗争新体制。1999年1月5日，我国第一支以缉私为主要职责的警察队伍正式成立。海关总署成立走私犯罪侦查局，2002年12月更名为缉私局。根据《海关法》的规定："国家在海关总署设立专门侦查走私犯罪的公安机构，配备专职缉私警察，负责对其管辖的走私犯罪案件的侦查、拘留、执行逮捕、预审。"缉私局既是海关总署的一个内设局，又是公安部的一个序列局，实行海关总署和公安部双重领导，以海关领导为主的体制。海关总署缉私局下辖广东分署缉私局、各直属海关缉私局，直属海关缉私局下辖隶属海关缉私分局。

四、海关管理制度

（一）海关监管制度的含义

海关监管制度是规定和调整海关在对进出境的货物、物品、运输工具及监管场所进行实际监管过程中发生的，海关与进出境货物、物品、运输工具的当事人和他们的代理人、担保人之间的管理与被管理的关系，以及海关与其他行政部门或企业事业单位之间业务合作、配合关系的法律规范的总称。它作为规定海关和相对人在进出境监管中权利、义务的法律规范，既规范海关监管行为，又规范相对人进出境行为，特别是规范相对人的报关行为、纳税行为、代理行为、承运行为、担保行为等，以及实现权利和履行义务的步骤，是海关实施进出境监管活动的基本制度保障，同时也是监督海关依法行政的主要依据。

（二）海关监管制度的法律形式

海关监管制度的法律形式主要如下。
（1）《海关法》关于海关对进出境货物、物品、运输工具监管的规定；
（2）其他国家法律如《文物保护法》《对外贸易法》《道路安全法》《民用航空法》等涉及海关对进出境货物、物品、运输工具监管的规定；
（3）国务院各有关行政法规涉及海关对进出境货物、物品、运输工具监管的规定；
（4）海关总署制定、颁布或海关总署与其他各级机关联合制定、颁布的有关行政规章；
（5）我国参加或缔结的国际公约、条约及海关行政互助协议。

（三）海关监管制度的体系

在海关法律体系中，涉及海关监管的法规、规章数量多，可分为进出境货物监管制度、进出境运输工具监管制度、进出境旅客行李物品监管制度、进出境邮递物品监管制度、海关监管场所监管制度等分支，使海关须具有与其管理目标相适应且各具针对性的监管方式，如进出境货物的一般进出口、保税进出口、暂时进出口，进出境物品的旅客携带、邮局寄递，进出境运输工具的进出境船舶、进出境航空器等。此外，海关在构建进出境货物的大监管体系中，全面推行综合监管模式，针对监管对象的不同形态、海关监管程序的不同时段，采用不同的监管措施，如货物进出境过程中应办理的通关监管、保税或免税监管手续，货物结关后或在后续监管期间海关实施的稽查，海关对进出境企业的资信管理，以及海关对特殊监管区域、监管场所的管理等。由此，海关监管制度就形成了一个层次分明且又各有分支的相对完整的体系，如图1-2所示。

（四）海关监管货物

1. 海关监管货物的含义

简单地说，海关监管货物是指以各种贸易或非贸易形态进出境，在尚未办结海关手续的

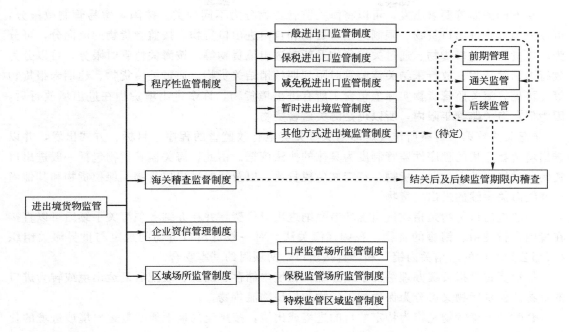

图 1-2 海关综合监管模式下的海关进出境货物监管制度体系示意

情形下，其处置及物流应受海关监督控制的商品。

2. 海关监管货物的特征

（1）法律授权海关可以对实际进出境的货物在规定期限内实施有效监管。

《海关法》第二十三条规定："进口货物自进境起到办结海关手续止，出口货物自向海关申报起到出境止，过境、转运和通运货物自进境起到出境止，应当接受海关监管。""进口货物自进境起"是指载运进口货物的运输工具进入我国关之时起。"办结海关手续"（以下简称"结关"）是指报关人已经在海关办理完进出口货物通关所必需的所有手续，完全履行了法律规定的与进出口有关的义务，包括纳税、提交许可证件及其他单证等，进口货物可以进入国内市场自由流通，出口货物可以运出境外。这是海关对进出境货物实施监管法律意义上的时间和范围，是海关对进出境货物实施监管的基础。

置于海关监管下的货物，办结海关手续的时限分别如下。

① 直接进入境内市场自由流通的进口货物，办结海关手续的时限是：自货物进境之时起到办理海关申报、查验、征税、放行手续止；

② 暂时进口、保税进口货物，办结海关手续的时限是：自货物进境起，到原货或加工成品复运出境并由海关予以注销或核销，或向海关补办正式进口的补证、纳税手续止；

③ 特定减免税货物，办结海关手续的时限是：自货物进境起，到海关监管年限期满止，或向海关办理补证、补税手续止；

④ 超期未报进口货物，办结海关手续的时限是：自货物进境起到由海关提取变卖止；

⑤ 过境、转运、通运货物，办结海关手续的时限是：自进境起至出境止；

⑥ 出口货物，办结海关手续的时限是：自向海关申报起至出境止。

（2）海关实施有效监管的程序、目标、方式是以进出境货物适用的程序性监管制度为基本依据。

从不同的监管要求出发,可以将海关监管货物分为不同种类。按国家贸易管制政策分,可以分为禁止进出口货物、限制进出口货物和自由进出口货物。按监管货物的流向分,可分为出口货物、进口货物、通过关境货物及暂时进出境货物等。按海关监管时限分,可以分为放行即结关货物、放行未结关待监管时限到期核销结关货物、通过关境货物、超期未报货物等。可见,海关监管货物实际上包含了所有进出境货物,许多进出境货物在进出境放行后,因为仍在海关监管年限内,所以仍是海关监管货物。

《海关法》第一百条所作规定即是从海关实施有效监管的程序、目标、方式出发,并以进出境货物适用的程序性监管制度为具体的执法依据。由此,海关监管货物包括一般进出口货物,过境、转运、通运货物,特定减免税货物,以及暂时进出口货物、保税货物和其他尚未办结海关手续的进出境货物。

一般进出口货物是指在进出境环节缴纳进出口税费,并在办结各项海关手续后可以直接在境内自行使用、销售的货物。我国《海关法》对一般进出口货物的规定与世界海关组织《京都公约》中的"结关内销"和"直接出口"两项附约基本吻合。

保税货物是指暂缓办理纳税手续进境,在境内储存、加工、装配后复运出境或转为进口的货物。保税货物又可分为保税加工货物和保税物流货物。

暂时进出境货物是指为特定的目的进境或出境,按规定的期限原状复运出境或进境的货物。主要包括在展览会、交易会展示和使用的货物、货样,文化、体育交流活动使用的表演、比赛用品,进行新闻报道使用的仪器、设备及用品等。

特定减免税货物是指《海关法》第五十七条规定适用的减免税范围的货物。主要有特定地区、特定企业和特定用途的进出口货物。所谓"特定地区",是指我国关境内由国家规定的某一特别限定区域,享受减免税的货物只能在这一专门规定的区域内使用。"特定企业"是指国家专门规定的企业,享受减免税优惠的货物只能由这些规定的企业使用。"特定用途"是指货物用于国家规定的用途,如残疾人康复用的训练设备等。

过境、转运和通运货物是指由境外启运、通过中国境内继续运往境外的货物。其中,通过境内陆路运输的,称过境货物;在境内设立海关的地点换装运输工具,而不通过境内陆路运输的,称转运货物;由船舶、航空器载运进境并由原运输工具载运出境的,称通运货物。

除上述货物以外,尚未办结海关手续的进出境货物还包括溢卸货物、误卸货物、退运货物、租赁货物、进出境修理货物、无代价抵偿货物等。

(五)海关监管相对人

海关监管相对人是指与海关监管主体相对应的另一方当事人,即进出境活动中处于被管理地位上的公民、法人和其他组织。通常,与海关监管活动比较密切,且与海关打交道比较频繁的,主要有报关人和报关活动相关人等。

1. 报关人

报关人,顾名思义,就是向海关办理进出境手续的人,包括自然人、法人和其他组织。进出境货物的报关人包括进出口货物收发货人和报关企业;进出境运输工具的报关人为进出境运输工具负责人或其代理人;进出境物品的报关人为物品所有人或其代理人。

2. 报关活动相关人

报关活动相关人是指从事与海关监管货物相关的运输、储存、加工等业务的人,包括自然人、法人和其他组织。主要有承接保税加工、物流、仓储业务的企业,转关运输承运人等。报关活动相关人须按规定向海关报告其与海关监管货物相关的运输、储存、加工等情况，保证海关监管货物始终置于海关监管之下。未经海关许可，不得擅自开拆、提取、交付、发运、调换、改装、抵押、挪作他用或转让。

小　　结

（1）报关是指进出口货物收发货人、进出境运输工具负责人、进出境物品的所有人或者他们的代理人向海关办理货物、物品或运输工具进出境手续及相关海关事务的全过程。

（2）海关是一个有着悠久历史的行政管理机关，是代表国家对内对外独立行使与海关活动相关权力的行政管理机构。《海关法》明确规定海关有四项基本任务，即监管进出境的运输工具、货物、行李物品、邮递物品和其他物品，征收关税和其他税费，查缉走私和编制海关统计。

（3）海关权力是指国家为保证海关依法履行职责，通过《海关法》和其他法律、行政法规赋予海关的对进出境运输工具、货物、物品的监督管理权能。海关权力属于公共行政职权，其行使受一定范围和条件的限制，并应当接受执法监督。

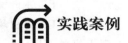 实践案例

案例分析

2018年7月18日，海关总署通报2018年上半年，全国海关缉私部门立案侦办走私犯罪案件1988起，比去年同期增长8.9%；对2985名犯罪嫌疑人采取强制措施，从7个国家和地区抓获外逃走私犯罪嫌疑人17名。

近2000起案件中，涉税走私犯罪案件占963起，案值203.3亿元；涉税千万元以上走私犯罪案件94起，案值144.87亿元。非涉税走私犯罪案件为1025起。

在打击"洋垃圾"走私方面，2018年以来，海关总署组织开展3轮高密度、集群式、全链条集中打击行动，全力封堵拦截"洋垃圾"走私入境。全国海关打击废物走私刑事立案共276起，同比上升89%，查证涉案废物98.79万吨，同比上升157%。

通报案例显示，拱北、南京海关缉私局2018年3月立案侦办上海某贸易公司涉嫌走私固体废物案，涉案固体废物达31.35万吨。现查明，该公司负责人黄某大量采购国外某钢铁厂生产环节产生的废料，并伪报成"球碎矿"，为将废料走私进境，嫌疑人采取了境外公司洗单、篡改境内和境外检验数据、伪报品名和价格以及伪报生产工艺多种违法犯罪方式。

同期，海关立案侦办农产品走私犯罪案件186起，案值81.37亿元。其中，立案侦办走私大米犯罪案件11起，案值2.71亿元，查证涉案大米6.56万吨；侦办走私食糖犯罪案件26起，案值3.25亿元，查证涉案食糖5.13万吨。

海关还立案侦办了188起成品油走私犯罪案件，案值26.15亿元。

非涉税走私犯罪案件方面，2018年上半年，海关立案侦办武器弹药走私犯罪案件84起，缴获枪支679支；立案侦办走私毒品犯罪案件305起，缴获各类毒品1956.6千克。

海关还立案侦办了104起濒危物种及其制品走私犯罪案件，其中，立案侦办象牙及

其制品走私犯罪案件 24 起，查获象牙及其制品 613.8 千克。

业务操作

（1）请你指出案例中涉及的走私案件各属于哪些贸易管制制度管理。

（2）上述案例打击"洋垃圾"走私方面中，海关使用了哪些海关权力？

 学习评价

一、单项选择题

1. 我国是《万国邮政公约》的签约国之一，根据这一公约的规定，进出境邮递物品的"报税单"和"绿色标签"应随同物品通过（　　）呈递给海关。

   A. 专业报关企业　　　　　　　　B. 代理报关企业

   C. 邮政企业或快递公司　　　　　D. 收、发货人

2. 按照法律规定，下列不列入报关范围的是（　　）。

   A. 进出境运输工具　　　　　　　B. 进出境货物

   C. 进出境物品　　　　　　　　　D. 进出境旅客

3. 按照海关法律规定，（　　）不列入报关范围。

   A. 进境运输工具　　　　　　　　B. 出境货物

   C. 进境物品　　　　　　　　　　D. 出境旅客

4. 下列关于报关或代理报关范围的表述，错误的是（　　）。

   A. 进出口货物收发货人只能办理本企业（单位）进出口货物的报关业务

   B. 代理报关企业只能接受有权进出口货物单位的委托，办理本企业承揽、承运货物的报关业务

   C. 专业报关企业可接受进出口货物收发货人在各种运输承运关系下委托办理的报关业务

   D. 进出口货物收发货人、报关企业只能在注册地海关办理报关业务

5. 下列关于报关企业和进出口货物收发货人报关范围的表述，正确的是（　　）。

   A. 两者均可在关境内各海关报关

   B. 两者均只能在注册地海关辖区内各海关报关

   C. 报关企业可以在关境内各海关报关；进出口货物收发货人只能在注册地海关辖区内各海关报关

   D. 报关企业只能在注册地海关辖区内各海关报关；进出口货物收发货人可以在关境内各海关报关

6. 下列关于报关企业和进出口货物收发货人报关行为规则的表述，正确的是（　　）。

   A. 进出口货物收发货人在海关办理注册登记后，可以在中华人民共和国关境内各口岸或者海关监管业务集中的地点代理其他单位报关

   B. 进出口货物收发货人依法取得注册登记许可后，可以在直属海关关区各口岸或者海关监管业务集中的地点办理本单位的报关业务

   C. 报关企业如需要在注册登记许可区域以外从事报关服务的，应当按规定向注册地直属海关备案

D. 报关企业如需要在注册登记许可区域内从事报关服务的,应当依法在关区各口岸设立分支机构,并且在开展报关服务前,按规定向注册地直属海关备案

7. 海关对有走私嫌疑的运输工具和有藏匿走私货物、物品嫌疑的场所行使检查权时(   )。

   A. 不能超出海关监管区和海关附近沿海沿边规定地区的范围
   B. 不受地域限制,但不能检查公民住处
   C. 在海关监管区和海关附近沿海规定地区,海关人员可直接检查;超出这个范围,只有在调查走私案件时,才能直接检查,但不能检查公民住处
   D. 在海关监管区和海关附近沿海规定地区,海关人员可直接检查;超出这个范围,只有在调查走私案件时,经直属海关关长或其授权的隶属海关关长批准才能进行检查,但不能检查公民住处

8. 在下列哪种情况下海关行使检查权需经直属海关关长或其授权的隶属海关关长批准(   )。

   A. 在海关监管区和海关附近沿海沿边规定地区以外,检查进出境运输工具
   B. 在海关监管区和海关附近沿海沿边规定地区,检查走私嫌疑人的身体
   C. 在海关监管区和海关附近沿海沿边规定地区以外,检查有走私嫌疑的运输工具
   D. 在海关监管区和海关附近沿海沿边规定地区,检查有藏匿走私货物、物品嫌疑的场所

9. 下列行为不属于海关行政检查权限范围的是(   )。

   A. 检查进出境运输工具   B. 检查有藏匿走私货物嫌疑的场所
   C. 检查走私嫌疑人的住处   D. 检查走私嫌疑人的身体

二、多项选择题

1. 下列属于报关人员报关执业禁止行为的,包括(   )。

   A. 故意制造海关与报关单位、委托人之间的矛盾和纠纷
   B. 同时在两个或两个以上报关单位执业
   C. 将报关人员证转借或者转让他人,允许他人持本人报关人员证执业
   D. 涂改报关人员证

2. 报关员应当履行的义务有(   )。

   A. 妥善保管报关人员证   B. 配合海关查验
   C. 参加海关举办的报关业务岗位考核   D. 配合海关对走私违规案件的查处

三、判断题

1. 在直接代理报关中,代理人代理行为的法律后果直接由代理人承担;而在间接代理报关中,代理人代理行为的法律后果由代理人间接承担。(   )

2. 进出口货物的报关是指进出口货物收发货人或其代理人在货物进出口时,采用电子数据报关单和纸质报关单形式向海关申报的行为。(   )

3. 我国报关企业目前大都采取直接代理形式代理报关,即接受委托人(进出口货物收发货人)的委托,以报关企业自身的名义向海关办理进出口报关手续。(   )

4. 间接代理报关只适用于经营快件业务的国际货物运输代理企业。(   )

5. 进境运输工具载有货物、物品的,运输工具负责人应当在规定时限向海关传输原始舱单主要数据,并在进境货物、物品运抵目的港以前向海关传输原始舱单其他数据。(   )

6. 进出境运输工具负责人应当按照海关备案的范围在规定时限向海关传输舱单电子数据。（　）

7. 报关企业和进出口货物收发货人须经海关注册登记许可后方可向海关办理报关单位注册登记表。（　）

8. 报关单位必须在取得对外贸易经营权并依法在海关注册登记后，才能办理报关手续。（　）

9. 根据目前海关的规定，申请成立专业报关企业应由各直属海关批准后，报海关总署备案。（　）

10. 海关调查人员在调查走私案件时，可以径行查询案件涉嫌单位和涉嫌人员在金融机构、邮政企业的存款、汇款。（　）

11. 海关对进出境运输工具的检查不受海关监管区域的限制。（　）

12. 根据《中华人民共和国海关法》规定的设关原则，如果海关监督管理需要，国家可以在现有的行政区划之外安排海关的上下级关系和海关的相互关系。（　）

四、简答题

1. 报关的定义是什么？包括哪些范围和种类？
2. 报关单位的种类有哪些？行为规范包括哪些内容？
3. 如何理解报关员的权利与义务？其行为规范有哪些？
4. 如何理解海关的定义？我国海关的性质和基本任务是什么？
5. 我国海关设关原则是什么？海关管理体制是什么？
6. 如何理解海关的权力的特征？海关的权力内容包括哪些？
7. 请写出报关单位中进出口货物收发货人和报关企业的不同之处有哪些。
8. 请写出报关人员在执业中不得进行的事情。

项目二 对外贸易管理实务

 知识目标

- ◆ 掌握对外贸易管制的特点、目的
- ◆ 熟记对外贸易管制措施和方法
- ◆ 理解并掌握进出口货物许可证件报关规范要求

 **能力目标**

- ◆ 理解并分析贸易管制产生的原因
- ◆ 理解并掌握我国贸易管制的内容
- ◆ 理解并掌握相关许可证件报关规范

 **重点难点**

- ◆ 贸易管制措施的实施范围和方法
- ◆ 许可证件适用范围和报关规范

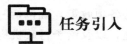 **任务引入**

国际贸易中，各国政府从本国经济利益出发，为实现对外贸易目标通常采用一些对外贸易政策、措施、管理方式。在本项目学习中，我们将理解对外贸易政策的具体措施，正确理解我国对外贸易管制的性质、特征和管制形式，从而在通关实践活动中养成严格遵守各项对外贸易管制制度的良好职业素养。

任务一　对外贸易管理认知

对外贸易管理是指一国政府以国家法律、法规、方针政策为依据，从国家宏观经济利益和对内、对外政策的需求出发，对进出口贸易活动进行指导、控制和调节的行为。

对外贸易是人类社会生产力发展到一定阶段后产生并不断发展起来的，以保护本国的国内市场、扩大本国产品出口、保障政府的财政收入、促进本国经济和社会的持续发展为出发点。调整、制定代表本国利益的对外贸易政策，保障对外贸易活动的顺利进行，已经成为体现国家的一个重要经济管理标志。

一、对外贸易政策

对外贸易政策是对一国在一个时期内对外贸易管理中所制定和实施的各项管理制度和措施的总称。具体包括一国对进出口贸易进行管理的原则、方针和措施等，调节的对象主要是对外经济贸易活动。一国的对外贸易政策是该国经济政策的体现，也是政府对经济活动的一种干预方式，反映了该国的经济利益与要求。

在资本主义发展的不同时期，不同国家会选择不同的对外贸易政策，从近现代历史看，对外贸易政策主要可以分为两类：自由贸易政策和保护主义贸易政策。

自由贸易政策提倡国家取消对进出口贸易的限制和障碍，取消对本国商品与服务的各类特权与优惠，政府不干预对外贸易活动，以使各国能够充分实现建立在比较优势基础上的国际分工，从而使世界范围内生产与交换的效率提高，各国也能从中获得最大化的福利。

保护主义贸易政策则提倡国家广泛利用限制进口的各种措施和设置各种障碍，以保护本国市场免受外国货物、服务与技术的竞争，并采取各种措施促进本国商品和服务的出口。

对外贸易政策是一国为保护本国经济利益、推行本国对外政策、保障本国政治目的和安全而制定的。为了实现上述目的，各国都要根据其不同时期的不同经济利益或安全和政治需要，适时调整对外贸易政策。世界范围内占主导的对外贸易政策也是交替出现的，一般情况下经济繁荣时期会选择自由贸易政策，而经济陷入萧条时又掀起贸易保护主义浪潮。

二、对外贸易政策的实现

各国对外贸易政策的制定和修改是由立法机构进行的。最高立法机构在制定与修改对外贸易政策及有关规章制度前，要征询各个经济集团的意见，如发达资本主义国家一般要征询大垄断集团的意见。各垄断集团通过企业联合会、商会等各种机构经常协调、确定共同立场，向政府提出各种建议，直至派人参与制定或修改有关对外贸易的政策法案。

最高立法机关所颁布的对外贸易各项政策，既包括一国较长时期内对外贸易政策的总方针和基本原则，又规定某些重要措施，以及给予行政机构的特定权限。比如由国会、议会等机构授权总统或国家领导人，在一定范围内制定某些对外贸易法令、进行对外贸易谈判、签订贸易协定、增减关税、确定数量限额等。

对外贸易政策确定以后，一般是通过以下方式实现的。

1. 通过海关对进出口贸易进行管理

国家在对外开放的口岸和海关监管业务集中的地点设立海关。海关的主要职能是：对进出关境的货物、物品和运输工具，进行实际监督管理、稽征关税和代征法定的其他税费；查缉走私，一切进出关境的货物、物品和运输工具，除国家法律另有规定的以外，都要在进出关境时向海关申报，接受海关检查（查验）。海关这种特殊的管理职能决定了海关监管是实施对外贸易政策目标的有效行政管理手段。

2. 由国家设立机构依据职能分工管理

对外贸易政策属于一国经济政策的范畴，其制度、措施的落实，须有政府各行政管理部门的参与。各行政管理部门依据职责的分工，围绕对外贸易政策的实施，制定、颁布各类法令、管理制度与措施，如下发各类许可证件或下发相关文件，制定促进进出口贸易发展的举措；对进出口贸易秩序进行管理，服务国家经济建设；协助进出口企业处理贸易纠纷，处置违反对外贸易政策、制度的行为，确保国家对外贸易政策目标的实现。

3. 由政府出面参与国际协调管理

由政府出面加入各种国际贸易、关税等机构与组织，出面进行国际贸易、关税方面的协调与谈判，参与制定有利于公平贸易的国际规则，缔结有关促进对外贸易发展的国际协定或公约。

三、对外贸易政策措施

对外贸易政策措施是一国政府围绕本国对外贸易政策原则，根据经济发展需要，在不同时期，对进出口贸易采取的具体针对性管理策略。纵观各国对外贸易的发展，采用的主要措施如下。

（一）关税措施

关税措施是指以关税的经济手段来限制输入，激励输出。为了保护本国经济，一国通过制定、调整符合本国利益的一系列关税措施来调节进出口贸易。在进口方面，用制定高税率海关税则，征收进口附加税、差价税等形式，以形成关税壁垒，增加进口商品的成本以限制进口，保护本国同类劣势产业的发展；在出口方面，通过低税、免税等手段影响商品的价格，来提高本国商品的竞争力，鼓励商品的出口，促进本国优势产业的发展。关税税率的高低，影响着一国经济和对外贸易的发展。

（二）非关税措施

非关税措施也称非关税贸易壁垒，是与关税措施相对而言的，指除关税以外影响一国对外贸易的主要政策措施，主要体现在用行政手段限制进口。这种措施名目繁多，主要形式如下。

1. 进口配额制

进口配额制又称进口限额制，指一国政府在一个时期内，对某些进口商品的数量或金额进行直接限制。在规定的时期内凡属限额或限量内的货物可以进口，超过限额或限量的部分一律不许进口，否则征收惩罚性关税或罚款，以至没收这部分进口商品。进口配额有单方配额、双边或多边配额、关税配额三种基本形式。

2. 许可证件制度

一些国家为了管制对外贸易，规定进口商品必须领取许可证件，否则一律不许进口的贸易管理制度。

3. 海关归类和估价

各国海关按国际上惯常做法，按照一定的原则，通过立法的形式，确定进出口商品归类及估价方法的一种制度。

4. 国内税

通常国内税不受贸易条约或协定的限制，其制定与执行由中央政府或地方政府管理，通过设立各种国内税，可达到限制商品进口的目的。

5. 歧视性的政府采购

国家通过法令，规定政府机构在采购时要优先购买本国产品的做法。

6. 自动出口限额

出口国家自动规定在某一时间内、在一定限额内自行控制出口，超出部分不准出口。

7. 技术性贸易壁垒

以苛刻的技术、安全标准及卫生检疫规定，建立进口门槛。

8. 烦琐的海关手续

用难以做到的复杂、烦琐的海关通关手续，起到限制进口的作用。

（三）鼓励出口措施

鼓励出口措施是指国家为了支持和鼓励本国相关产业的发展或具竞争力的商品出口，对出口企业实施的具体帮助措施，主要如下。

1. 出口信贷

一个国家为了支持和鼓励本国成套技术设备、大型工程项目出口，增强国际的竞争能力，通过银行对本国出口厂商或国外进口厂商提供较低利率的贷款，以解决本国出口商资金周转的困难，或满足国外进口商对报关出口商支付货款需要的一种促进出口的方式。

2. 出口信贷国家担保

国家为了扩大出口，对于本国出口厂商或商业银行向外国进口厂商提供的信贷，由国家设立专门机构出面担保，当外国债务人拒绝付款时，由其按照承保的数额给予补偿。

3. 出口补贴

又称出口津贴，是一国政府为了降低出口商品价格，增强其在国外市场上的竞争力，给予出口厂商出口某种商品时的现金补贴或财政上的优惠。

其他鼓励出口措施还包括由国家采取设立专门组织，研究与制定出口战略，加强商业情报服务，组织贸易中心和商品展览会，以及组织贸易代表团出访和接待来访等措施来扩大出口。

（四）促进对外贸易发展的特殊经济区域措施

特殊经济区域是一个国家或地区在其境内划出一定范围，在内建造码头、仓库、厂房等基础设施和对进区货物实行免除关税等优惠待遇，吸引境内外企业入驻从事贸易与出口加工工业等经营活动的区域。建立特殊经济区域的目的是促进对外贸易发展，繁荣本地区和邻近地区的经济。

特殊经济区域形式多样，一般主要有以下三类。

1. 自由港或自由贸易区

由国家规定给予进出自由港或自由贸易区域的进出口商品免征关税，准许在港内或区内开展自由存储、展示、分拆、改装、整理、加工制造等经营活动，以利于本地区经济和对外贸易的发展，增加财政收入和外汇收入。这类特殊经济区域，一种是把港口或设区所在城市都划为自由港或自由贸易区，如香港整个是自由港；另一种是把港口或设区所在城市的一部分划为自由港或自由贸易区,如汉堡自由贸易区。目前,我国也在进行设立自由贸易区的积极试验和探索,以促进我国对外贸易的进一步发展。

2. 保税区

保税区是经国家批准设立的受海关监管的特殊地区,是保税仓库功能的扩大。进口商品进入保税区可暂时不缴纳进口税;如再出口,不缴纳出口税;如要进入所在国的国内市场,则须办理报关手续,缴纳进口税。运入保税区的货物可以进行储存、改装、分拣分类、展示甚至加工和制造等。一些国家的保税区还允许在区内经营金融、保险、展销和房地产业务。

3. 出口加工区

一些发展中国家在其港口或临近港口、国际机场的地方,划出一定的范围,新建和扩建码头、车站、道路、仓库和厂房等基础设施,以及提供免税等优惠待遇,吸引国内外企业进行投资设厂,设立以生产出口为主的制成品的加工区域。这样既促进了本国制造业的发展、又扩大了出口贸易。

四、对外贸易管制的目的及特点

对外贸易管制是指一国政府从国家的宏观经济利益和国内外政策需要出发,在遵循国际贸易有关规则的基础上,对本国的对外贸易活动实施有效管理而实行各种贸易政策、制度或措施的总称,简称贸易管制。

1. 对外贸易管制的目的

(1) 保护本国经济利益,发展本国的经济。发展中国家实行对外贸易管制是为了发展本国经济,保护本国的民族工业,建立、巩固本国的经济体系;通过对外贸易的各项措施,防止外国产品冲击本国市场而影响本国独立的经济结构的建立;同时,也是为了维护本国的国际收支平衡,使有限的外汇能有效地发挥最大的作用。对外贸易管制主要是为了确保本国在世界经济中的优势地位,避免国际贸易活动对本国经济产生不良影响,特别是要保持本国某些产品和技术的国际垄断地位,保证本国经济发展目标的实现。因此,各国对外贸易管制措施都是与其经济利益相联系,是经济政策的重要体现。

(2) 推行本国的外交政策。不论是发达国家还是发展中国家,往往出于政治或安全上的考虑,甚至不惜牺牲本国经济利益,在不同时期,对不同国家或不同商品实行不同的对外贸易管制措施,以达到其政治上的目的。因此,贸易管制往往成为一国推行其外交政策的有效手段。

(3) 行使国家职能。作为主权国家,对其自然资源和经济行为享有排他的永久主权,国家对外贸易管制制度和措施的强制性是国家为保护本国环境和自然资源、保障国民人身安全、调控本国经济而行使国家管理职能的一个重要保证。

2. 对外贸易管制的特点

为了实现上述目的,贸易管制政策形成了以下 3 个基本特点。

(1) 对外贸易管制政策是一国对外政策的体现。

(2) 对外贸易管制政策是因时间、形势而变化的。各国都要根据其不同时期不同经济利益或安全和政治形势需要,随时调整对外贸易管制政策,因此不同国家或同一国家不同时期的贸易管制政策是各不相同的。

(3) 以对进口的管制为重点。贸易管制形式按管理目的可分为进口贸易管制和出口贸易管制,以对进口管制为重点,可以更有效地保护本国国内市场和本国的经济利益。其造成的负面效应是，在一定程度上阻碍了世界经济交流，抑制了国际贸易的发展。因此，如何充分发挥贸易管制的有利因素，尽量减少其带来的不利因素，变被动保护为主动、积极的保护，是衡量一个国家管理对外贸易水平的标志。

五、对外贸易管制目标的实现

现阶段，我国对外贸易管制的目标主要依靠有效的政府行政管理手段来实现。国家各职能管理部门通力合作，特别是通过海关机构在进出境环节对货物、技术实施监督管理来达到有效管制对外贸易的目的。海关作为国家进出关境的监督管理机关，依据《海关法》所赋予的权力，代表国家在口岸行使进出境管理职能，这种管理职能决定了海关是实施贸易管制政策和措施的重要部门。

1. 海关监管是实现贸易管制的重要手段

我国海关是国家进出关境监督管理机关。海关监管的主要目的是确保货物与技术进出口的合法性和有效性，贯彻执行国家进出口贸易管制措施。为此，要加强海关在进出境环节上对进出口货物进行全过程实际监控。这就使海关监管成为我国对外贸易管制目标得以实现的重要、有效的行政管理手段和我国对外贸易管制的一个重要环节。

海关监管是实现贸易管制的重要手段。执行贸易管制政策海关监管方式有："单单相符""单货相符""单证相符""证货相符"等。报关是海关确认进出口货物合法性的先决条件。

进口货物应自运输工具申报进境之日起 14 日内向海关申报，出口货物自货物到达海关监管区，装货前 24 小时向海关报关。

2. 国家各个行政部门的通力合作

对外贸易的国家管制具有综合性特点，根据我国有关外贸的法律、行政法规和部门规章的规定，国家各行政管理部门都相应地承担有管制贸易的职责。虽然这些主管行政管理部门各自所承担的具体职责、管制范围以及具体分工有所不同，但它们必须相互密切配合，通力合作，形成一股合力，才能使我国对外贸易管制形成一个完整的统一体，从而实现我国对外贸易管制的目标。

六、我国对外贸易管制基本框架与法律体系

（一）基本框架

我国对外贸易管制的主要内容可以概括为"证""备""检""核""救"五个字。

1. "证"——货物、技术进出口的许可

主要是指进出口许可证件（含许可证），即法律、行政法规规定的各种具有许可进出口性质的证明、文件。进出口许可证是我国实行进出口许可制度的重要内容。进出口许可制度不仅是我国对外贸易管制的核心管理制度，而且是我国对外贸易管制的主要实现方式之一。进出口许可证件（含许可证），作为货物或技术进出口的证明文件，既是我国对外贸易管制的最基本手段，同时又是我国有关行政管理机构执行贸易管制与监督的重要依据。此外，国家有关主管部门对于出口文物、进出口黄金及其制品、进口音像制品、进出口濒危野生动植物、进出口药品药材和进口废物等特殊进出口商品的批准文件或许可文件，同样是我国有关职能管理机构执行贸易管制的重要依据。

2. "备"——对外贸易经营组织的备案登记

突出强调的是我国对外贸易经营者在从事或参与对外贸易经营活动以前，需按规定向国

务院对外贸易主管部门或者其委托的机构办理备案登记。根据我国《对外贸易法》的相关规定，对外贸易经营者未按照规定办理备案登记的，海关不予办理进出口货物的验放手续。

3. "检"——商品质量的检验检疫、动植物检疫和国境卫生检疫，简称"三检"

主要强调的是，对货物的进出口实行必要的检验和检疫也是我国对外贸易管制方面的重要内容之一。其基本目的是保证进出口商品的质量、保障人民的生命安全健康，我国出入境检验检疫机构依法对进出口的货物实施必要的检验检疫。

4. "核"——进出口收、付核销

反映我国在有关进出口货物的确收、付汇管理中，强调对于实际进出口的货物与技术，实行较为严格的收、付核销制度，以达到国家对外汇实行管制，防止偷逃外汇的目的。

5. "救"——贸易管制的救济措施

我国在对进出口贸易实行管制过程中根据国际公认的规则所采取的贸易补救措施主要包括反倾销、反补贴和保障措施。根据世界贸易组织的有关部门规定，任何一个世界贸易组织成员都可以为维护自身经济贸易利益的目的，防止或阻止产业受到侵害或损害而采取保护性措施。

（二）法律体系

由于贸易管制是一种国家管制，其法律渊源不包括地方性法规、地方性规章及各民族自治区的地方条例和单行条例，所以贸易管制所涉及的法律渊源只限于宪法、法律、行政法规、部门规章以及相关的国际条约。

1. 法律

我国现行的与对外贸易管制有关的法律主要有《中华人民共和国对外贸易法》《中华人民共和国海关法》《中华人民共和国进出口商品检验法》《中华人民共和国进出境动植物检疫法》《中华人民共和国固体废物污染环境防治法》《中华人民共和国国境卫生检疫法》《中华人民共和国野生动物保护法》《中华人民共和国药品管理法》《中华人民共和国文物保护法》《中华人民共和国食品卫生法》等。

2. 行政法规

我国现行的与对外贸易管制有关的行政法规主要有《中华人民共和国货物进出口管理条例》《中华人民共和国技术进出口管理条例》《中华人民共和国进出口关税条例》《中华人民共和国知识产权海关保护条例》《中华人民共和国外汇管理条例》《中华人民共和国反补贴条例》《中华人民共和国反倾销条例》《中华人民共和国保障措施条例》等。

3. 部门规章

我国现行的与对外贸易管制有关的部门规章很多，例如《货物进口许可证管理办法》《货物出口许可证管理办法》《货物自动进口许可证管理办法》《出口收汇核销管理办法》《进口药品管理办法》《放射性药品管理办法》《两用物项和技术进出口许可证管理办法》等。

4. 国际公约

各国在通过国内立法实施本国进出口贸易管制的各项措施的同时，必然要与其他国家协调立场，确定相互之间在国际贸易活动中的权利和义务关系，以实现其外交政策和对外贸易政策所确立的目标，因此，国际条约与协定便成为各国之间确立国际贸易关系立场的重要法律形式。

我国目前所缔结或者参加的各类国际条约、协定，虽然不属于我国国内法的范畴，但就其效力而言可视为我国法律渊源之一。主要有《关于简化和协调海关业务制度的国际公约》

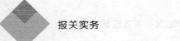

《濒危野生动植物种国际贸易公约》《关于消耗臭氧层物质的蒙特利尔议定书》《关于麻醉品和精神药品的国际公约》《关于化学品国际贸易资料交换的伦敦准则》《关于在国际贸易中对某些危险化学品和农药采取事先知情同意程序的鹿特丹公约》《建立世界知识产权组织公约》等。

任务二　我国对外贸易管制的主要制度

2001年我国加入世界贸易组织之后，按照世界贸易组织的基本原则和相关框架协议的要求，基本形成了与国际规则相一致的对外贸易管制制度。我国对外贸易管制制度是一种综合制度，主要由海关监管制度、关税制度、对外贸易经营者的资格管理制度、进出口许可制度、出入境检验检疫制度、进出口货物收付汇管理制度及贸易救济制度等构成。

一、对外贸易经营者的资格管理制度

1. 对外贸易经营者的管理

目前，我国对对外贸易经营者的管理实行备案登记制。法人、其他组织或者个人在从事进出口经营前，必须按照国家的有关规定，依法定程序在国家商务主管部门备案登记进出口经营权。对外贸易经营者指我国境内的法人或其他组织，经国家批准所享有的对外签订进出口贸易合同的资格，又称对外贸易经营权。

2. 对外贸易经营者必须具备的条件

（1）有自己的名称和组织机构；
（2）有明确的对外贸易经营范围；
（3）具其经营的对外贸易业务所必需或者具有必需的进出口货源；
（4）委托他人办理进出口业务达到规定的实绩或者具有必需的进出口货源；
（5）法律、行政法规规定的其他条件。

3. 对外贸易经营者的种类及经营范围

（1）隶属原外经贸部和各省、市、自治区的专业外贸公司——大宗商品、政府行为的商品及批准可代理范围内的商品；
（2）有权自营进出口的生产企业，包括外商投资及各类内资生产型企业——仅限本企业所需技术、设备、零件等；
（3）对外经营科技产品的科研院所和大专院校——仅限本单位所需材料、技术、设备等；
（4）从事国际承包工程和劳务合作的国际合作公司等。

为对关系国计民生的重要进出口商品实行有效的宏观管理，国家可以对部分货物的进出口实行国营贸易管理。实行国营贸易管理货物的进出口业务只能由经授权的企业经营，但是国家允许部分数量的国营贸易管理货物的进出口业务由非授权的企业经营的除外。实行国营贸易管理的货物和经授权经营企业的目录，由国务院商务主管部门会同国务院的其他相关部门确定、调整并公布。对未经批准擅自进出口实行国营贸易管理的货物的，海关不予放行。

目前，我国对成品油实行进口国营贸易管理，对玉米、大米、煤炭、原油、成品油、棉花、锑及锑制品、钨及钨制品、白银等实行出口国营贸易管理。

二、进出口许可制度

进出口许可是指国家根据《中华人民共和国货物进出口管理条例》《中华人民共和国技术进出口管理条例》等相关法律、行政法规，对进出口贸易所实行的一种行政管理制度，既包括许可进出口的有关证件的审批、管理制度本身的程序，也包括以国家各类许可为条件的其他行政管理手续，统称为"进出口许可制度"。货物、技术进出口许可管理制度是我国进出口许可制度的主体、核心内容，它是国家通过签发许可证，准许货物、技术进出境的管理程序。

货物进出口许可制度管理范围包括禁止进出口、限制进出口货物和部分实行自动进口许可管理的自由进出口货物。除禁止进出口以外，我国货物进出口许可管制主要涉及限制进出口货物、货物自动进口许可，其中以限制进口为主体。对于限制进出口货物，我国原则上均实行许可制度管理。

（一）禁止进出口货物管理

根据我国《对外贸易法》第 16 条规定，凡已经列入由国务院对外贸易主管部门会同国务院有关部门制定、调整并公布的禁止进出口货物目录，均不得进出口。因而，国家法律明文规定某些被纳入禁止进出口之列的货物就不再属于我国进出口许可管制的对象，它同样也表明了这一点，即任何已经被国家授予进出口经营权的对外贸易经营者都不得擅自进出口这样的货物。这是判别货物是否可以进出口及其合法性的重要标准。同时，它还为国家有关主管部门在实行贸易管制的过程中，尤其是在禁止进出口管理方面，对违反国家法律规定擅自进出口国家所禁止进出口货物的任何对外贸易经营者采取必要制裁措施提供了重要法律依据。根据上述国家有关部门禁止进出口的具体规定，国家对外贸易主管部门与进出境主管部门都有责任和义务在货物进出境整个过程中对于违反禁止进出口规定的货物依法查处并且采取有效措施进行必要的防范。例如，根据我国《海关法》的具体规定，我国海关在对进出境货物实行监管的过程中，一旦发现有违反国家禁止进出口规定的任何货物，有权采取扣留、没收等行政措施。

1. 禁止进口货物管理

列入国家公布禁止进口商品目录的商品以及其他法律法规明令禁止或停止进口的商品，任何企业不得经营进口。禁止进口货物如图 2-1 所示。

2. 禁止出口货物管理

列入国家公布禁止出口商品目录的商品以及其他法律法规明令禁止或停止出口的商品，任何企业不得经营出口。禁止出口货物如图 2-2 所示。

（二）限制进出口货物管理

根据我国《对外贸易法》第 16 条的规定，属于该条所述情形之一的货物，均由国家实行限制进出口。对于属于限制进出口的货物，国家主要通过相关目录来划定或调整这类货物的具体范围。

对于限制性进出口货物的管理，我国《货物进出口管理条例》和《技术进出口管理条例》已经分别做出了这样的明确规定：国家规定有数量限制的进口、出口货物，实行配额管理；其他限制性进口、出口货物，实行许可证件管理。另外，我国还规定：实行关税配额管理的进口货物，其目录由国务院对外贸易主管部门会同国务院有关经济管理部门制定、调整和公布；实行配额管理的限制进口、出口货物，由国务院对外贸易主管部门会同国务院有关

```
                   ┌─列入《禁止     ┌第1批：保护自然生态环境和生态资源，如四氯化碳、犀牛角、麝香、虎骨
                   │  进口货物目    │第2批：旧机电产品类，涉及安全生产（压力容器类）、人身安全（电器、
                   │  录》的商品    │      医疗设备）、环境保护（汽车、工程及车船机械类）旧机电产品
                   │               │《禁止进口固体废物目录》原3、4、5批：对环境有污染的固体废物类
                   │               │  （废动物产品、废动植物油脂、矿产品、矿渣、矿物油、沥青的废料、废
                   │               │  药物、杂项化学品废物、废橡胶、皮革、废特种纸、废纺织原料及制品、
                   │               └  玻璃废物、金属和含金属废物）
                   │               ┌来自疫区的动植物及其产品
   禁止进口货物────┤ 国家法律法    │动植物病源及其他有害生物、动物尸体、土壤
                   │ 规明令禁止────┤带有违反"一个中国"原则内容的货物及其包装
                   │ 进口的商品    │以氯氟烃物质为制冷剂、发泡剂的家用电器和以其为制冷工质的家用电器
                   │               │    用压缩机
                   │               └滴滴涕、氯丹等
                   │               ┌以CFC-12（氟利昂）为制冷工质的汽车及汽车空调压缩机
                   │ 其他停止进口的商品│旧服装
                   └               │Ⅷ因子制剂等血液制品
                                   └氯酸钾、硝酸铵
```

图 2-1　禁止进口货物

```
                   ┌─列入《禁止     ┌第1批：保护自然生态环境和生态资源，如四氯化碳、犀牛角、麝香、
                   │  出口货物目    │      虎骨、发菜、麻黄草
                   │  录》的商品    │第2批：保护我国匮乏的森林资源，禁止出口木炭
                   │               │第3批：长纤维青石棉、二噁英
                   │               │第4批：硅砂、石英砂及其他天然砂
                   │               └第5批：未经化学处理的森林凋落物、经化学处理的森林凋落物、泥炭/草炭
   禁止出口货物────┤               ┌未定名的或新发现并有重要价值的野生植物
                   │               │原料血浆
                   │ 国家法律法    │商业性出口的野生红豆杉及其部分产品
                   │ 规明令禁止────┤劳改产品
                   │ 出口的商品    │以氯氟烃物质为制冷剂、发泡剂的家用电器和以其为制冷工质的家用
                   │               │    电器用压缩机
                   │               │滴滴涕、氯丹等
                   └               └莱克多巴胺、盐酸莱克多巴胺
```

图 2-2　禁止出口货物

经济管理部门按照国务院规定的职责划分进行管理；对于运往设限国家协议项下的纺织品实行出口被动配额限制。

（1）限制进口货物管理（许可证件管理、关税配额管理）如图 2-3 所示。

（2）限制出口货物管理（配额限制管理、非配额限制管理）如图 2-4 所示。

（三）自由进出口货物管理

1. 自由进出口货物

自由进出口货物实际上是指除国家规定禁止、限制进出口以外的进出口货物。此外，可以理解为我国原则上已经准许已经取得各类进出口经营权的企业或单位无须申领进出口许可

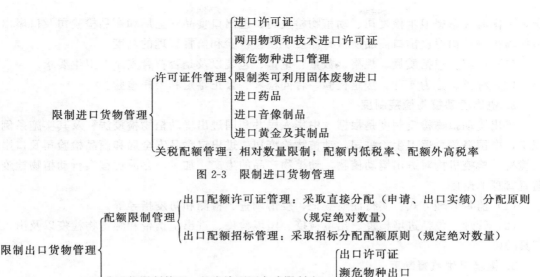

图 2-3　限制进口货物管理

图 2-4　限制出口货物管理

证即可进出口国家明文规定限制进出口和国家分类管理的商品以外的货物。

2. 我国对于自由进出口货物的管理

对于除国家规定禁止、限制进出口以外的部分进口货物，国家基于检测货物进口情况的需要仍按规定实行自动许可范围。

三、出入境检验检疫制度

出入境检验检疫制度是指由国家出入境检验检疫部门根据我国有关法律和行政法规以及我国政府所缔约或者参加的国际条约协定，对出入我国国境的货物及其包装物、物品及其包装物、交通运输工具、运输设备和进出境人员实施检验、检疫监督管理的法律依据和行政手段的总和。目前其主管部门是中国海关总署卫生检疫司、动植物检疫司、进出口食品安全局和商品检验司。

（一）出入境检验检疫职责范围

（1）我国出入境检验检疫制度实行目录管理，《出入境检验检疫机构实施检验检疫的进出境商品目录》中所列名的商品为法定检验商品。

（2）对于法定检验以外的进出境商品是否需要检验，由对外贸易当事人决定。

（3）对关系国计民生、价值较高、技术复杂或重要环境及卫生、疫情标准的重要进出口商品，收货人应当在对外贸易合同中约定在出口装运前进行检验、监造或监装，以及保留货到后最终检验和索赔的条款。

（二）出入境检验检疫制度的组成

出入境检验检疫制度包括进出口商品检验制度、进出境动植物检疫制度以及国境卫生监督制度。

1. 进出口商品检验制度

进出口商品检验制度是根据《中华人民共和国进出口商品检验法》及其实施条例的规

定，中国海关总署卫生检疫司、动植物检疫司、进出口食品安全局和商品检验司及口岸出入境检验检疫机构对进出口商品所进行品质、质量检验和监督管理的制度。

(1) 内容。包括质量、规格、数量、重量、包装以及是否符合安全、卫生要求。

(2) 种类。分为4种，法定检验、合同检验、公正鉴定和委托检验。

2. 进出境动植物检疫制度

进出境动植物检疫制度是根据《中华人民共和国进出境动植物检疫法》及其实施条例的规定，中国海关总署卫生检疫司、动植物检疫司、进出口食品安全局和商品检验司及口岸出入境检验检疫机构对进出境动植物，动植物产品的生产、加工、存放过程实行动植物检疫的监督管理的制度。

(1) 监督管理方式。实行注册登记、疫情调查、检测和防疫指导等。

(2) 管理。包括进境检疫、出境检疫、国境检疫、进出境携带和邮寄物检疫以及出入境工具检疫。

3. 国境卫生监督制度

国境卫生监督制度是指出入境检验检疫机构卫生监督执法人员，根据《中华人民共和国国境卫生检疫法》及其实施细则，以及国家其他的卫生法律法规和卫生标准，在进出口口岸对出入境的交通工具、货物、运输容器以及口岸辖区的公共场所、环境、生活措施、生产设备所进行的卫生检查、鉴定、评价和采样检验的制度。

4. 进出口商品检验、出入境卫生检疫和动植物检疫的区别

(1) 法律依据不同。进出口商品检验制度是根据《中华人民共和国进出口商品检验法》；进出境动植物检疫制度是根据《中华人民共和国进出境动植物检疫法》及其实施条例的规定；国境卫生监督制度是指出入境检验检疫机构卫生监督执法人员根据《中华人民共和国国境卫生检疫法》及其实施细则。

(2) 检验检疫范围和检查的重点不同。在范围上，动植物检疫、国境卫生检疫的范围稍小于进口商品检验。进出口商品检验的重点侧重于商业性要求；而动植物检疫、国境卫生检疫侧重于卫生要求。

(3) 检查要求不同。进出口商品检验的要求与其余两者稍有不同。首先，进出口商品检验分为法定检验与非法定检验两种情况；其次，进出口商品的检验主体既可以是国家商检部门，又可以是其他经国家商检部门许可的检验机构，而动植物检疫、国境卫生检疫的主体只能是国家卫生检疫或国家动植物检疫部门。

四、进出口货物收付汇管理制度

对外贸易经营者在对外贸易交易活动中，应当依照国家有关规定结汇、用汇。国家外汇管理局依据国务院《外汇管理条例》及其他有关规定，对包括经常项目外汇业务、资本项目外汇业务、金融机构外汇业务、人民币汇率生成机制和外汇市场等领域实施监督管理。

（一）我国货物贸易外汇管理制度概述

为完善货物贸易外汇管理，大力推进贸易便利化，进一步改进货物贸易外汇服务和管理，我国自2012年8月1日起在全国实施货物贸易外汇管理制度改革，国家外汇管理局对企业的贸易外汇管理方式由现场逐笔核销改变为非现场总量核查。国家外汇管理局通过货物贸易外汇检测系统，全面采集企业货物进出口和外汇收支逐笔数据，定期比对、评估企业货物流与资金流总体匹配情况，一方面便利合规企业贸易外汇收支，另一方面对存在异常的企业进行重点监测，必要时实施现场核查。

国际贸易项下国际收支不予限制，出口收入可按规定调回境内或存放境外。从事对外贸易机构的外汇收支应当具有真实、合法的交易背景，与货物进出口应当一致。企业应当根据贸易方式、结算方式及资金来源或流向，凭进出口报关单外汇核销专用联等相关单证在金融机构办理贸易外汇收支。海关进出口报关单外汇核销专用联可在进出口货物海关放行后向海关申请取得。金融机构应当对企业提交的交易单证的真实性及其外汇收支的一致性进行合理审查。国家外汇管理局及其各级分支机构，依法对企业及经营结汇、售汇业务的金融机构进行监督检查，形成了企业自律、金融机构专业审查、国家外汇管理局监管的运行机制，落实了我国货物贸易外汇管理制度。

（二）国家外汇管理局对货物外汇的主要监管方式

1. 企业名录登记管理

企业依法取得对外贸易经营权后，应当持有关材料到国家外汇管理局办理名录登记手续，然后才能在金融机构办理贸易外汇收支业务。国家外汇管理局将登记备案的企业统一向金融机构发布名录，金融机构不得为不在名录内的企业办理外汇收支业务。国家外汇管理局可根据企业的外汇收支业务状况及其合规情况注销企业名录。

2. 非现场核查

国家外汇管理局对企业在一定期限内的进出口数据和贸易外汇收支数据进行总量比对。核查企业贸易外汇的真实性及其与进出口的一致性。非现场核查是国家外汇管理局的常规监管方式。

3. 现场核查

国家外汇管理局可对企业非现场核查中发现的异常或可疑的贸易外汇收支业务实施现场核查，也可对金融机构办理贸易外汇业务的合规性与报送信息的及时性、完整性和准确性实施现场核查。国家外汇管理局实施现场核查时，被核查单位应当配合，如实说明情况，并提供有关文件、资料，不得拒绝、阻碍和隐瞒。

4. 分类管理

国家外汇管理局根据企业贸易外汇收支的合规性及其货物进出口的一致性，将企业分为A、B、C三类。A类企业进口付汇单证简化，可凭报关单、合同或发票等任何一种能够证明交易真实性的单证在银行直接办理付汇，出口收汇无须联网核查，银行办理收付汇手续相应简化。对B、C类企业在贸易外汇收支单证审核、业务类型、结算方式等方面实施严格监管。B类企业贸易外汇收支由银行实施电子数据核查。C类企业贸易外汇收支须经国家外汇管理局逐笔登记后办理。国家外汇管理局根据企业在分类监管期内遵守外汇管理规定的情况，对企业类别进行动态调整。

五、贸易救济制度

国内外常用的贸易救济措施主要有反倾销措施、反补贴措施和保障措施等。各国最初采取这些措施的出发点是为了制约外国进口商品的恶意竞争或所谓的"不公平贸易或不公平竞争"，防止本国经济和本国市场受到进一步的损害。可是，近几年，由于各国频繁采用甚至滥用这样的措施，这些措施不仅被国际上公认为不利于国际经济贸易发展的"非关税壁垒"，而且已经被纳入了世界贸易组织协议规定的协调范围之内。世界各国在乌拉圭回合多边贸易谈判当中为此起草通过的相关协议，即《反倾销协议》《反补贴协议》《保障措施协议》现由世界贸易组织所管辖和执行。

(一) 反倾销措施

倾销一般是指一国产品以低于其正常价值的价格,将产品出口到另一国的行为。从反倾销的产生和其功能来看,应属于一种非关税措施。

反倾销措施包括临时反倾销措施和最终反倾销措施。

1. 临时反倾销措施

进口方主管机构经过调查,初步认定被指控产品存在倾销,并对国内同类产业造成损害,据此可以依据 WTO 所规定的程序进行调查,在全部调查结束之前,采取临时性的反倾销措施,以防止在调查期间国内产业继续受到损害。

临时反倾销措施有两种形式:征收临时反倾销税;要求提供现金保证金、保函或者其他形式的担保。

期限:一般在 4 个月内,特殊情形下,可以延长至 9 个月。

2. 最终反倾销措施

对终裁决定确定倾销成立,并由此对国内产业造成损害的,可以在正常海关税费之外征收反倾销税。征收反倾销税,由商务部提出建议,国务院关税税则委员会根据其建议做出决定,由商务部予以公告。海关自公告规定实施之日起执行。

(二) 反补贴措施

补贴是指政府或任何公共机构对企业提供财政捐助,以及政府对其收入或价格的支持,特别是出口补贴。

反补贴措施包括临时反补贴措施和最终反补贴措施。

1. 临时反补贴措施

采取以现金保证金或者保函作为担保的征收临时反补贴税的形式。期限一般不超过 4 个月。

2. 最终反补贴措施

对终裁决定确定补贴成立,并由此对国内产业造成损害的,可以在正常海关税费之外征收反补贴税。征收反补贴税,由商务部提出建议,国务院关税税则委员会根据其建议做出决定,由商务部予以公告。海关自公告规定实施之日起执行。

(三) 保障措施

保障措施是指进口国在进口激增并对国内相关产业造成严重损害或严重损害威胁时采取的进口限制措施。保障措施针对的是公平贸易条件下进口产品,可分为临时保障措施和最终保障措施。

1. 临时保障措施

在紧急情况下,如果延迟会造成难以弥补的损失,进口国成员国(地区)可不经磋商而采取临时性保障措施。

实施期限不得超过 200 天,并且此期限计入保障措施总期限。

临时保障措施应采取增加关税形式。如果事后调查不能证实进口激增对国内有关产业已经造成损害或损害威胁,则征收的临时关税应予以退还。

2. 最终保障措施

最终保障措施,可以采取提高关税、纯粹的数量限制和关税配额形式。

项目二　对外贸易管理实务

实施期限一般不超过 4 年。在此基础上,如果继续采取保障措施则必须满足以下 4 个条件:对于防止或者补救严重损害仍有必要;有证据表明相关国内产业正在进行调整;已经履行有关对外通知、磋商的义务;延长后的措施不严于延长前的措施。但是保障措施全部实施期限(包括临时保障措施期限)不得超过 10 年。

 小案例

对外贸易救济措施实施

商务部决定自 2013 年 11 月 7 日起对进口原产于美国、加拿大和巴西的浆粕实施临时反倾销措施。除按现行规定征收关税和进口环节增值税外,还将区别不同的供货厂商,按照适用征收比例征收反倾销保证金及相应的进口环节增值税保证金。凡申报进口浆粕的进口经营单位,应当向海关如实申报原产地并提交相关原产地证明文件。如果原产地为美国、加拿大或巴西的,还需提供原生产厂商发票。对于无法确定原产地的上述货物,海关按照本公告所列的最高反倾销保证金征收比例征收保证金。对于能够确定货物的原产地是美国、加拿大或巴西,但进口经营单位不能提供原生产厂商发票,且通过其他合法、有效的单证仍无法确定原生产厂商的,海关将按照本公告所列相应国家中的最高反倾销保证金征收比例征收保证金。

任务三　我国贸易管制主要措施

一、进出口许可证管理

1. 进出口许可证的签证机构

(1) 商务部配额许可证事务局;

(2) 商务部驻各地特派员办事处;

(3) 各省、自治区、直辖市、计划单列市以及商务部授权的其他省会城市商务厅(局)、外经贸委(厅、局)。

2. 实行进出口许可证管理的商品范围

(1) 目前实施进口许可证管理的货物:重点旧机电产品、消耗臭氧层物质,如表 2-1 所示。

表 2-1　进口许可证管理

进口许可证管理	具体内容	发证机构
重点旧机电产品	旧化工设备类、旧金属冶炼设备类、旧工程机械类、旧造纸设备类、旧电力电气设备类、旧食品加工及包装设备、旧农业机械类、旧印刷机械类、旧纺织机械类、旧船舶类、旧矽鼓等 11 类(88 个 10 位商品编码)	商务部配额许可证事务局

续表

进口许可证管理	具体内容	发证机构
消耗臭氧层物质	三氯氟甲烷(CFC-11)、二氯二氟甲烷(CFC-12)等商品（47个10位海关商品编码）	各地外经贸委(厅、局)、商务厅(局)；在京中央管理企业的进口许可证，由配额许可证事务局签发

（2）实施出口许可证管理的商品有49类，分别实行出口配额许可证、出口配额招标和出口许可证管理，如表2-2所示。

表2-2 出口许可证管理

出口许可证管理	管理范围	备注
实行出口配额许可证管理的商品	玉米、大米、小麦、玉米粉、大米粉、小麦粉、棉花、锯材、活牛（对港澳）、活猪（对港澳）、活鸡（对港澳）、煤炭、焦炭、原油、成品油、稀土、锑及锑制品、钨及钨制品、锌矿砂、锡及锡制品、白银、钢及钢制品、钼、磷矿石	农作物、活物、燃料类、金属类
实行出口配额招标的商品	蔺草及蔺草制品、碳化硅、氟石块(粉)、滑石块(粉)、轻(重)烧镁、矾土、甘草及甘草制品	矿物类
实行出口许可证管理的商品	活牛(对港澳以外市场)、活猪(对港澳以外市场)、活鸡(对港澳以外市场)、冰鲜牛肉、冻牛肉、冰鲜猪肉、冻猪肉、冰鲜鸡肉、冻鸡肉、消耗臭氧层物质、石蜡、锌及锌基合金、铂金(以加工贸易方式出口)、汽车(包括成套散件)及其底盘、摩托车(含全地形车)及其发动机和车架、天然砂、钼制品、柠檬酸、维生素C、青霉素工业盐、硫酸二钠	其中除对港、澳、台出口天然砂实行出口许可证管理外，对其他国家(地区)禁止出口；对标准砂实行出口许可证管理

3. 报关规范

进出口许可证报关规范如表2-3所示。

表2-3 进出口许可证报关规范

名称	有效期	延期	报关规范	备注
进口许可证	1年	不得超过次年3月31日	一证一关 一批一证 特殊情况下，非一批一证(12次)	原油、成品油溢装数量3%，其他大宗、散装货物的溢装数量5%（对实行非一批一证制，最后一批货物进出口时，按溢装上限5%内计算，原油、成品油3%内计算）
出口许可证	不得超过6个月	不得超过当年12月31日		

二、两用物项和技术进出口许可证管理

1.《两用物项和技术进出口许可证管理目录》管理范围

如出口经营者拟出口的物项和技术存在被用于大规模杀伤性武器及其运载工具风险的，无论是否列入目录，都应办理两用物项和技术出口许可证。

2. 管理部门

主管部门是商务部，发证机构是商务部配额许可证事务局和受商务部委托的省级商务主

管部门。

3. 报关规范

两用物项和技术进出口许可证报关规范如表 2-4 所示。

表 2-4 两用物项和技术进出口许可证报关规范

许可证名称	报关规范	备注	有效期
两用物项和技术进口许可证	非一批一证 一证一关	在备注栏内打印"非一批一证"字样	有效期不超过1年,跨年使用的,有效期内最长使用至次年3月31日
两用物项和技术出口许可证	一批一证 一证一关		

三、自动进口许可证管理

（1）主管部门。商务部。

（2）发证机关。商务部配额许可证事务局；商务部驻各地特派员办事处；各省、自治区、直辖市、计划单列市商务主管部门；地方机电产品进出口机构。

（3）实施自动进口许可证管理的商品范围。实施自动进口许可管理的商品包括一般商品、机电产品（包括旧机电产品）、重要工业品，分为3个管理目录，自动进口许可管理目录如表 2-5 所示。

表 2-5 自动进口许可管理目录

目录名称	管理范围
目录一（一般商品）	肉鸡、植物油、烟草、二醋酸纤维丝束、铜精矿、煤、废纸、废钢、废铝、铜、鲜奶、奶粉、乳清、大豆、菜籽油、豆粕、猪肉及副产品，共17类
目录二（机电产品）	商务部发证的机电产品：涉及光盘生产设备、烟草机械、移动通信产品、卫星广播电视设备及关键部件、汽车产品、飞机、船舶、游戏机，共8类
	地方或部门机电办发证的机电产品，涉及17类
目录三（重要工业品）	铁矿石、铝土矿、原油、成品油、天然气、氧化铝、化肥、钢材，共8类

（4）免交自动进口许可证的情形。进口列入自动进口许可管理货物目录的商品，在办理报关手续时须向海关提交自动进口许可证，但下列情形免予提交。

① 加工贸易项下进口并复出口的（原油、成品油除外）；

② 外商投资企业作为投资进口或者投资额内生产自用的（旧机电产品除外）；

③ 货样广告品、实验品进口，每批次价值不超过5000元人民币的；

④ 暂时进口的海关监管货物；

⑤ 进入保税区、出口加工区等海关特殊监管区域及进入保税仓库、保税物流中心的属自动进口许可证管理的货物；

⑥ 加工贸易项下进口的不作价设备监管期满后留在原企业使用的；

⑦ 国家法律法规规定其他免领自动进口许可证的。

（5）自动进口许可证报关规范如表 2-6 所示。

表2-6 自动进口许可证报关规范

名称	有效期	报关规范	备注
自动进口许可证	6个月,仅限公历年度内使用	一批一证 特殊情况下,非一批一证(6次)	溢装数量5%以内的大宗、散装货物,予以免证验放; 溢装数量3%以内的原油、成品油、化肥、钢材4种大宗、散装货物,予以免证验放; 对"非一批一证"大宗、散装商品,最后一批货物进出口时,其溢装数量按自动许可证实际剩余数量并在规定的允许溢装上限内计算

四、固体废物进口管理

1. 管理范围

管理范围包括工业固体废物、城市生活垃圾、危险废物、液态废物、置于容器中的气态废物,废物管理目录如表2-7所示。

表2-7 废物管理目录

管理分类	管理范围	报关规范	主管、签发部门
限制进口	《限制进口类可用作原料的废物目录》	废物进口许可证 一证一关	生态环境部
自动进口	《自动进口许可管理类可用作原料的废物目录》		
禁止进口	未列入上述两目录的固体废物		

2. 办理程序

(1) 向生态环境部提出废物进口申请取得废物进口许可证。

(2) 进口废物运抵口岸后,口岸检验检疫机构凭生态环境部签发的废物进口许可证受理报检合格的,向报检人出具入境货物通关单。

(3) 海关凭废物进口许可证、入境货物通关单办理通关手续。

3. 报关规范

废物进口许可证一般情况下实行"非一批一证"管理,在有效期内可以多次报关使用,由海关逐批签注核减进口数量,最后一批进口时,允许溢装上限为固体废物进口许可证实际余额的3%;若要实行"一批一证",应当同时在固体废物进口相关许可证备注栏内打印"一批一证"字样。

进口的固体废物不能转关(废纸除外),只能在口岸海关办理申报进境手续。海关特殊监管区域和保税监管场所不得以转口货物为名存放进口固体废物。

五、出入境检验检疫管理

对列入《法检目录》及其他法律法规规定需要检验检疫的货物进出口时,货物所有人或其合法代理人在办理进出口通关手续前,必须向口岸检验检疫机构报检。海关凭口岸出入境检验检疫机构签发的"中华人民共和国检验检疫入境通关单"(以下简称"入境货物通关单")或"中华人民共和国检验检疫出境通关单"(以下简称"出境货物通关单")验放。目前国家实行出入境货物通关单电子数据联网,出入境检验检疫机构对法检商品签发通关单,实时将通关单电子数据传输至海关,企业持通关单向海关办理法检商品验放手续,办结海关手续后,将通关单使用情况反馈给检验检疫部门,实施联网核查。出入境货物通关单适用范围如表 2-8 所示。

表 2-8 出入境货物通关单适用范围

主管部门	管理证件	适用范围	报关规范
国家质量监督检验检疫局	入境货物通关单"A"开头	①列入《法检目录》的商品 ②外商投资财产价值鉴定 ③进口可用作原料的废物 ④进口旧机电产品 ⑤进口货物发生短少、残损或其他质量问题需对外索赔时,其赔付的进境货物 ⑥进口捐赠的医疗器械 ⑦其他未列入《法检目录》,但国家有关法律、行政法规明确由出入境检验检疫机构负责检验检疫的入境货物或特殊物品等	一批一证
	出境货物通关单"B"开头	①列入《法检目录》的货物 ②出口纺织品标识 ③对外经济技术援助物资及人道主义紧急救灾援助物资 ④其他未列入《法检目录》,但国家有关法律、行政法规明确由出入境检验检疫机构负责检验检疫的出境货物	

六、其他进出口管理

1. 密码产品和含有密码技术的设备进口许可证管理

(1) 管理范围

① 《密码产品和含有密码技术的设备进口管理目录》(第一批)包括:加密传真机、加密电话机、加密路由器、非光通信加密以太网络交换机、密码机(电话密码机、传真密码机)、密码卡;

② 虽暂未列入目录但含有密码技术的进口商品。

(2) 管理部门。主管部门、发证机构:国家密码管理局。

(3) 报关规范

① 免予提交密码进口许可证:加工贸易项下复出口而进口的;由海关监管,暂时进口后复出口的;从境外进入保税区、出口加工区及其他海关特殊监管区和保税监管场所的,或在海关特殊监管区、保税监管场所之间进出的。

② 从海关特殊监管区、保税监管场所进入境内区外,需交验密码进口许可证。

③ 进口单位知道或应当知道其所进口的商品含有密码技术,但暂未列入目录,需交验密码进口许可证。

2. 进出口药品管理

(1) 药品进口指定口岸管理。北京、天津、上海、大连、青岛、成都、武汉、重庆、厦门、南京、杭州、宁波、福州、广州、深圳、珠海、海口、西安、南宁共 19 个口岸。

(2) 进出口药品管理分为:精神药品进出口管理、麻醉药品进出口管理、兴奋剂进出口管理、一般药品进出口管理四种。

(3) 进出口药品管理范围及管理规范如表 2-9 所示。

表 2-9 进出口药品管理

项目	管理范围	管理证件	报关规范
精神药品进出口管理	《精神药品管制品种目录》	精神药品进口准许证或精神药品出口准许证	主管部门:国家食品药品监督管理局 一批一证
麻醉药品进出口管理	《麻醉药品管制品种目录》	麻醉药品进口准许证或麻醉药品出口准许证	
兴奋剂进出口管理	《兴奋剂目录》	进口准许证和出口准许证	主管部门:国家体育总局 进口准许证有效期 1 年。出口准许证有效期不超过 3 个月 一证一关
一般药品进出口管理	《进口药品目录》《生物制品目录》	进口药品通关单 到货后,直接口岸检验发证	一批一证

3. 黄金及其制品进出口管理

黄金及其制品进出口管理的主管部门、管理证件如表 2-10 所示。

表 2-10 黄金及其制品进出口管理

商品范围	主管部门	管理证件
《黄金及其制品进出口管理商品目录》	中国人民银行	黄金及其制品进出口准许证

4. 进口关税配额管理

实施进口关税配额管理的商品分为农产品和工业品,如表 2-11 所示。

表 2-11 进口关税配额管理

项目	实施进口关税配额管理的农产品	实施进口关税配额管理的工业品
管理部门	商务部及国家发展和改革委员会(简称"发展改革委")	商务部
管理范围	小麦、稻谷和大米、玉米、棉花、食糖、羊毛及毛条	尿素、磷酸氢二铵、复合肥等 3 种农用肥料
管理措施	《农产品进口关税配额证》,加盖商务部农产品进口关税配额证专用章或国家发展和改革委员会农产品进口关税配额证专用章	化肥进口关税配额证明,按配额内税率征税
配额申请期	申请单位每年 10 月 15 日至 30 日 商务部、发展改革委分别在申请前 1 个月网上公布配额总量等	申请单位每年 10 月 15 日至 30 日 商务部每年 9 月 15 日至 10 月 14 日公布下一年度的关税配额数量
发证配额	每年 1 月 1 日前发证	每年 12 月 31 日前分配配额
报关规范	"一证多批"制 有效期为 1 月 1 日起至当年 12 月 31 日 延期需换证,延期最迟不得超过次年 2 月底	
备注	以加工贸易方式进口的,在"贸易方式"栏注明"加工贸易"	

5. 其他

其他进出口许可管理如表 2-12 所示。

表 2-12 其他进出口许可管理

项目	主管部门	管理证件
有毒化学品管理	生态环境部	有毒化学品环境管理放行通知单
农药进出口管理	农业农村部	进出口农药登记证明
兽药进口管理	农业农村部	进口兽药通关单 "一单一关"制,在 30 日有效期内只能一次性使用(适用范围)

小 结

（1）贸易管制是一个国家政府行使国家主权，实现其监督管理职能的一个重要体现。为了发展本国经济、保护本国经济利益，或者为了达到政治、经济、军事等目的，履行国际公约规定的义务，各国政府都会制定与调整自己的对外贸易管制政策，并采取各种相关措施来实现对外贸易的管制。

（2）货物进出口许可制度管理范围包括禁止进出口、限制进出口货物和部分实行自动进口许可管理的自由进出口货物。除禁止进出口以外，我国货物进出口许可管制主要涉及限制进出口货物、货物自动进口许可，其中以限制进口为主体。对于限制进出口货物，我国原则上均实行许可制度管理。

（3）国内外常用的贸易救济措施主要有反倾销措施、反补贴措施和保障措施等。值得指出的一个事实是，各国最初采取这些措施的出发点是为了制约外国进口商品的恶意竞争或所谓的"不公平贸易或不公平竞争"，防止本国经济和本国市场受到进一步的损害。可是，近几年，由于各国频繁采用甚至滥用这样的措施，这些措施不仅被国际上公认为不利于国际经济贸易发展的"非关税壁垒"，而且已经被纳入了世界贸易组织协议规定的协调范围之内。

 实践案例

案例分析

2018 年 4 月 16 日晚，美国商务部发布公告称，美国政府在未来 7 年内禁止中兴通讯向美国企业购买敏感产品。4 月 19 日，针对中兴被美国"封杀"的问题，商务部表示，中方密切关注进展，随时准备采取必要措施，维护中国企业合法权益。4 月 20 日，中兴通讯发布关于美国商务部激活拒绝令的声明，称在相关调查尚未结束之前，美国商务部工业与安全局执意对公司施以最严厉的制裁，对中兴通讯极不公平，"不能接受！"

2018 年 5 月，中兴通讯公告称，受拒绝令影响，本公司主要经营活动已无法进行。5 月 22 日，美国将取消中兴通讯销售禁令，根据讨论的协议维持其业务。

2018 年 6 月 7 日，美国商务部长罗斯接受采访时表示，美国政府与中兴通讯已经达成协议，只要后者再次缴纳 10 亿美元罚金，并改组董事会，即可解除相关禁令。6 月 19 日，美国参议院以 85 比 10 的投票结果通过恢复中兴通讯销售禁令法案。

2018 年 7 月 2 日，美国商务部发布公告，暂时、部分解除对中兴通讯公司的出口

禁售令。7月12日,《美国之音》消息,美国商务部表示,美国已经与中国中兴公司签署协议,取消近三个月来禁止美国供应商与中兴进行商业往来的禁令,中兴公司将能够恢复运营,禁令将在中兴向美国支付4亿保证金之后解除。

2018年7月14日,中兴通讯宣布"解禁了!痛定思痛!再踏征程!"的标语。

业务操作

(1) 案例中涉及哪些贸易管制制度?

(2) 你是如何看待和理解美国针对中兴通讯的贸易管制事件?

(3) 贸易救济措施有哪些?本案例中采取了哪种救济措施?

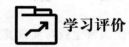

一、单项选择题

1. 某报关企业接到客户关于以一般贸易方式进口旧汽车有关政策咨询,下列答复正确的是（   ）。

   A. 申领进口许可证和入境货物通关单

   B. 申领自动进口许可证和入境货物通关单

   C. 只须申领入境货物通关单

   D. 禁止进口

2. WTO规则允许成员方使用贸易救济手段来保护国内产业不受损害。其中（   ）既可以采取提高关税的形式也可以采取数量限制的形式。

   A. 反倾销　　　B. 反补贴　　　C. 保障措施　　　D. 关税配额

3. 实行进口许可证管理的货物有消耗臭氧层物质和重点旧机电产品,其中重点旧机电产品的发证机构为（   ）。

   A. 计划单列市以及商务部授权的其他省会城市的商务主管部门

   B. 各省、自治区、直辖市的商务主管部门

   C. 商务部驻各地特派员办事处

   D. 商务部配额许可证事务局

4. 进口许可证的有效期为（   ）,当年有效。特殊情况需要跨年度使用时,有效期最长不得超过次年（   ）,逾期自动失效。

   A. 1年;3月31日　　　　　　　B. 6个月;1月31日

   C. 1年;1月31日　　　　　　　D. 6个月;3月31日

5. 下列列入《自动进口许可管理货物目录》的货物,可免交自动进口许可证的是（   ）。

   A. 参加F1上海站比赛进口后须复出口的赛车

   B. 加工贸易项下进口并复出口的成品油

   C. 外商投资企业作为投资进口的旧机电产品

   D. 每批次价值超过5000元人民币的进口货样广告品

6. 发证机关根据企业申请于2017年9月30日向企业签发了自动进口许可证,该证截至（   ）有效。

A. 2018年3月31日 B. 2017年12月31日
C. 2018年6月30日 D. 2018年9月30日

7. 某企业持一份证面数量为200吨的化肥自动进口许可证（"非一批一证"），以海运散装形式分两批进口化肥200吨，在第一批实际进口数量100吨的情况下，该企业可凭该份自动进口许可证总共最多可进口（　　）化肥。
   A. 210吨 B. 205吨 C. 203吨 D. 206吨

8. 不属于我国货物、技术进出口许可管理制度的证件是（　　）。
   A. 关税配额证 B. 入境货物通关单
   C. 有毒化学品环境管理放行通知单 D. 进口农药登记证明

二、多项选择题

1. 目前，列入我国《禁止出口货物目录》的商品有（　　）。
   A. 麝香 B. 麻黄草 C. 木炭 D. 硅砂

2. 下列哪些货物属我国政府禁止进口的范围（　　）。
   A. 犀牛角和虎骨
   B. 右置方向盘的汽车
   C. 未列入国家《限制进口类可用作原料的废物目录》和《自动进口许可管理类可用作原料的废物目录》的固体废物
   D. 列入国家《限制进口类可用作原料的废物目录》和《自动进口许可管理类可用作原料的废物目录》的固体废物

3. 国家禁止进口（　　）。
   A. 犀牛角 B. 天然砂 C. 木炭 D. 旧服装

4. 我国对外贸易管制制度是由一系列管理制度构成的综合管理制度，其中包括（　　）。
   A. 进出口许可制度 B. 海关监管制度
   C. 出入境检验检疫制度 D. 出口退税制度

5. 实施"中华人民共和国进口许可证"管理的货物种类包括（　　）。
   A. 配额机电产品 B. 重点旧机电产品
   C. 消耗臭氧层物质 D. 监控化学品

6. 下列商品类别中，既属于两用物项和技术进口许可证管理又属于两用物项和技术出口许可证管理的是（　　）。
   A. 监控化学品 B. 放射性同位素 C. 生物两用品 D. 易制毒化学品

7. 我国对部分旧机电产品的进口实行严格控制，分别实施（　　）管理。
   A. 进口许可证 B. 自动进口许可证 C. 废物进口许可证 D. 禁止进口

8. 入境货物通关单适用于（　　）。
   A. 列入《法检目录》的商品 B. 进口可用作原料的废物
   C. 进口旧机电产品 D. 进口捐赠的医疗器械

三、判断题

1. 关税配额管理是指以国家各主管部门签发许可证件的方式来实现各类限制进口的措施。（　　）

2. 对外贸易管制是政府的一种强制性行政管理行为。我国对外贸易管制按管制对象可

分为货物进出口贸易管制、技术进出口贸易管制和国际服务贸易管制。（ ）

3. 出口许可证有效期最长不超过6个月，需要跨年度使用的，其有效期截止日期不得超过次年2月底。（ ）

4. 列入《自动进口许可管理类可用作原料的废物目录》的废物，不论以何种方式进口，均应申领废物进口许可证。（ ）

四、简答题

1. 对外贸易政策措施的定义及措施有哪些？
2. 简述对外贸易管制的目的及特点。
3. 我国对外贸易管制的主要内容是什么？
4. 我国对外贸易管制制度包括哪些内容？
5. 浙江富阳某企业准备进口国外的废纸用于加工生产白纸板和电器产品包装纸板。为此该企业向海关、质检部门、环保部门、商务部以及商检局等询问相关事宜。请写出该公司在进口前需要办妥哪些手续和许可证件。

项目三 报关岗位操作实务

知识目标

- ◆ 掌握一般进出口货物通关流程
- ◆ 掌握保税加工货物通关流程
- ◆ 掌握保税物流区域跨境电商零售通关流程
- ◆ 掌握展览品进出境流程
- ◆ 理解技术进口设备进口流程
- ◆ 理解其他贸易项下进出境货物流程

能力目标

- ◆ 理解并掌握一般进出口货物性质、特点,分析在进出境阶段的四个环节操作程序和通关流程
- ◆ 理解并掌握加工贸易货物的性质、特点以及监管方式,分析在备案阶段的工作、进出境阶段的手续和后续阶段的核销等操作程序和通关流程
- ◆ 理解并掌握保税物流区域跨境电商零售的性质、特点以及监管方式,分析在进出境阶段的四个环节操作程序和通关流程
- ◆ 理解并掌握展览品进出境的性质、特点以及监管方式,分析展览品进出境通关流程
- ◆ 理解技术进口设备和其他贸易项下进出境货物的性质、特点以及通关流程

重点难点

- ◆ 一般进出口货物通关流程
- ◆ 保税加工货物、保税物流区域跨境电商零售通关流程
- ◆ 展览品进出境流程

 任务引入

随着国际贸易繁荣发展，报关职业岗位所需的知识和技能也发生改变。在本项目内，以"工作过程为导向"，确定报关职业岗位的典型工作任务，归纳为若干作业管理领域，根据报关职业活动所需的知识和技能，将知识学习、案例分析、作业实施相结合，突出训练工作任务的解决能力的培养。

任务一　一般进出口货物通关流程

一、一般进出口货物认知

（一）概念

一般进出口货物是指在进出境环节缴纳了应征的进出口税费并办结了所有必要的海关手续，海关放行后不再进行监管的进出口货物。

这里所称的一般进出口货物并不等同于一般贸易货物。一般贸易货物中的"一般贸易"是指国际贸易中的一种交易方式。按"一般贸易"交易方式进出口的货物即为一般贸易货物。而一般进出口货物，是指按照海关一般进出口监管制度监管的进出口货物。两者之间是有很大区别的，一般贸易货物在进口时可以按"一般进出口"监管制度办理海关手续，这时它就是一般进出口货物；也可以享受特定减免税优惠，按"特定减免税"监管制度办理海关手续，这时它就是特定减免税货物；也可以经海关批准保税，按"保税"监管制度办理海关手续，这时它就是保税货物。

（二）特征

1. 进出境时缴纳进出口税费

一般进出口货物的收发货人应当按照《海关法》和其他有关法律、行政法规的规定，在货物进出境时向海关缴纳应当缴纳的税费。

2. 进出口时提交相关的许可证件

货物进出口应受国家法律、行政法规管制的，进出口货物收发货人或其代理人应当向海关提交相关的进出口许可证件。

3. 海关放行即办结海关手续

海关征收了全额的税费，审核了相关的进出口许可证件，并对货物进行实际查验（或作出不予查验的决定）以后，按规定签印放行。这时，进出口货物收发货人或其代理人才能办理提取进口货物或者装运出口货物的手续。

对一般进出口货物来说，海关放行即意味着海关手续已经全部办结，海关不再监管。

（三）范围

除特定减免税货物以外的实际进出口货物都属于一般进出口货物的范围，主要包括以下几种。

（1）不享受特定减免税或不准予保税的一般贸易进口货物；

（2）转为实际进口的原保税进口货物；

（3）转为实际进口或出口的原暂准进出境货物；
（4）易货贸易、补偿贸易进出口货物；
（5）不准予保税的寄售代销贸易货物；
（6）承包工程项目实际进出口货物；
（7）边境小额贸易进出口货物；
（8）外国驻华商业机构进出口陈列用的样品；
（9）外国旅游者小批量订货出口的商品；
（10）随展览品进出境的小卖品；
（11）实际进出口货样广告品；
（12）免费提供的进口货物
① 外商在经济贸易活动中赠送的进口货物；
② 外商在经济贸易活动中免费提供的试车材料等；
③ 我国在境外的企业、机构向国内单位赠送的进口货物。

二、一般进出口货物报关现场作业流程

进出境货物按照海关监管的基本特征大体分为一般进出口货物、保税货物、特定减免税货物、暂准进出境货物、其他进出境货物五大类，如表 3-1 所示。从海关对进出境货物进行监管的全过程来看，报关程序按时间先后可以分为三个阶段：前期阶段、进出境阶段、后续阶段。

表 3-1　海关监管程序

货物类别	前期阶段	进出境阶段	后续阶段
一般进出口货物	无	进出口申报（海关决定是否受理申报）⇩配合查验（海关决定是否查验、查验的形式和查验方法）⇩缴纳税费（海关决定征、减、缓、免税费）⇩提取或装运货物（海关签印放行）	无
保税货物	加工贸易备案和申领电子化手册或电子账册		海关办理核销结案
特定减免税货物	特定减免税备案登记和申领减免税证明		海关办理解除监管手续
暂准进出境货物	展览品备案申请		海关办理销案手续
其他进出境货物	出境加工货物备案		出境加工货物、进出境修理货物等的销案

一般进出口货物报关程序由四个环节构成，即进出口申报、配合查验、缴纳税费、提取或装运货物。如图 3-1 所示。

（一）进出口申报

申报是指进出口货物收发货人、受委托的报关企业，依照《海关法》以及有关法律、行政法规和规章的要求，在规定的期限、地点，采用电子数据报关单和纸质报关单形式，向海

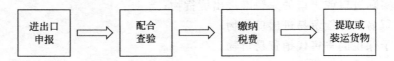

图 3-1 一般进出口货物报关环节

关报告实际进出口货物的情况，并接受海关审核的行为。

1. 申报的地点

进口货物应当在进境地海关申报；出口货物应当在出境地海关申报。

经过收发货人申请，海关同意，进口货物可以在指运地申报，出口货物可以在启运地申报（此为转关运输的情况下申报的地点）。

保税、特定减免税、暂准进境货物，因改变使用目的从而改变货物的性质为一般进口货物时，向货物所在地主管海关申报。

2. 申报的期限

进口货物申报期限为运载进口货物的运输工具申报进境之日起 14 天内，超期 3 个月由海关变卖处理（运输工具申报进境之日起）。不宜长期保存的货物根据实际情况随时处理。

出口货物申报期限为货物运抵海关监管区后、装货的 24 小时以前。

经海关批准准予集中申报的进口货物，自装载货物的运输工具申报进境之日起 1 个月内办理申报手续。

经电缆、管道或其他特殊方式进出境的货物，进出口货物收发货人或其代理人应当按照海关的规定定期申报。

3. 申报日期

申报日期是指申报数据被海关接受的日期；无论以电子数据报关单方式申报，还是以纸质报关单申报，海关接受申报数据的日期即为申报日期。

采用先电子数据报关单申报，后提交纸质报关单，或仅以电子数据报关单方式申报的，申报日期为海关计算机系统接受申报数据时记录的日期；电子数据报关单被退回，重新申报的，申报日期为海关接受重新申报的日期。

海关已经接受电子数据报关单，送人工审核，需对部分内容修改，进出口货物收发货人或委托的报关企业应当在 10 日内完成修改并且重新发送报关单电子数据，申报日期仍为海关原接受申报的日期；超过 10 日，原报关单无效，进出口货物收发货人或委托的报关企业应当另行向海关申报，申报日期为海关再次接受申报的日期。

先纸质报关单申报，后补报电子数据，或只提供纸质报关单申报的，海关工作人员在报关单上做登记处理的日期为海关接受申报的日期。

4. 滞报金

进口货物的收货人未按规定期限向海关申报的，由海关按规定征收滞报金。滞报金按日计征，起始日和截止日均计入滞报期间。计征起始日为运输工具申报进境之日起第 15 日为起始日，海关接受申报为截止日。

滞报金额＝进口货物完税价格×滞报期间×0.5‰

滞报金按日征收，按完税价格的 0.5‰征收，即万分之五征收。滞报金以元为单位，不足 1 元的部分免征；起征点为 50 元。滞报金的计征起始日如遇法定节假日，则顺延至其后第一个工作日。

滞报期间有以下几种情形。

（1）电子数据申报后，未在规定期限提交纸质报关单，被海关撤单需要重新申报产生滞报的滞报金计征以自运输工具申报进境之日起第 15 日为起始日，以海关重新接受申报之日为截止日。

（2）收发货人申报并经海关审核，必须撤销原电子数据重新申报产生滞报的，滞报金征收以撤销原电子数据报关单之日起 15 日起为起始日，以海关重新申报之日为截止日。

（3）运输工具申报进境之日起超 3 个月未向海关申报的，海关变卖处理，收发货人申请发还余款的，要扣除相关费用（如仓储费、滞报金等），滞报金以运输工具申报进境之日起第 15 日为起始日，以该 3 个月期限的最后一天为截止日。

5．申报步骤

（1）准备单证。准备申报的单证是报关员开始进行申报工作的第一步，是整个报关工作能否顺利进行的关键一步。申报单证可以分为主要单证、随附单证两大类，其中随附单证包括基本单证、特殊单证和预备单证。

主要单证就是报关单（证）。报关单（证）是由报关人员按照海关规定格式填制的申报单，是指进出口货物报关单或者带有进出口货物报关单性质的单证，譬如特殊监管区域进出境备案清单、进出口货物集中申报清单、ATA 单证册、过境货物报关单、快件报关单等。一般来说，任何货物的申报，都必须要有报关单。

基本单证是指进出口货物的货运单据和商业单据，主要有进口提货单据、出口装货单据、商业发票、装箱单等。一般来说，任何货物的申报，都必须要有基本单证。

特殊单证主要是指进出口许可证件、加工贸易电子化手册、特定减免税证明、作为特殊货物进出境证明的原进出口货物报关单证、原产地证明书等。

预备单证主要是指贸易合同、进出口企业的有关证明文件等。这些单证，海关在审单、征税时可能需要调阅或者收取备案。

进出口货物收发货人或其代理人应向报关员提供基本单证、特殊单证、预备单证，报关员审核这些单证后据此填制报关单。

准备申报单证的原则是：基本单证、特殊单证、预备单证必须齐全、有效、合法；报关单填制必须真实、准确、完整；报关单与随附单证数据必须一致。

（2）申报前看货取样。进口货物的收货人，向海关申报前，因确定货物的品名、规格、型号、归类等原因，可以向海关提出查看货物或者提取货样的书面申请。海关审核同意的，派员到场监管。

查看货物或提取货样时，海关开具取样记录和取样清单；提取货样的货物涉及动植物及其产品以及其他须依法提供检疫证明的，应当按照国家的有关法律规定，在取得主管部门签发的书面批准证明后提取。提取货样后，到场监管的海关关员与进口货物的收货人在取样记录和取样清单上签字确认。

（3）申报过程

① 电子数据申报。进出口货物收发货人或其代理人可以选择终端申报方式、委托 EDI 方式、自行 EDI 方式、网上申报方式四种电子申报方式中适用的一种，将报关单内容录入海关电子计算机系统，生成电子数据报关单。

进出口货物收发货人或其代理人在委托录入或自行录入报关单数据的计算机系统上接收到海关发送的"不接受申报"报文后，应当根据报文提示修改报关单内容后重新申报。一旦接收到海关发送的"接受申报"报文和"现场交单"或"放行交单"通知,即表示电子申报成功。

② 提交纸质报关单及随附单证。海关审结电子数据报关单后,进出口货物收发货人或其代理人应当自接到海关"现场交单"或"放行交单"通知之日起 10 日内,持打印的纸质报关单,备齐规定的随附单证并签名盖章,到货物所在地海关提交书面单证并办理相关海关手续。

6. 修改申报内容或撤销申报

海关接受申报后,申报内容不得修改,报关单证不得撤销;确有如下正当理由的,收发货人或其代理人向海关提交书面申请,经海关审核批准后,可以进行修改或撤销。

(1) 报关人员操作或书写失误造成申报差错,但未发现有走私违规或其他违法嫌疑;

(2) 出口货物放行后,由于装配、装运等原因造成原申报货物全部或部分退关;

(3) 进出口货物在装载、运输、存储过程中因溢短装、不可抗力的灭失、短损等原因造成原申报数据与实际货物不符的;

(4) 根据国际惯例先行采用暂时价格成交、实际结算时按商检品质认定或国际市场实际价格付款方式需要修改原申报单据的;

(5) 由于计算机、网络系统等方面的原因导致电子数据申报错误的;

(6) 由于特殊情况经海关核准同意的。

修改申报内容或撤销申报时应注意以下情况。

(1) 海关已经决定布控、查验的进出口货物,以及涉及有关案件的进出口货物的报关单在"办结"前不得修改或撤销。

(2) 收发货人要求修改或者撤销报关单的,应当提交"进出口货物报关单修改/撤销申请表"。

(3) 海关发现进出口货物报关单需要进行修改或者撤销的,海关通知进出口货物收发货人,收发货人应当提交"进出口货物报关单修改/撤销确认书"。

(4) 因修改或撤销报关单导致需要变更、补办进出口许可证件的,进出口货物收发货人应当向海关提交相应的进出口许可证件。

(二) 配合查验

1. 海关查验

海关查验是指海关依法确定进出境货物的性质、价格、数量、原产地、货物状况等是否与报关单上已申报的内容相符,对货物进行实际检查的行政行为。

海关通过查验,核实有无伪报、瞒报、申报不实等走私、违规行为,同时也为海关的征税、统计、后续管理提供可靠的资料。

海关查验时,进出口货物的收发货人或其代理人应当到场。

(1) 查验地点。查验一般在海关监管区内进行。对进出口大宗散货、危险品、鲜活商品、落驳运输的货物,经货物收发货人或其代理人申请,海关也可同意在装卸作业的现场查验。在特殊情况下,经货物收发货人或其代理人申请,海关可派员到海关监管区以外的地方查验货物。

(2) 查验时间。当海关决定查验时,即将查验的决定以书面通知的形式通知进出口货物收发货人或其代理人,约定查验的时间。查验时间一般约定在海关正常工作时间内。但是在一些进出口业务繁忙的口岸,海关也可应进出口货物收发货人或其代理人的请求,在海关正常工作时间以外安排查验作业。

（3）复验和径行开验。海关认为必要时，可以依法对已经完成查验的货物进行复验，即第二次查验。海关复验时，进出口货物收发货人或其代理人仍然应当到场。

径行开验是指海关在进出口货物收发货人或其代理人不在场的情况下，自行开拆货物进行查验。海关行使"径行开验"的权力时，应当通知货物存放场所的管理人员或其他见证人到场，并由其在海关的查验记录上签字。

2. 配合查验

海关查验货物时，进出口货物收发货人或其代理人应当到场，配合海关查验。配合查验的工作如下。

（1）负责搬移货物，开拆和重封货物的包装。

（2）了解和熟悉所申报货物的情况，回答查验关员的询问，提供海关查验货物时所需要的单证或其他资料。

（3）协助海关提取需要作进一步检验、化验或鉴定的货样，收取海关出具的取样清单。

（4）查验结束后，认真阅读关员填写的"海关进出境货物查验记录单"，注意以下情况的记录是否符合实际。

① 开箱的具体情况；

② 货物残损情况及造成残损的原因；

③ 提取货样的情况；

④ 查验结论。

查验记录准确清楚的，应在查验纪录单上签名确认。

3. 货物损坏赔偿

在查验过程中，或者证实海关在径行开验过程中，因为海关关员的责任造成被查验货物损坏的，进出口货物的收发货人或其代理人可以要求海关赔偿。海关赔偿的范围仅限于在实施查验过程中由于海关关员的责任造成被查验货物损坏的直接经济损失。直接经济损失的金额根据被损坏货物及其部件的受损程度确定，或者根据修理费确定。

以下情况不属于海关赔偿范围。

（1）进出口货物的收发货人或其代理人搬移、开拆、重封包装或保管不善造成的损失；

（2）易腐、易失效货物在海关正常工作程序所需时间内（含扣留或代管期间）所发生的变质或失效；

（3）海关正常查验时产生的不可避免的磨损；

（4）在海关查验之前已发生的损坏和海关查验之后发生的损坏；

（5）由于不可抗拒的原因造成货物的损坏、损失。

进出口货物的收发货人或其代理人在海关查验时对货物是否受损坏未提出异议，事后发现货物有损坏的，海关不负赔偿的责任。

（三）缴纳税费

缴纳税费是指进出口货物收发货人或其代理人收到海关对货物应缴纳关税、进出口环节增值税、进口环节消费税、滞报金、滞纳金等所开具的关税和代征税缴款书或收费专用票据后，进出口货物收发货人或其代理人在规定时间内，持缴款书或收费票据向指定银行以柜台方式办理缴纳税费手续，再持已缴纳的税款缴款书到海关办理税费核销，或者在试行中国电子口岸网上缴税和付费的海关，进出口货物收发货人或其代理人可以通过电子口岸接收海关发出的税款缴款书和收费票据,在网上向签有协议的银行进行电子支付税费的活动。一旦收到银行缴款成功的信息,即可报请海关办理货物放行手续。

(四) 提取或装运货物

1. 海关进出境现场放行和货物结关

(1) 海关进出境现场放行是指海关接受进出口货物的申报、审核电子数据报关单和纸质报关单及随附单证、查验货物、征免税费或接受担保以后,对进出口货物作出结束海关进出境现场监管决定,允许进出口货物离开海关监管现场的工作环节。

海关进出境现场放行一般由海关在进口货物提货凭证或者出口货物装货凭证上签盖"海关放行章"。进出口货物收发货人或其代理人签收进口提货凭证或者出口装货凭证,凭以提取进口货物或将出口货物装运到运输工具上离境。

在实行"无纸通关"申报方式的海关,海关作出现场放行决定时,通过计算机系统将"海关放行"报文发送给进出口货物收发货人或其代理人和海关监管货物保管人。进出口货物收发货人或其代理人在计算机上自行打印海关通知放行的凭证,凭以提取进口货物或将出口货物装运到运输工具上离境。

(2) 货物结关是进出境货物办结海关手续的简称。进出境货物由收发货人或其代理人向海关办理完所有的海关手续,履行了法律规定的与进出口有关的一切义务,就办结了海关手续,海关不再进行监管。

海关进出境现场放行有两种情况:一种情况是货物已经结关,对于一般进出口货物,放行时进出口货物收发货人或其代理人已经办理了所有海关手续,因此,海关进出境现场放行即等于结关;另一种情况是,货物尚未结关,对于保税货物、特定减免税货物、暂准进出境货物、部分其他进出境货物,放行时进出境货物的收发货人或其代理人并未全部办完所有的海关手续,海关在一定期限内还需进行后续管理,所以该类货物的海关进出境现场放行不等于结关。

2. 放行后操作流程

进口货物收货人或其代理人签收海关加盖"海关放行章"戳记的进口提货凭证(提单、运单、提货单等),凭以到货物进境地的港区、机场、车站、邮局等地的海关监管仓库提取进口货物。

出口货物发货人或其代理人签收海关加盖"海关放行章"戳记的出口装货凭证(运单、装货单、场站收据等),凭以到货物出境地的港区、机场、车站、邮局等地的海关监管仓库办理将货物装运上运输工具运离关境的手续。

三、一般进出口货物报关后续作业

进出口货物收发货人或其代理人,办理完毕提取进口货物或装运出口货物的手续以后,尚需做好文档归类和保管工作,以便于后续税务、海关等相关部门的行政稽查。

(一) 报关单证明联

报关单证明联作为进出口货物收发货人向海关、税务、外汇管理等部门办加工贸易手册核销、出口退税、进出口货物收付汇手续的重要凭证,进出口货物收发货人或其代理人在办理结关手续后,按照不同的海关监管方式,可以向海关申请签发以下报关单证明联。

(1) 出口货物报关单出口退税证明联。

(2) 出口货物报关单收汇证明联。
(3) 进口货物报关单付汇证明联。
(4) 进（出）口货物报关单加工贸易核销联。

报关单证明联一般在海关对该票报关单结关后，由报关人员凭加盖报关章的申请表向海关申领。海关所签发的报关单证明联上盖有"海关验讫章"，付汇报关单证明联上还同时盖有"付汇专用章"。所有报关单证明联均具有防伪标志，并与税务、外汇管理机构实施联网管理。

目前，海关不再为国家外汇管理机构核定的货物贸易外汇管理 A 类企业提供纸质报关单收、付汇证明联，该部门 A 类管理企业办理货物贸易外汇收付业务，按规定须提交纸质报关单的，可通过中国电子口岸自行以普通 A4 纸打印报关单证明联（出口收汇或进口付汇用）并加盖企业公章。对于外汇管理机构核定的货物贸易外汇管理 B 类和 C 类的企业，海关仍为其提供纸质报关单收、付汇证明联。

有时出口货物海关已经放行，但报关单查询结果显示未结关并因此不能办理证明联的申领手续。造成此种情况的原因比较复杂，归结起来主要包括舱单数据异常、无核销标识、大船舱单数据错误、加工贸易手册超量等。

舱单数据异常、无核销标识、大船舱单数据错误等原因的处理方法主要是：与代理公司及驳船代理公司确定具体原因，由其处理相关数据信息，接对方反馈后查询相关网站确定已结关后，办理申领手续。因加工贸易手册超量造成无法结关的情况，通知客户做手册数量变更，变更后再与代理公司及驳船代理公司联系，由其处理相关数据信息，接对方反馈后查询相关网站确定已结关后，办理申领手续。

（二）货物进口证明书

货物进口证明书是指为满足进出口公司及企事业单位的不同需要，海关对已实际监管进口的货物事后开具的证明文书。目前，需签发"货物进口证明书"的货物主要是进口车辆。为加强国家对进口车辆的管理，海关对贸易性渠道进口的车辆在办结验放手续后一律签发"货物进口证明书"，并实行"一车一证"制，作为货主办理上牌手续的重要依据之一。

（三）货物放行后报关单修改或撤销手续办理

1. 货物放行后报关单修改或撤销的情形

① 出口货物放行后，由于装运、配载等原因造成申报货物部分或者全部退关、变更运输工具的。

② 由于办理退补税、海关事务担保等其他海关手续而需要修改或者撤销报关单数据的。

③ 根据贸易惯例先行采用暂时价格成交、实际结算时按商检品质认定或者国际市场实际价格付款方式需要修改申报内容的。

④ 海关统计核查发现涉及品名、商品编码、数量、价格、原产国（地区）、境内资源地等影响海关统计数据方面的问题，需要修改申报内容的。

其中，前 3 种情形应由当事人向海关提出修改或撤销的申请。

2. 报关单修改或撤销的作业实施

（1）当事人申请修改或撤销报关单的作业。当事人应填写"进（出）口货物报关单修改/撤销表"向海关提出申请，同时还需要根据不同的情况提交相应的资料。例如，上述情形①需向海关提交退关、变更运输工具证明材料；情形②应当提交签注海关意见的相关材料；情形③应当提交全面反映贸易实际状况的发票、合同、提单、装箱单等单证，并如实提供与货物买卖有关的支付凭证及证明申报价格真实、准确的其他商业单证、书面资料和电子数据等。

(2) 海关发现要求报关人修改或撤销报关单的作业实施。海关首先向经营单位或相关报关企业出具"进（出）口货物报关单修改/撤销确认书"，通知要求修改或者撤销的内容；报关企业协同经营单位在5日内对进（出）口货物报关单修改或者撤销的内容进行确认，确认后由海关完成对报关单的修改或撤销。

(四) 报关单证归档的作业实施

1. 归档报关单证的范围

需归档的报关单证主要包括报关单、合同、发票及其他与进出口业务直接有关的其他资料等。

2. 报关单证归档的质量及期限要求

(1) 所有留存的单证应真实、详细。

(2) 应按照海关单证管理的规定要求和统一原则进行分类、汇总、存储，形成档案。

(3) 报关单（证）、进出口单证、合同及与进出口业务直接有关的其他资料，应自进出口货物放行之日起保管3年，并自觉接受海关及相关机构的日常监督和检查。

(五) 报关单证归档签收

1. 办理报关业务前的报关单证签收

代理报关公司接受客户的委托办理进出口业务报关前，收到进出口货物报关所需的报关单证后，应将报关单证扫描或复印，按照客户的业务种类进行分类，并将扫描件或复印件留档。自理企业可根据情况保存好相应的报关文件。

2. 办理报关业务后的报关单证签收

进出口货物放行后，代理报关公司与客户交接报关单证，将已放行的报关单证明联扫描或复印作为公司留档。

(六) 已归档报关单证的保管

一票货物的报关单证按照客户名称、业务种类或公司编号等方式分类后，按日期顺序排列进行归档。此票货物的档案中应保留通关过程中各个环节的操作日期、所发生的问题，以及与客户进行的各种单证的交接记录。

根据海关的相应规定，报关单证应自进出口货物解除监管之日起保存3年。从公司的长期发展来看，某些具有典型案例的报关单证适宜长期保存，作为日后工作的参考。

(七) 已归档报关单证的利用

建立报关单证存档管理，其目的之一就是可以利用完整的记录信息为日后的报关工作提供参考的数据。例如，类似商品的归类，各种监管方式所需的报关单证、各种报关许可证件的样式，通关中类似问题的解决方式等。此外，作为代理报关企业，报关单证存档后，当客户在某些方面有需要时，由其提供一定的检索信息，也可以很方便快捷地查询到相关内容，从而为客户提供更好的服务。

因此，完整的报关单证存档管理，不仅是公司日常文件的记录和公司工作经验的总结，也是培训公司员工的教材，更是为客户提供更优质服务的保障。

(八)财务结算的作业实施

1. 结算范围

委托代理报关服务应根据双方签订的报关服务合同/协议的条款内容结算相应的费用,其中包括:

(1) 代垫费用。每票报关业务所产生的各项代垫费用,例如换单费、THC 费、检验检疫费、查验场地费、进出口税费、仓储费等。

(2) 服务费用。委托代理双方合同条款内容确定的服务费用,例如报关服务费、换单服务费、检验检疫服务费、查验服务费、预归类服务费等。

除上述正常结算范围外,还应包括补充合同/协议及报关服务过程中产生的其他经委托方确认的变更费用、代缴费用等。

2. 结算依据

委托企业与报关企业以双方签订的报关服务合同/协议作为最终结算依据,结算相应的费用。合同/协议中需明确结算的范围、结算的价格及结算的期限。

3. 法律责任

报关企业收取委托方费用后应开具全国统一样式的税务机打发票,不得虚拟费用、伪造费用凭证,由此带来的法律责任由报关企业承担。

 小案例

浙江某贸易有限公司以一般贸易方式进口原产于德国的金属压延设备 2 套,货物于某年 4 月 15 日到货,该公司 18 日委托浙江某货运代理公司向上海外港海关 (2225) 申报,属于机电设备自动进口许可管理,最惠国关税税率为 12%,优惠原产地关税税率为 10%,增值税税率为 16%。该公司于 4 月 19 日采用 EDI 电子申报方式向海关报关,4 月 20 日向海关提交纸质报关单。该公司之后发现由于报关员书写失误造成申报差错,向海关要求修改申报内容,海关同意修改,并对该报关员作相应处理。4 月 22 日海关进行查验,由于搬卸开箱的原因导致某些零部件外包装破损。4 月 26 日缴纳税费后,海关放行。请进行以下分析。

(1) 本案例中出现哪些报关环节?

(2) 货物向海关申报进口时,除报关单外必须向海关提交哪些单证?海关接受申报后,申报内容不得修改或撤销,若海关批准修改或撤销,需符合哪些情况?

(3) 报关员在海关查验时需要做哪些工作?

(4) 海关放行后,还有哪些事情需要办理?

任务二 保税加工贸易货物通关流程

一、保税加工贸易货物关务认知

保税是国际贸易和报关业务操作中的基本常识与概念。"保税"中的"保"是英文

"Bonded"的音译，意为"保留征税""保而不征"，或者说"有条件缓征"，故音、意俱佳。国际上一般认为，最早的保税制度起源于19世纪的英国。在我国，保税的雏形甚至可以追溯到唐朝时期的朝贡贸易制度。近代中国也在丧失海关管理权之后，在19世纪后期开始出现现代意义上的保税制度。1949年中华人民共和国成立后，保税制度基本停用，保税仓库也不复存在。1978年改革开放以后，保税仓库恢复使用并且数量和适用范围逐步扩大。1981年我国开始规范实施保税制度，此后又陆续颁布了一系列相关的管理办法和规章。改革开放以后，我国经济飞速发展，特别是"三来一补"（来料加工、来件装配、来样加工、补偿贸易）发展迅猛，海关为适应形势发展需要，设立了以存放加工贸易进口料件为主的保税仓库，以及存放出口产品的出口监管仓库，并逐步建立和完善了针对加工贸易全流程的海关监管制度。保税加工成为了我国保税制度和相关关务操作中的主要部分。

近年来，为了推动我国加工贸易转型升级、促进区域经济发展、支持企业开拓国内外两个市场，海关保税监管业务改革不断深入。2010年后中国海关开始使用"保税贸易"的全新概念来概括我国海关的保税制度。当前我国"保税贸易"涵盖了保税加工、保税物流和保税服务3个业务主题，其中，相对于运作多年、比较成熟的加工和物流，以服务外包为代表的新兴保税服务正在成为新的外贸增长方式。同时，保税领域的海关法律规章制度得到不断调整、更新和完善，海关监管手段也基本实现了电子化和网络化，保税区域和功能整合正在积极推进。

从国际海关制度的角度来看，世界海关组织（WCO）主持制订与修订的《京都公约》（Kyoto Convention）中，对保税的适用提出两个基本制度，即"海关保税储存制度"与"暂准进口在国内加工制度"。这两者即为国内使用较多的"保税物流"和"保税加工"两个概念。因此，保税制度的内涵一般从两个维度上进行类型划分。从保税业务的类型上，可以分为保税物流、保税加工、保税服务；如果涉及海关管理方式和制度适用，则还要区分海关特殊监管区域内外。

(一) 保税业务概述

1. 保税加工

在对外贸易中，加工贸易是指境内企业进口全部或者部分原辅材料、零部件、元器件、包装物料（统称料件），经过加工或者装配后，将制成品复出口的经营活动。

加工贸易并不等同于"保税加工"。从海关的角度，保税加工应称为"海关保税加工监管"或"海关保税加工管理"。

从理论上讲，加工贸易进口料件可以按一般进口通关，即进境时完纳进口税费和提交相应的进口许可证件，料件经海关放行后可自行处置，不再接受海关监管。但在此种情形下，即便料件经境内加工后复出口，从海关管理的角度也不把此类经营活动视为加工贸易。海关管理制度中认可的加工贸易业务，料件进口时只有两种方式：一是保税进口，成品复出口后根据出口成品实际耗用的进口料件数量，免收关税和进口环节税；二是征税进口，成品复出口后根据出口成品实际耗用的进口料件数量，退还已征收的关税和进口环节税。事实上，由于海关在操作层面并未实施"先征后退"方式对加工贸易业务进行管理，除另有说明外，海关、检验检疫、商务等主管部门所称的加工贸易均指保税加工，本篇其他单元所称"加工贸易"也均指保税加工。

保税加工是特指经营者经海关批准，对未办理纳税手续进境的进口料件和加工后出口的成品实施一系列特定关务操作的加工贸易管理方式。保税加工的业务范围包括来料加工、进料加工、加工装配及相关配套业务，以及研发试制、检测、维修等产品前后端配套服务工序，还包括加工设备进口、边角料、残次品、废品的处理等，范围广泛。目前，电子化手册和电子账册是保税加工的最主要监管模式，本书主要介绍保税加工电子化手册操作方式的内容。

依据进口料件的所有权状况，保税加工货物对外交易分为两种形式：来料加工和进料加工。来料加工指进口料件由境外企业提供，经营企业不需要付汇进口，按照境外企业的要求进行加工或者装配，只收取加工费，制成品由境外企业销售的经营活动。该项交易形式，通常由境内有进出口业务经营权的贸易或生产型企业与境外客商通过签订委托加工合同的方式实施。进料加工指进口料件由经营企业付汇进口，制成品由经营企业外销出口的经营活动。该项交易形式，通常由境内有进出口业务经营权的贸易或生产型企业与境外客商（进出口对应或非对应）通过签订对口或非对口合同的方式实施。

2. 保税物流

保税物流是指在经海关批准未办理纳税手续情况下进境，在适用保税制度的海关监管场所和区域内，从事仓储、配送、分拨、运输、简单流通加工、中转转运、展示等国际物流相关的业务。

适用保税物流进出口监管制度的货物进境后或出境前必须存放在海关保税监管场所或特殊监管区域。目前海关保税监管场所主要包括保税仓库、出口监管仓库、保税物流中心 A 型等；特殊监管区域主要包括保税物流中心 B 型、保税物流园区、保税区、保税港区等。无论是海关保税监管场所，还是特殊监管区域，都必须经法定程序审批才能设立。其中，保税仓库、出口监管仓库由直属海关审批；保税物流中心 A 型、保税物流中心 B 型由海关总署审批；保税物流园区、保税区、保税港区由国务院审批。

在我国，海关监管场所的保税物流包括保税仓库、出口监管仓库、保税物流中心 A 型和保税物流中心 B 型等类型。海关监管区域内属于物理围网内的保税物流，功能相同而关务操作不同。

保税物流是在保税储存基础上随着现代物流发展而已经被广泛接受的新概念。保税储存的目的在于为进境后存入保税场所的货物提供可以暂缓适用关税的保护机制，便于因经济和技术方面的需求而暂时存放，等待最终进入境内外流通或生产环节；保税物流则将这一保护机制推广至配送、分拨、运输、简单流通加工、中转转运、展示等物流业务。保税物流从物流移动的范围来看属于国内物流，但从业务操作模式上看具有明显的国际物流的特点。

保税物流的功能主要包括以下 3 个方面。

（1）在货物供境内使用通关出库前，无缴纳进口税费的义务，如果重新出口，则免除进口税费。

（2）为存放货物者提供更多时间，便于其在国内外市场洽谈销售，或以另一种海关制度加工、制造。

（3）不只限于进口货物，原产于本国货物也可存放（拟出口的应缴或已缴国内税费的货物可允许存入,以使货物具有免除或退还国内税费的资格,条件是货物必须出口)。

在我国,海关监管的保税仓库具备前两项功能,出口监管仓库具备第三项功能,而保税物流中心 A 型、保税物流中心 B 型则具备了所有三项功能。

3. 物理围网内保税

我国设立的海关特殊监管区域(物理围网区域)主要有以下几种:保税区、出口加工区、保税港区、保税物流园区、综合保税区等。其中 20 世纪 90 年代初期便开始设立的保税区是最早设立的海关特殊监管区域,出口加工区、保税港区、综合保税区、珠港澳跨境工业园区等则是 2000 年才开始陆续设立的。后设立的区域一般都借鉴了先设立区域的经验教训,其区域功能一般也多于先设立区域。综合保税区参照了保税港区的相关政策,珠澳跨境工业园区参照了保税区和出口加工区的相关政策,中哈霍尔果斯国际边境合作中心(配套区)则参照了珠澳跨境工业园区的相关政策。

我国海关特殊监管区域的设立理念源于国际通行的自由贸易园区,并参照和借鉴了这一区域的通行规则。

我国海关特殊监管区域的政策优势主要体现在以下 5 方面。

(1)管理政策。实行封闭监管,进出区货物按进出口管理,实行快速通关作业。

(2)税收政策。设备、原材料、办公用品免税,不设保证金台账,区内结转不征税。

(3)出口退税政策。区外入区的国产设备、原材料、基建物资等退税,区内加工产品不征增值税。

(4)进出口政策。有条件限制加工贸易禁止类商品在区内生产,不限制加工贸易限制类商品在区内生产,实行被动配额管理。

(5)物流政策。各海关特殊监管区域之间及海关特殊监管区域与保税监管场所之间物流相通。

从改革开放后恢复设立保税仓库开始,保税制度在中国已走过了几十年的时间。从定位模糊、功能单一的保税区,经历出口加工、保税物流园区,演进到目前定位相对明确、功能相对完善的保税港区、综合保税区,中国保税制度体系的完善和发展不断攀上新的台阶。截至目前,我国已有各类海关特殊监管区 100 多个。其中,保税港区及综合保税区是近年以来出现的新型保税地域,它们叠加了保税区、出口加工区及保税物流园区的功能,具有外国货物储藏、加工、制造、贸易、展示、中转等多项功能,是目前国内功能最齐全、开放程度最高的保税地域。下一步,如何建设和发展与国际通行规则接轨的自由贸易园区是保税制度改革的重点探索方向。

4. 保税服务

以国际服务外包为基础的保税服务是指关境内设立的服务外包企业,在法律允许范围内承接由关境外客户外包的服务业务。主要包括信息技术外包服务(ITO)、业务流程外包服务(BPO)和知识流程外包服务(KPO)三大类。为贯彻落实国务院精神,支持国际服务外包企业发展,海关总署、商务部决定自 2010 年 7 月 1 日起在全国 21 个服务外包示范城市全面推广实施海关保税监管模式。

(二)保税监管基本特征

我们可以从保税货物进出口通关过程及货物经海关放行后的状态归纳保税制度的特点:

1. 备案保税，核销结关

经营企业只有依法办理保税加工设立手续，料件方能保税进口；同时保税加工货物必须经过海关核销后才能结关。因此，从海关管理的角度，是否批准企业开展保税加工业务，要看加工贸易经营活动是否合法、货物流向是否明确、海关能否监管等几个因素。如果加工贸易进口料件或出口成品属于国家禁止开展加工贸易的范围，或者申请保税的货物在进出口环节、境内加工环节海关无法监管等，海关将不予办理保税加工备案。

加工装配类保税货物进境后要进行加工、装配，改变原进口料件的形态，复出口的商品不再是原进口的商品。这样，向海关的报核，不仅要确认进出数量是否平衡，还要确认成品是否由进口料件生产。

无论是加工装配类保税货物，还是储存类保税货物，在报核的实践中，进出数量往往是不平衡的。如何正确处理各种报核中发生的进出数量不平衡问题，是企业报核必须解决的问题。

2. 料件进口"免税免证"

料件进口环节免予缴纳进口关税和进口环节增值税、消费税，除另有规定外免予提交进口许可证件，企业一方面可以少占用相当数量的现金流，同时也省却了办理进口许可证件的手续，是众多涉外企业从事加工贸易的最基本的动因。

3. 海关对保税加工过程实施全程监管

由于进口保税料件属于海关监管货物，与一般进出口货物相比，海关对保税加工货物的监管无论是时间还是地点，均需要延伸，即海关需要对保税加工全过程实施监管。

海关对保税加工货物监管延伸性体现在以下3个方面。

（1）时间延伸性。保税加工的料件在进境地被提取，不是海关监管的结束，而是海关保税监管的开始，海关一直要监管到加工、装配后复运出境或办结正式进口手续为止。

海关自保税加工企业向海关申请办理保税加工业务备案手续之日起至海关对保税加工手册核销结案之日止，或者自实施联网监管的保税加工企业电子底账核销周期起始之日起至其电子底账核销周期核销结束之日止，根据需要可以开展对保税加工货物以及相关的保税加工企业的保税核查；同时，在手册结案之日起3年内，账册核销3年内，海关有权对加工贸易企业的会计账簿、会计凭证、报关单证及其他有关资料和有关进出口货物进行稽查。

（2）地点延伸性。保税加工料件提离进境地口岸海关监管场所后，无论是存放还是进行加工、装配，应当在经海关备案的场所进行，并须专料专放。后续进行加工、装配的地方，都必须是经海关备案的场所。海关有权进入相关场所实施保税核查或稽查。未经许可将保税加工货物擅自外发加工、内销转让、深加工结转、挪移都可能引发行政处罚甚至是刑事处罚。

（3）期限延伸性。准予保税的期限是指海关批准保税后在境内加工、装配、复运出境的时间限制。海关规定企业要将在一定期限内的进出口情况向海关申报核定。例如，针对加工贸易手册企业，海关要求经营企业应当在规定的期限内将进口料件加工复出口，并自加工贸易手册到期之日起30日内向海关报核。经营企业对外签订的合同因故提前终止的，应当自合同终止之日起30日内向海关报核。

（三）海关保税加工管理

海关对保税加工进口料件实施保税管理，建立了一整套管理制度对保税加工全过程进行管理。

1. 基本内容

海关保税加工管理主要包括保税加工企业管理，保税加工手册、电子账册设立管理，保税加工货物进出境通关管理，保税加工中后期核查管理，保税加工核销结案管理。

（1）保税加工企业管理。保税加工企业包括保税加工经营企业和加工企业。经营企业，是指负责对外签订加工贸易进出口合同的各类进出口企业和外商投资企业，以及经批准获得来料加工经营许可的对外加工装配服务公司；加工企业，是指接受经营企业委托，负责对进口料件进行加工或者装配，并且具有法人资格的生产企业，以及由经营企业设立的虽不具有法人资格，但是实行相对独立核算并已经办理工商营业证（执照）的工厂。开展保税加工业务，经营企业和加工企业必须向海关办理注册登记手续；除另有规定外，经营企业应按规定办理海关事务担保。

保税加工的经营企业与加工企业，可以是同一家企业，也可以不是同一家企业。

（2）保税加工手册、电子账册设立管理。目前，海关对保税加工备案分为以加工贸易合同为单元的电子化手册和以企业为单元的电子账册两种形式。

根据我国相关规定，企业开展保税加工须经商务主管部门审批，商务主管部门审批后，保税加工经营企业须通过设立电子化手册或者电子账册等形式向海关报备，报备的内容主要包括进口料件、出口成品、加工单耗等数据。

（3）保税加工货物进出境通关管理。保税加工货物指加工贸易项下适用保税制度进行管理的进口物料、生产制成品，以及加工过程中产生的边角料、残次品、副产品等。

① 进口物料。即专为加工、装配出口产品而从境外进口且海关准予保税的原辅材料、零部件、元器件、包装物料。

② 生产制成品。即用进口保税料件生产的成品、半成品等。

③ 边角料。即保税加工企业从事加工复出口业务，在海关核定的单位耗料量内（以下简称"单耗"）、加工过程中产生的、无法再用于加工该合同项下出口制成品的数量合理的废、碎料及下脚料。例如，铁棒切削加工过程中产生的铁屑，服装裁剪加工过程中产生的布条，家具制造业及其他木材加工活动中产生的刨花、锯末及碎木片等。

④ 残次品。即保税加工企业从事加工复出口业务，在生产过程中产生的有严重缺陷或者达不到出口合同标准，无法复出口的制品（包括完成品和未完成品）。

⑤ 副产品。即保税加工企业从事加工复出口业务，在加工生产出口合同规定的制成品（即主产品）过程中同时产生的，且出口合同未规定应当复出口的一个或者一个以上的其他产品。

保税加工货物在进出境通关时，须向海关申报保税加工手册编号等备案信息。料件进境时无须办理缴纳税费手续，除国家另有规定外，属于国家对进口有限制性规定的，免予向海关提交进口许可证件，货物经海关放行可以提取。出口制成品属于应当征收出口关税的，应按照有关规定缴纳出口关税；属于国家对出口有限制性规定的，应当向海关提交出口许可证件。

（4）保税加工中后期核查管理。在保税加工货物生产过程中或生产完成后，海关按照相关规定到加工企业对保税加工货物的进、出、转、存及生产的全过程进行核查。

（5）保税加工核销结案管理。保税加工经营活动完成后，经营企业须在规定的时间内向海关申请报核，经海关核销，办结全部海关手续后，海关结束对保税加工货物的监管。

2. 监管模式

海关对保税加工的监管实施"物理围网"和"非物理围网"两种监管模式。

(1) 物理围网模式。物理围网，是指由海关对专门划定区域内开展保税加工业务实施封闭式管理。目前，主要适用于出口加工区、保税港区、综合保税区等海关监管的特殊区域企业开展加工贸易。在该模式下，海关对保税加工企业实行联网监管，以企业为海关监管单元，以核查企业电子底账作为海关监管的主要手段，不实行银行保证金台账管理等海关事务担保措施。

(2) 非物理围网模式。非物理围网，是指海关针对经营企业的不同情况分别以电子化手册和电子账册作为海关监管手段的管理模式。非物理围网相对于物理围网而言，也称为"信息围网"模式，该模式针对经营企业的不同情况分别实行"电子账册＋联网核查"管理或者电子化手册管理。

海关对符合联网监管条件的企业实施电子账册管理，以"电子底账＋联网核查"的模式进行管理，该模式以企业作为监管单元，按照生产能力备案。

海关对以电子化手册作为海关监管手段的保税加工企业，以"电子化手册＋自动核算"的模式进行管理，以保税加工手册作为监管单元，实行银行保证金台账管理等海关事务担保措施。

(3) 电子化手册。电子化手册以合同管理为基础，实行电子身份认证，在加工贸易手册备案、通关、核销、结案等环节采用"电子手册＋自动核算"的模式取代纸质手册，并通过与其他相关管理部门的联网逐步取消其他的纸质单证作业，实现纸质手册电子化，最终实现"电子申报、网上备案、无纸通关、无纸报核"。电子化手册备案的前提是海关建立以企业为单元的备案资料库，企业以备案资料库内的数据为基础进行电子化手册备案，这是电子化手册备案模式与传统纸质手册备案模式的主要区别。

(4) 电子账册。电子账册是海关以企业为管理单元，为联网企业建立电子底账的一种新型监管模式。联网企业只设立一个电子账册。海关根据联网企业的生产情况和海关的监管需要确定核销周期，并按照该核销周期对实行电子账册管理的联网企业进行核销。当前，许多跨国公司和国外大型企业已将更高技术水平、更大增值含量的加工制造环节和研发机构转移到我国。为进一步促进加工贸易转型升级，充分利用信息技术等现代化手段，建立适应现代企业生产和物流发展的监管模式，电子账册联网监管模式已成为加工贸易监管方式改革和创新的方向。

需要指出的是，传统的电子化手册和电子账册管理方式均采用BOM核销方式。在上海自贸区保税监管制度创新措施中，"工单核销"成为替代传统BOM核销的一个创新。目前工单核销模式正由上海自贸区向全国海关进行复制推广，电子化手册、电子账册企业都将采用该核销方式。我国海关自2014年开始简化了加工贸易审批手续，特别是加工贸易手册的行政审批已被备案报备取代。

二、电子化手册设立作业

(一) 电子化手册作业概述

加工贸易手册原则上以加工贸易合同为单元记载经营企业开展加工贸易所需要的进口原料数量（指标）、出口成品数量（指标）及成品对应的原料单耗情况。加工贸易手册经历了早期的纯纸质手册、海关电子化纸质手册和现在的无纸化通关手册（电子化手册）3个阶段。

目前，电子化手册已经全面应用，适用电子化手册管理的保税加工业务也是最为常见的保税加工业务形态。

1. 电子化手册的特点

电子化手册具备以下特点。

（1）以电子数据取代传统纸质"加工贸易手册"，以企业IC卡或I-KEY卡作为系统操作的身份认证。

（2）企业的加工贸易设立、进出口数据申报、数据报核大部分通过网络办理。一般情况下，仅当企业需提交资料、样品或领取相关单证时，才需要到海关业务现场。

（3）通过对加工贸易料件及成品进行预处理，建立企业备案资料库，企业在进行电子化手册设立时可直接调用备案资料库数据，以此减少企业在办理电子化手册时的审批时间。

2. 电子化手册管理的保税加工业务作业流程

保税加工货物的报关程序除了和一般进出口报关程序一样有进出境报关阶段外，还有备案申请保税阶段和报核申请结案阶段。其业务流程如图3-2所示。

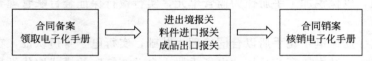

图3-2 电子化手册管理的保税加工业务作业流程

（1）主管部门业务批准。加工贸易企业向商务主管部门申办"加工贸易企业经营状况及生产能力证明"（以下简称"生产能力证明"），取得商务主管部门对开展加工贸易业务的批准。

（2）备案资料库设立和变更。通过建立备案资料库，定义企业的加工能力和进出口商品范围。

若企业由于规模及业务扩大等原因需增加其资料库底账，如增加进出口货物的范围等，则必须进行资料库的变更。企业可通过电子口岸海关申报作业的综合业务系统（QP系统）的相关功能向海关申报变更数据。

一家加工贸易企业只能设立一个备案资料库。

（3）通关手册设立和变更。经营企业或其代理人在加工贸易合同经商务主管部门批准并建立备案资料库后，料件尚未进口前，凭合同、批件等到加工企业所在地主管海关办理手册设立手续，由海关确认监管方式、征免性质、商品名称、数量、金额、单耗等情况。

一家加工贸易企业可设立多本通关手册。

（4）保证金台账管理。经营企业向海关办理通关手册设立手续时，如需要缴纳保证金，海关出具银行保证金台账开设联系单，由企业至银行办理台账手续。

企业至海关办理银行保证金台账开设联系单回执登记手续，海关登记回执后，系统生成电子化手册。

（5）进出口通关申报。企业可在QP系统中录入报关单，向海关申报。企业直接申报通关手册备案项下的商品。

（6）电子化手册报核。企业的加工贸易合同完成后，可通过QP系统向海关进行电子化手册的报核。

① 发送报关单数据与海关电子底账对碰。

② 对碰进出口料件、成品情况，核查余料数量。

③ 自动核算。

海关审结通过后，向企业返回通过信息，经海关审核不通过的，返回退单信息。企业根据提示至海关业务现场提交相关单证。海关核实相关单证后，对电子化手册进行结案并出具银行台账核销联系单。企业至银行办理台账核销手续。

企业至海关办理台账核销联系单回执登记手续，完成电子化手册核销全过程。

(二) 合同备案阶段作业管理

海关关于加工贸易货物手册设立的管理要求，在《中华人民共和国海关加工贸易货物监管办法》(海关总署令第219号，以下简称《海关加工贸易货物监管办法》) 中有明确规定。主要内容如下。

1. 手册设立申请人及受理海关

加工贸易经营企业应当向加工企业所在地主管海关办理加工贸易货物的手册设立手续。经营企业与加工企业不在同一直属海关管辖的区域范围的，应当按照海关对异地加工贸易的管理规定办理手册设立手续，即经营企业先向所在地主管海关提出异地加工贸易申请，经所在地主管海关审核后，凭相关单证向加工企业所在地主管海关办理加工贸易手册设立手续。

2. 手册设立申报内容及申报单证

除另有规定外，经营企业办理加工贸易货物的手册设立，应当向海关如实申报贸易方式、单耗、进出口口岸，以及进口料件和出口成品的商品名称、商品编号、规格型号、价格和原产地等情况，并且提交下列单证。

(1) 主管部门签发的同意开展加工贸易业务的有效批准文件。

(2) 经营企业自身有加工能力的，应当提交主管部门签发的"加工贸易加工企业生产能力证明"。

(3) 经营企业委托加工的，应当提交经营企业与加工企业签订的委托加工合同、主管部门签发的加工企业"加工贸易加工企业生产能力证明"。

(4) 经营企业对外签订的合同。

(5) 海关认为需要提交的其他证明文件和材料。

3. 海关审核时限

经营企业提交齐全、有效的单证材料，申报设立手册的，海关应当自接受企业手册设立申报之日起5个工作日内完成加工贸易手册设立手续。

4. 海关事务担保

海关按照国家规定对加工贸易货物实行担保制度（目前按照加工贸易银行保证金台账制度实施）。需要办理担保手续的，经营企业按照规定提供担保后，海关办理手册设立手续。

有下列情形之一的，海关应当在经营企业提供相当于应缴税款金额的保证金或者银行、非银行金融机构保函后办理手册设立手续。

(1) 涉嫌走私，已经被海关立案侦查，案件尚未审结的。

(2) 由于管理混乱被海关要求整改，在整改期内的。

有下列情形之一的，海关可以要求经营企业在办理手册设立手续时提供相当于应缴税款金额的保证金或者银行、非银行金融机构保函。

（1）租赁厂房或者设备的。
（2）首次开展加工贸易业务的。
（3）加工贸易手册延期两次以上（含两次）的。
（4）办理异地加工贸易手续的。
（5）涉嫌违规，已经被海关立案调查，案件尚未审结的。

5．海关不予办理手册设立手续的情形

加工贸易企业有下列情形之一的，不得办理手册设立手续。

（1）进口料件或者出口成品属于国家禁止进出口的；加工产品属于国家禁止在我国境内加工生产的。
（2）进口料件不宜实行保税监管的。
（3）经营企业或者加工企业属于国家规定不允许开展加工贸易的。
（4）经营企业未在规定期限内向海关报核已到期的加工贸易手册，又重新申报设立手册的。

6．其他规定

经营企业办理加工贸易货物的手册设立，申报内容、提交单证与事实不符的，海关应当按照下列规定处理。

（1）货物尚未进口的，海关注销其手册。
（2）货物已进口的，责令企业将货物退运出境。经营企业也可以向海关申请提供相当于应缴税款金额的保证金或者银行、非银行金融机构保函，并且继续履行合同。

已经办理加工贸易货物的手册设立手续的经营企业可以向海关领取加工贸易手册分册、续册。加工贸易货物手册设立内容发生变更的，经营企业应当在加工贸易手册有效期内办理变更手续；需要报原审批机关批准的，还应当报原审批机关批准，另有规定的除外。

具体合同备案流程如图 3-3 所示。

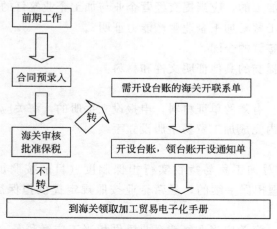

图 3-3　合同备案流程

（三）生产能力证明

生产能力证明是确定企业开展加工贸易业务资格和审批机构进行加工贸易业务审批的重

要依据。

根据《国务院关于促进外贸回稳向好的若干意见》（国发〔2016〕27号）精神，商务部、海关总署发布2016年第45号公告，自2016年9月1日起，取消加工贸易合同审批和加工贸易保税进口料件或制成品转内销审批。

自2016年9月1日起，各级商务主管部门、海关特殊监管区域管委会为企业出具新的生产能力证明，企业凭有效期内的生产能力证明到海关办理加工贸易手（账）册设立（变更）手续。

新版生产能力证明是确定企业开展加工贸易业务资格和审批机构进行加工贸易业务审批的重要依据。经过升级，生产能力证明增加了统一社会信用代码、业务负责人/联系人、进口料件、出口成品、从事加工贸易业务人数、通过有关部门管理认证状况等。其中，进口料件与出口成品取代了原加工贸易业务批准证的功能。

进口料件和出口商品指企业从事加工贸易业务所涉及的全部进口料件和出口商品。所以加工贸易企业在手册设立、变更时都需要对该部分数据进行仔细核算，当加工贸易企业的手（账）册备案的料件或成品发生变化时，必须提前对生产能力进行相应的变更。

申请从事加工贸易的企业，须如实申报生产能力证明的各项内容，各级商务主管部门须实地勘察，据实审核。未通过加工贸易企业经营情况及生产能力核查的企业，商务主管部门不得批准其从事加工贸易业务。

在新版的生产能力证明政策下，生产能力证明有效期截至次年的1月31日。

（四）单耗管理

单耗管理是海关加工贸易监管体系中最核心的内容之一。海关通过保税设立-核销机制监控企业保税货物的动态状态，其运算逻辑和监管的核心之一就是单耗管理。

1. 单耗的含义

单耗是指加工贸易企业在正常加工条件下加工单位成品所耗用的料件量，单耗包括净耗和工艺损耗。同一种料件既可以是保税料件，也可以包括保税和非保税。如果加工贸易同一料件有保税和非保税料件的，企业应当申报非保税料件的比例、商品名称、计量单位、规格型号和品质。

净耗是指在加工后，料件通过物理变化或者化学反应存在或者转化到单位成品中的量。

工艺损耗是指因加工工艺原因，料件在正常加工过程中除净耗外所必需耗用，但不能存在或者转化到成品中的量，包括有形损耗和无形损耗。边角料作为损耗备案到加工贸易手册中工艺损耗率，是指工艺损耗占所耗用料件的百分比。

$$单耗 = 净耗 / (1 - 工艺损耗率)$$

以下6种情况不能列入工艺损耗范围。

(1) 因突发停电、停水、停气或者其他人为原因造成保税料件、半成品、成品的损耗。

(2) 因丢失、破损等原因造成的保税料件、半成品、成品的损耗。

(3) 因不可抗力造成保税料件、半成品、成品灭失、损毁或者短少的损耗。

(4) 因进口保税料件和出口成品的品质、规格不符合合同要求，造成用料量增加的损耗。

(5) 因工艺性配料所用的非保税料件所产生的损耗。

(6) 加工过程中消耗性材料的损耗。

2. 单耗标准

单耗标准是由海关总署和国家发展改革委牵头组织,相关部门、行业协会负责起草制订,专家委员会审定通过后公布执行的加工贸易单耗管理准则,以海关公告形式对外发布。单耗标准一般为通用或者重复使用的加工贸易单位成品耗料量。单耗标准设定最高上限值,其中出口应税成品单耗标准增设最低下限值。

单耗标准适用于海关特殊监管区域、保税监管场所外的加工贸易企业,海关特殊监管区域、保税监管场所内的加工贸易企业不适用单耗标准。

海关特殊监管区域、保税监管场所外的加工贸易企业应当在单耗标准内向海关进行单耗备案或者单耗申报。海关特殊监管区域、保税监管场所外的加工贸易企业申报的单耗在单耗标准内的,海关按照申报的单耗对保税料件进行核销;申报的单耗超出单耗标准的,海关按照单耗标准的最高上限值或者最低下限值对保税料件进行核销。

尚未公布单耗标准的,加工贸易企业应当如实向海关申报单耗,海关按照加工贸易企业的实际单耗对保税料件进行核销。

(五) 保证金台账(重点审核)

保证金台账制度全称为加工贸易银行保证金台账制度,是指经营加工贸易的单位或企业凭海关核准的手续,按合同备案料件金额对应的应征进口关税及进口环节增值税税款向指定银行申请设立加工贸易进口料件保证金台账,加工成品在规定期限内全部出口,经海关核销后,由银行核销保证金台账,保证金及利息予以退还。

根据国家对外贸易管理要求,加工贸易商品分为禁止类商品、限制类商品和允许类商品三大类,海关根据企业的资信状况对加工贸易企业实行高级认证企业、一般认证企业、一般信用企业和失信企业4个类别的管理。除禁止类商品外,海关根据商品类别和企业类别采取不同的保证金台账管理措施。

对管理方式为"实转"的81个商品编码,高级认证企业与一般认证企业实行"空转"管理(无须缴纳台账保证金),东部地区一般信用企业缴纳按实转商品项下保税进口料件应缴进口关税和进口环节增值税之和50%的保证金;对其他370个商品编码,高级认证企业、一般认证企业与一般信用企业均实行"空转"管理。

经营企业及其加工企业同时属于中西部地区的,开展限制类商品加工贸易业务,高级认证企业、一般认证企业和一般信用企业实行银行保证金台账"空转"管理。

失信企业开展限制类商品加工贸易业务均须缴纳100%台账保证金。

中西部地区是指除东部地区以外的其他地区。

东部地区包括北京市、天津市、上海市、辽宁省、河北省、山东省、江苏省、浙江省、福建省、广东省。出口加工区、保税区等海关特殊监管区域,以及海关特殊监管区域外以深加工结转方式在国内转入限制进口类商品和转出限制出口类商品的加工贸易业务不实行保证金台账管理制度。

(六) 与合同备案相关的事项

1. 异地加工贸易备案申请

跨关区异地加工贸易是指一直属海关关区内加工贸易经营企业,将进口料件委托另一直属海关关区内加工生产企业加工成品回收后,再组织出口的加工贸易。

开展异地加工贸易应由加工贸易经营企业向加工企业所在地主管海关办理合同备案手

续,需要设立台账的,在加工企业所在地海关指定的银行设立台账。

海关对开展异地加工贸易的经营企业和加工企业实行分类管理,如果两者的管理类别不相同,按其中较低类别管理。

异地加工贸易合同备案的步骤如下。

① 经营企业凭所在地商务主管部门核发的加工贸易业务批准证和加工企业所在地县级以上商务主管部门出具的"加工贸易加工企业生产能力证明",填制异地加工贸易申请表,向经营企业所在地主管海关提出异地加工贸易申请,经海关审核后,领取经营企业所在地主管海关的关封;

② 经营企业持关封和合同备案的必要单证,到加工企业所在地主管海关办理合同备案手续。

2. 加工贸易外发加工申请

加工贸易外发加工,是指加工贸易企业因自身生产工序限制,经海关批准并办理有关手续,委托承揽企业对加工贸易货物的某道工序进行加工,在规定的期限内将加工后的产品运回本企业并最终复出口的行为。

经营企业申请开展外发加工业务,应当向海关提交下列单证。

① 经营企业签章的加工贸易货物外发加工申请审批表;
② 经营企业与承揽企业签订的加工合同或者协议;
③ 承揽企业营业执照复印件;
④ 经营企业签章的承揽企业生产能力状况证明;
⑤ 海关需要收取的其他单证和材料。

经营企业申请开展外发加工业务,应当如实填写加工贸易货物外发加工申请审批表及加工贸易外发加工货物外发清单,经海关审核批准后,方可进行外发加工。外发加工完毕,加工贸易货物应当运回经营企业,并如实填写加工贸易外发加工货物运回清单。

3. 加工贸易串料申请

经营企业因加工出口产品急需,申请本企业内部进行料件串换的,需提交书面申请并符合下列条件。

① 保税料件和保税料件之间以及保税料件和进口非保税料件之间的串换,必须符合同品种、同规格、同数量的条件。

② 保税料件和国产料件(不含深加工结转料件)之间的串换,必须符合同品种、同规格、同数量、关税税率为零,且商品不涉及进出口许可证件管理的条件。

经海关批准,经营企业因保税料件与非保税料件之间发生串换,串换下来同等数量的保税料件,由企业自行处置。

三、电子化手册保税加工货物进出境作业管理

(一)加工贸易保税货物进出境报关

加工贸易企业在主管海关备案的情况在计算机系统中已生成电子底账,有关电子数据通过网络传输到相应的口岸海关,因此企业在口岸海关报关时提供的有关单证内容必须与电子底账数据相一致。也就是说,报关数据必须与备案数据完全一致,一种商品报关的商品编码号、品名、规格、计量单位、数量、币制等数据必须与备案数据无论在字面上还是计算机格

式上都完全一致。只要在某一方面不一致，报关就不能通过。要做到完全一致，首先报关数据的输入必须做到准确无误。

加工贸易保税货物进出境由加工贸易经营单位或其代理人申报。

加工贸易保税货物进出境申报必须持有加工贸易登记手册（电子的或纸质的）或其他准予合同备案的凭证。

加工贸易保税货物进出境报关也要关注许可证件管理和税收两个问题。

（1）关于进出口许可证件管理有以下规定。

① 进口料件，除易制毒化学品、监控化学品、消耗臭氧层物质等个别规定商品以外均可以在报关免予交验进口许可证件；

② 出口成品，属于国家规定应交验出口许可证件的，在出口报关时必须交验出口许可证件。

（2）关于进出口税收有以下规定。

① 准予保税的加工贸易料件进口，暂缓纳税。

② 加工贸易项下出口应税商品，如系全部使用进口料件加工的产（成）品，不征收出口关税。

③ 加工贸易项下出口应税商品，如系部分使用进口料件加工的产（成）品，则按海关核定的比例征收出口关税。具体计算公式是：

$$出口关税 = 出口货物完税价格 \times 出口关税税率 \times 出口成品中使用的国产料件占全部料件的价值比例$$

出口货物完税价格由海关根据《中华人民共和国海关审定进出口货物完税价格办法》的规定审核确定。

加工贸易出口的特殊商品，应征出口关税的，按照有关规定办理。如：

① 加工贸易出口未锻铝锭按一般贸易出口货物从价计征出口关税；

② 加工贸易出口属于列明的148种服装从量计征出口关税。

（二）加工贸易保税货物深加工结转报关

加工贸易保税货物深加工结转是指加工贸易企业将保税进口料件加工的产品转至另一海关关区内的加工贸易企业进一步加工后复出口的经营活动。其程序分为计划备案、收发货登记、结转报关三个环节。

1. 计划备案

加工贸易企业开展深加工结转，转入、转出企业应当向各自主管海关提交加工贸易保税货物深加工结转申请表，申报结转计划。

① 转出企业在申请表（一式四联）中填写本企业的转出计划并签章，凭申请表向转出地海关备案。

② 转出地海关备案后，留存申请表第一联，其余三联退转出企业交转入企业。

③ 转入企业自转出地海关备案之日起20日内，持申请表其余三联，填制本企业的相关内容后，向转入地海关办理报备手续并签章。转入企业在20日内未递交申请表，或者虽向海关递交但因申请表的内容不符合海关规定而未获准的，该份申请表作废。转出、转入企业应当重新填报和办理备案手续。

④ 转入地海关审核后，将申请表第二联留存，第三、第四联交转入、转出企业凭以办理结转收发货登记及报关手续。

2. 收发货登记

转出、转入企业办理结转计划申报手续后，应当按照经双方海关核准后的申请表进行实际收发货。

转入、转出企业的每批次收发货记录应当在保税货物实际结转情况登记表上进行如实登记，并加盖企业结转专用名章。

结转货物退货的，转入、转出企业应当将实际退货情况在登记表中进行登记，同时注明"退货"字样，并各自加盖企业结转专用名章。

3. 结转报关

转出、转入企业实际收发货后，应当按照以下规定办理结转报关手续。

① 转出、转入企业分别在转出地、转入地海关办理结转报关手续。转出、转入企业可以凭一份申请表分批或者集中办理报关手续。转出（入）企业每批实际发（收）货后，在90日内办结该批货物的报关手续。

② 转入企业凭申请表、登记表等单证向转入地海关办理结转进口报关手续，并在结转进口报关后的第二个工作日内将报关情况通知转出企业。

③ 转出企业自接到转入企业通知之日10日内，凭申请表、登记表等单证向转出地海关办理结转报关手续。

④ 结转进口、出口报关的申报价格为结转货物的实际成交价格。

⑤ 一份结转进口报关单对应一份出口报关单，两份报关单之间对应的申报序号、商品编号、数量、价格和手册号应当一致。

⑥ 结转货物分批报关的，企业应当同时提供申请表和登记表的原件及复印件。

（三）加工贸易其他保税货物的报关

加工贸易其他保税货物是指履行加工贸易合同过程中产生的剩余料件、边角料、残次品、副产品、受灾保税货物和其他经批准不再出口的加工贸易成品、半成品、料件等。

① 剩余料件是指加工贸易企业在从事加工复出口业务过程中剩余的可以继续用于加工制成品的加工贸易进口料件。

② 边角料是指加工贸易企业从事加工复出口业务，在海关核定的单位耗料量内、加工过程中产生的、无法再用于加工该合同项下出口制成品的数量合理的废碎料及下脚料。

③ 残次品是指加工贸易企业从事加工复出口业务，在生产过程中产生的有严重缺陷或者达不到出口合同标准，无法复出口的制成品（包括完成品和未完成品）。

④ 副产品是指加工贸易企业从事加工复出口业务，在加工生产出口合同规定的制成品（即主产品）过程中同时产生的，且出口合同未规定应当复出口的一个或一个以上的其他产品。

⑤ 受灾保税货物是指加工贸易企业从事加工出口业务中，因不可抗力原因或其他经海关审核认可的正当理由造成损毁、灭失或短少等导致无法复出口的保税进口料件和加工制成品。

对于履行加工贸易合同中产生的上述剩余料件、边角料、残次品、副产品、受灾保税货物，企业必须在手册有效期内处理完毕。处理的方式有内销、结转、退运、放弃、销毁等。除销毁处理外，其他处理方式都必须填制报关单报关。有关报关单是企业报核的必要单证。

1. 内销报关

加工贸易保税货物因故需转内销的应经商务主管部门审批，加工贸易企业凭加工贸易保

税进口料件内销批准证办理内销料件正式进口报关手续，缴纳进口税和缓税利息。

经批准允许转内销的加工贸易保税货物属进口许可证件管理的，企业还应按规定向海关补交进口许可证件；申请内销的剩余料件，如果金额占该加工贸易合同项下实际进口料件总额3%及以下且总值在人民币1万元以下的（含1万元），免予审批，免交许可证件。

剩余料件和边角料内销，直接按申报数量计征进口税；制成品和残次品根据单耗关系折算出境件耗用数量计征进口税；副产品内销，按报验状态计征进口税。

剩余料件内销，按料件原进口时的价格申报；制成品、残次品内销，根据其对应料件原进口时的价格申报；副产品、边角料内销，根据海关审定的副产品、边角料价格申报。

经批准正常的转内销征税，适用海关接受申报办理纳税手续之日实施的税率。

剩余料件、制成品、残次品、副产品内销均应交付缓税利息，边角料内销免付缓税利息。

2. 结转报关

加工贸易企业可以向海关申请将剩余料件结转至另一个加工贸易合同生产出口，但必须在同一经营单位、同一加工厂、同样的进口料件和同一加工贸易方式的情况下结转。

加工贸易企业申请办理剩余料件结转时应当向海关提供以下单证：

① 企业申请剩余料件结转的书面材料；
② 企业拟结转的剩余料件清单；
③ 海关按规定需收取的其他单证和材料。

海关依法对企业结转申请予以审核，对不符合规定的应当作出不予结转决定，并告知企业按照规定将有关剩余料件作退运、征税内销、放弃或者销毁处理；对符合规定的应当作出准予结转剩余料件的决定，并对准予结转企业将剩余料件结转到另一加工厂的，收取相当于拟结转保税料件应缴税款金额的保证金或银行保函（对海关收取担保后备案的手册或者已实行银行保证金台账实转的手册，担保金额或者台账实转金额不低于拟结转保税料件应缴税款金额的，可以免予收取保证金或银行保函），签发加工贸易剩余料件结转联系单，交企业在转出手册的主管海关办理出口报关手续，在转入手册的主管海关办理进口报关手续。

加工贸易企业因合同变更、外商毁约等原因无法履行原出口合同、申请将原保税进口、尚未加工的剩余料件结转到另一个加工贸易合同项下加工复出口，可以比照上述剩余料件结转的办法办理报关手续。

3. 退运报关

加工贸易企业因故申请将剩余料件、边角料、残次品、副产品等退运出境的，应持登记手册等有关单证向口岸海关报关，办理出口手续，留存有关报关单证以备报核。

4. 放弃报关

企业放弃剩余料件、边角料、残次品、副产品等交由海关处理应当提交书面申请，经海关核定，有下列情形的将作出不予放弃的决定，并告知企业按规定将有关货物作退运、征税内销、在海关或者有关主管部门监督下予以销毁或者进行其他妥善处理。

① 申请放弃的货物属于国家禁止或限制进口的；
② 申请放弃的货物属于对环境造成污染的；
③ 法律、行政法规、规章规定不予放弃的其他情形。

对符合规定的，海关应当作出准予放弃的决定，开具加工贸易企业放弃加工贸易货物交接单。企业凭以在规定的时间内将拟放弃的货物运至指定的仓库，并办理货物的报关手续，留存有关报关单证以备报核。

主管海关凭接受放弃货物的部门签章的加工贸易企业放弃加工贸易货物交接单以及其他有关单证核销放弃货物。

5. 销毁

被海关作出不予结转决定或不予放弃决定的加工贸易货物或涉及知识产权等原因企业要求销毁的加工贸易货物，企业可以向海关提出销毁申请，海关经核实同意销毁的，由企业按规定销毁，必要时海关可以派员监销。货物销毁后，企业应当收取有关部门出具的销毁证明材料，以备报核。

6. 受灾保税货物的报关

对于受灾保税货物，加工贸易企业应在灾后7日内向主管海关书面报告，并提供如下证明材料，海关可视情况派员核查取证。

① 商务主管部门的签注意见；
② 有关主管部门出具的证明文件；
③ 保险公司出具的保险赔款通知书或检验检疫部门出具的有关检验检疫证明文件。

受灾保税货物灭失或虽未灭失但已完全失去使用价值且无法再利用的，可由海关审定，并予以免税。受灾保税货物需销毁处理的同其他加工贸易保税货物的销毁处理一样。

受灾保税货物虽失去原使用价值但可再利用的，应按海关审定的受灾保税货物价格，按对应的进口料件适用的税率，缴纳进口税和缓税利息。因不可抗力因素造成的受灾保税货物，其对应进口料件属于实行关税配额管理的，按照关税配额税率计征税款，非不可抗力因素造成的受灾保税货物，其对应进口料件属于实行关税配额管理的，如无关税配额证，应当按适用的税率计征税款。因不可抗力造成的受灾保税货物对应的原进口料件，如属进口许可证件管理的，免交许可证件，反之，应当交验进口许可证件。

四、电子化手册后期核销作业

（一）加工贸易货物核销的含义

加工贸易货物核销，是指加工贸易经营企业在制成品复出口（深加工结转转出）或者加工贸易货物办理内销等海关手续后，按规定向海关如实申报进口料件、出口成品、边角料、剩余料件、残次品、副产品及单耗等情况，提交相关单证，海关实施核查以后办理解除加工贸易货物监管手续的行为。

（二）海关对加工贸易货物核销的管理规范

海关关于加工贸易货物核销的管理要求，在《海关加工贸易货物监管办法》及相关公告中有明确规定。主要内容如下。

1. 原则要求

（1）加工贸易项下进口料件实行保税监管的，加工成品出口后，海关根据核定的实际加工复出口的数量予以核销。

（2）加工贸易货物的手册设立、进出口报关、核销，应当采用纸质单证、电子数据的形式。

（3）由于加工工艺需要使用非保税料件的，经营企业应当事先向海关如实申报使用非保税料件的比例、品种、规格、型号、数量。经营企业规定向海关申报非保税料件的,海关核销时应当在出口成品总耗用量中予以核扣。

2. 报核时限

经营企业应当在规定的期限内将进口料件加工复出口,并且自加工贸易手册项下最后一批成品出口或者加工贸易手册到期之日起 30 日内向海关报核。

经营企业对外签订的合同提前终止的,应当自合同终止之日起 30 日内向海关报核。

3. 报核申报内容

(1) 经营企业报核时应当向海关如实申报进口料件、出口成品、边角料、剩余料件、残次品副产品及单耗等情况,并且按照规定提交相关单证。

(2) 经营企业按照本条第一款规定向海关报核,单证齐全、有效的,海关应当受理报核。

4. 海关核销方法及时限

(1) 海关核销可以采取纸质单证核销、电子数据核销的方式,必要时可以下厂核查,企业应当予以配合。

(2) 经营企业因故将加工贸易进口料件退运出境的,海关凭有关退运单证核销。

(3) 经营企业在生产过程中产生的边角料、剩余料件、残次品、副产品和受灾保税货物,按照海关对加工贸易边角料、剩余料件、残次品、副产品和受灾保税货物的管理规定办理,海关凭有关单证核销。

(4) 经营企业遗失加工贸易手册的,应当及时向海关报告。海关按照有关规定处理后对遗失的加工贸易手册予以核销。

(5) 海关应当自受理报核之日起 30 日内予以核销。特殊情况需要延长的,经直属海关关长或者其授权的隶属海关关长批准可以延长 30 日。

(6) 对经核销结案的加工贸易手册,海关向经营企业签发核销结案通知书。

5. 其他要求

(1) 经营企业已经办理担保的,海关在核销结案后按照规定解除担保。

(2) 加工贸易货物的手册设立和核销单证自加工贸易手册核销结案之日起留存 3 年。

(3) 加工贸易企业出现分立、合并、破产、解散或者其他停止正常生产经营活动情形的,应当及时海关报告,并且办结海关手续。

(4) 加工贸易货物被人民法院或者有关行政执法部门封存的,加工贸易企业应当自加工贸易货物被封存之日起 5 个工作日内向海关报告。

(三)报核的步骤

企业报核的步骤如下:

(1) 合同履约后,及时将登记手册和进出口报关单进行收集、整理、核对。

(2) 根据有关账册记录、仓库的记录、生产工艺资料等查清此合同的实际单耗,并据以填写核销核算表(产品的实际单耗如与合同备案单耗不一致,应在最后一批成品出口前进行单耗的变更)。

(3) 填写核销预录入申请单,办理报核预录入手续。

(4) 携带有关报核单证,到主管海关报核,并填写报核签收回联单。其中报核单证包括:

① 企业合同核销申请表;

② 进出口报关单；
③ 核销核算表；
④ 其他海关需要的材料。

海关对企业的报核应当依法进行审核，因不符合规定而不予受理的应当书面告知理由，并要求企业重新报核；符合规定的，应当受理。

海关自受理企业报核之日起 20 个工作日内，应当核销完毕，情况特殊的，可以由直属海关关长批准或者由直属海关关长授权的隶属海关关长批准延长 10 个工作日。

经核销情况正常的，未开设台账的，海关应当签发核销结案通知书；已开设台账的，应当签发"银行保证金台账核销联系单"，企业凭以到银行销台账，"实转"的台账，企业应当在银行领回保证金和应得的利息或者撤销保函，并领取"银行保证金台账核销通知单"，凭以向海关领取核销结案通知书。核销作业流程如图 3-4 所示。

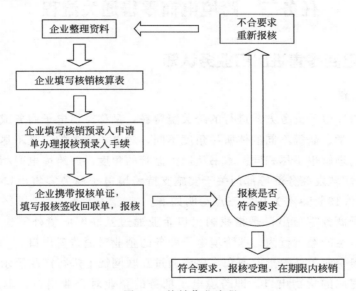

图 3-4　核销作业流程

 **小案例**

大连某国际物流有限公司（一般认证企业）受大连某进出口有限公司（一般认证企业）的委托，凭"C"字头备案号的登记电子化手册向大连机场海关申报进口已鞣未缝制牛皮 1000 张及辅料一批，以履行牛皮大衣的出口合同。货物进口后，交由大连某服饰有限公司（一般信用企业）加工合同执行期间，因加工企业生产规模有限，经与境外订货商协商后更改出口合同，延期 3 个月交货，且交货数量减少，故牛皮耗用数量减为 600 张。又经批准，剩余的 400 张牛皮中 300 张结转至另一加工贸易合同项下；100 张售予沈阳某服装有限公司（原是 C 类管理企业，海关正在核定信用等级）用以生产内销产品。在合同执行完毕后，持相关资料到所在地海关办理核销手续。

> 从上述案例中，请进行以下分析。
> （1）辨别本案例中的加工贸易方式并说明原因。
> （2）根据加工贸易银行保证金台账制度的规定，明确1000张进口牛皮监管模式。
> （3）备案阶段，所需提交单证的要求及明细。
> （4）本案例中的300张牛皮结转至另一加工贸易合同项下，须符合什么规定？
> （5）本案例中的100张牛皮转为内销，须符合什么规定？
> （6）在加工过程中产生的边角料，企业可以处理的方式种类。
> （7）核销单证和期限的要求。

任务三 跨境电商零售通关流程

一、跨境电商零售进出口业务认知

（一）跨境电商

跨境电商是指以电子商务方式进行的跨关境贸易，又称跨境电子商务或跨境贸易电子商务。由于官、产、学、研等不同群体所站角度不同，对电子商务的定义不尽相同，以致对跨境电商业务范畴的理解也不尽相同。本书从通关监管的角度讲解跨境电商相关知识。

《国务院办公厅转发商务部等部门关于实施支持跨境电子商务零售出口有关政策意见的通知》（国办发〔2013〕89号）中第三点写明如下。

（1）跨境电子商务零售出口是指我国出口企业通过互联网向境外零售商品，主要以邮寄、快递等形式送达的经营行为，即跨境电子商务的企业对消费者出口。

（2）我国出口企业与外国批发商和零售商通过互联网线上进行产品展示和交易，线下按一般贸易等方式完成的货物出口，即跨境电子商务的企业对企业出口，本质上仍属传统贸易，仍按照现行有关贸易政策执行。可以归纳如下。

① 从政府监管角度，主要把跨境电商分为"批发"和"零售"两类。

② 批发类跨境电商仍属"传统贸易"，按现有相关贸易政策进行监管。

综上，我国政府近年来主要围绕跨境电商零售进出口业务进行贸易政策及监管制度的制定及创新。海关总署近年来围绕跨境电商业务增列的3种监管方式，即"电子商务"（代码"9610"）、"保税电商"（代码"1210"）、"保税电商A"（代码"1239"）适用的监管对象均为跨境电商零售商品便是最好的证明。而海关总署批复各个"跨境贸易电子商务服务试点"城市进行试点的四类业务，即"网购保税进口""直购进口""特殊区域出口""一般出口"，也是特指跨境电商零售进（出）口业务。因此，本任务只讲解跨境电商零售进出口业务相关的贸易政策及通关知识。

（二）跨境电商服务试点

一方面，随着信息技术的飞速发展，互联网用户数量增长迅猛，据瑞典互联网市场研究机构Pingdom统计，2012年全球互联网用户数超过24亿，已占世界总人口的1/3，而中国电子商务研究中心监测数据显示，2012年全球跨境电商市场规模超过1万亿美元，同比增长约21%，且呈持续爆发性增长态势，跨境电商在国际贸易中逐渐发挥出重要作用。因此，在我国跃升为货物贸易第一大国的背景下，发展跨境电子商务对于扩大国际市场份额、拓展外贸营销网络、转变外贸发展方式具有重要而深远的意义。

另一方面，伴随着中国城镇化进程不断推进，中国居民的消费能力和消费意愿大幅提升，但是消费能力却通过"海外扫货"的方式贡献给了其他国家。联合国世界旅游组织公布的数据显示，2012年中国境外旅游消费额高达1020亿美元，同比增长40%，成为全球最大境外旅游消费国。因此，通过有效的手段将国外质优价廉的商品引入国内来销售，对于满足国民消费需求、引导消费回流、扩大内需有着重要的意义。

为顺应上述发展潮流，国家对电子商务发展进行了顶层设计，并以2012年5月8日国家发展改革委办公厅下发的《关于组织开展国家电子商务示范城市电子商务试点专项的通知》（发改办高技［2012］1137号）为标志，正式启动电子商务的发展试点工作，通知将"跨境贸易电子商务服务试点"列为试点任务之一，明确"由海关总署组织有关示范城市开展跨境贸易电子商务服务试点工作"。

2012年8月11日，国家发展改革委办公厅又下发了《关于开展国家电子商务试点工作的通知》（发改办高技［2012］2218号），其中，将杭州、郑州、宁波、上海、重庆5个城市列为首批"跨境贸易电子商务服务试点城市"。同年年底，海关总署在郑州召开试点工作启动部署会，全面启动跨境贸易电子商务服务试点工作。上述5个城市均获批跨境电商零售进出口业务的试点资格，随后几年又有广州、深圳、福州、平潭、天津5个城市获批跨境电商零售进出口业务试点资格。除此之外，2013～2014年，苏州、青岛、长沙、银川、牡丹江、哈尔滨、烟台、西安、长春、金华、舟山等城市获批跨境电商零售出口业务试点资格。不同城市获批的业务类型不尽相同。

2015年3月7日，以《国务院关于同意设立中国（杭州）跨境电子商务综合试验区的批复》（国函［2015］44号）的发布为标志，我国跨境电商服务试点上升到"着力在跨境电子商务交易、支付、物流、通关、退税、结汇等环节的技术标准、业务流程、监管模式和信息化建设等方面先行先试，通过制度创新、管理创新、服务创新和协同发展，破解跨境电子商务发展中的深层次矛盾和体制性难题，打造跨境电子商务完整的产业链和生态链，逐步形成一套适应和引领全球跨境电子商务发展的管理制度和规则，为推动全国跨境电子商务健康发展提供可复制、可推广的经验"的新高度。2016年1月12日，国务院再次发布《国务院关于同意在天津等12个城市设立跨境电子商务综合试验区的批复》（国函［2016］17号），同意天津市、上海市、重庆市、合肥市、郑州市、广州市、成都市、大连市、宁波市、青岛市、深圳市、苏州市12个城市设立跨境电子商务综合试验区，推广复制杭州跨境电子商务综合试验区的成功经验，以更加便捷高效的新模式释放市场活力，吸引大中小企业集聚，促进新业态成长，推动大众创业万众创新，增加就业，支撑外贸优进优出、升级发展。

随着国内消费升级，跨境电商行业快速发展。2018年9月19日，国内知名电商智库——电子商务研究中心（100EC.CN）发布的《2018年（上）中国跨境电商市场数据监测报告》显示，2018年上半年中国跨境电商交易规模达4.5万亿元（人民币），同比增长25%。

电子商务研究中心B2B与跨境电商部主任、高级分析师张周平认为，交易规模高速增长的背后与政策红利分不开。2018年上半年，国务院再设22个跨境电子商务综合试验区，政策持续加持促进行业发展，跨境电商成为外贸新增长点。

报告显示，在跨境电商进出口结构上，2018年上半年中国跨境电商出口占比达77.1%，进口占22.9%，出口电商的升温将倒逼"中国制造"转型升级。

张周平分析，由于中国制造业在成本及规模上的优势，加上资本市场的推动，出口电商能够帮助中国制造业更便捷地拓展国际化市场，促进"中国制造"借助互联网的方式实现转型升级。

在跨境电商交易模式结构上，2018年上半年跨境电商B2B交易占比达84.6%，跨境电商B2C交易占比15.4%。从国家政策及各地方跨境电商政策来看，B2B模式是未来跨境电商发展的重要商业模式。

此外，进口电商呈现向线下实体业务拓展趋势。如2018年4月20日，天猫国际全国首家跨境线下店在杭州西湖银泰开业；4月28日，网易考拉首家线下实体店在杭州大厦中央商城内开业。张周平说，此举表明众多进口跨境电商企业纷纷看好在线下的发展潜力，以期在新零售时代中占得发展先机。

二、跨境电商零售进出口相关概念认知

（一）参与跨境电商零售进出口业务的企业认知

海关总署《关于跨境电子商务零售进出口商品有关监管事宜的公告》（海关总署公告2016年第26号）中指出："'参与跨境电子商务业务的企业'是指参与跨境电子商务业务的电子商务企业、电子商务交易平台企业、支付企业、物流企业等。"可以对下列四类企业定义如下。

（1）跨境电商企业是指经海关登记认可，通过自建或者利用第三方跨境电商交易平台开展跨境电商零售进出口业务的境内企业。

（2）跨境电商交易平台企业是指经海关登记认可且与海关联网，运营提供跨境电商零售进出口商品交易、支付、物流等服务平台的企业。

（3）跨境电商支付企业是指为跨境电商零售进出口商品交易提供支付服务的企业。

（4）跨境电商物流企业是指为跨境电商零售进出口商品运输提供物流服务的企业。

海关对上述四类企业作登记及备案管理，上述四类企业开展跨境电商零售进出口相关业务时，应当事先向所在地海关提交以下材料。

（1）企业法人营业执照副本复印件。

（2）组织机构代码证书副本复印件（以统一社会信用代码注册的企业不需要提供）。

（3）企业情况登记表，具体包括企业组织机构代码或统一社会信用代码、中文名称、工商注册地址、营业执照注册号、法定代表人（负责人）身份证件类型、身份证件号码、海关联系人、移动电话、固定电话、跨境电子商务网站网址等。

企业按照前款规定提交复印件的，应当同时向海关交验原件。

如需向海关办理报关业务，应当按照海关对报关单位注册登记管理的相关规定办理注册登记。

（二）跨境电商零售进出口业务相关平台

除特殊情况外，海关要求跨境电商零售进出口商品统一采取通关无纸化作业方式进行申报。

申报前，跨境电商企业或其代理人、物流企业应当如实向海关传输交易、支付、物流等电子信息（"三单"信息）。因此，需要下列三类平台完成跨境电商零售进出口商品相关信息的传输及申报。

（1）跨境电商交易平台是指经海关登记认可且与海关联网，提供跨境电商零售进出口商品交易、支付、物流等服务的平台。

（2）跨境电商通关监管平台是指由中国海关搭建，实现对跨境电商零售进出口商品交易、仓储、物流和通关环节进行电子监管执法的平台。

（3）跨境电商通关服务平台是指由电子口岸搭建，连接跨境电商交易平台与跨境电商通关监管平台，实现企业、海关以及相关管理部门之间跨境电商零售进出口业务数据交换与信息共享的平台。

（三）跨境电商零售进出口业务类型

跨境电商零售进出口业务类型指海关总署批复各跨境贸易电子商务试点城市进行试点的网购保税进口、直购进口、特殊区域出口、一般出口4种进出口业务类型。监管部门并未对这4种业务类型作出官方定义，本任务从跨境电商零售进出口商品的通关及物流角度对这4种业务类型描述如下。

1. 网购保税进口

网购保税进口是指跨境电商企业先以"入区保税"模式整批进口跨境电商零售商品，存入海关特殊监管区域或保税物流中心（B型）内，再根据境内消费者的网购订单，办理订单商品的出区申报手续，并配送给消费者的跨境电商零售进口业务。

网购保税进口模式充分利用了海关特殊区域或保税监管场所"入区保税"的政策优势，跨境电商企业通过这一模式进行跨境电商零售进口商品的国内备货，缩短订单商品的配送时间，提升消费者购物体验。

2. 直购进口

直购进口是指跨境电商企业根据境内消费者的网购订单，直接从境外启运订单商品，从跨境电商零售进口监管场所申报进口，并配送给消费者的跨境电商零售进口业务。

3. 特殊区域出口

特殊区域出口是指跨境电商企业以"入区退税"的模式将整批跨境电商零售商品存入海关特殊监管区域或保税物流中心（B型）内，再根据境外消费者的网购订单，办理订单商品的出口申报手续，并配送给消费者的跨境电商零售出口业务。

特殊区域出口模式充分利用了海关特殊区域或保税监管场所"入区退税"的政策优势，跨境电商企业通过这一模式可提前获得出口退税，提高资金使用效率。

4. 一般出口

一般出口是指跨境电商企业根据境外消费者的网购订单，直接从境内启运订单商品，从跨境电商零售出口监管场所申报出口，并配送给消费者的跨境电商零售出口业务。

（四）跨境电商零售进出口海关监管方式

为促进跨境电商零售进出口业务发展，方便企业通关、规范海关管理、实现贸易统计，海关总署自2014年至2016年累计增列了3个与跨境商务零售进出口业务有关的监管方式。

1. 电子商务（代码"9610"）

海关总署于2014年1月24日发布2014年第12号公告，增列海关监管方式代码

"9610",全称"跨境贸易电子商务",简称"电子商务"。该监管方式适用于境内个人或跨境电商企业通过跨境电商交易平台实现交易,并采用"清单核放、汇总申报"模式办理通关手续的跨境电商零售进出口商品(通过海关特殊监管区域或保税监管场所"一线"的跨境电商零售进出口商品除外)。

目前,"9610"监管方式适用于上述"直购进口"和"一般出口"业务。

2. 保税电商(代码"1210")

海关总署于 2014 年 7 月 30 日发布 2014 年第 57 号公告,增列海关监管方式代码"1210",全称"保税跨境贸易电子商务",简称"保税电商"。该监管方式适用于境内个人或跨境电商企业在经海关认可的跨境电商交易平台实现跨境交易,并通过海关特殊监管区域或保税监管场所进出的跨境电商零售进出境商品,海关特殊监管区域、保税监管场所与境内区外(场所外)之间通过跨境电商交易平台交易的零售进出口商品不适用该监管方式。

目前,"1210"监管方式适用于"特殊区域出口"和天津、上海、杭州、宁波、福州、平潭、郑州、广州、深圳、重庆 10 个进口试点城市的"网购保税进口"业务。

3. 保税电商 A(代码"1239")

海关总署于 2016 年 12 月 5 日发布 2016 年第 75 号公告,增列海关监管方式代码"1239",全称"保税跨境贸易电子商务 A",简称"保税电商 A"。该监管方式适用于跨境电商企业通过海关特殊监管区域或保税物流中心(B 型)"一线"进境的跨境电商零售进口商品。

目前,"1239"监管方式适用于除天津、上海、杭州、宁波、福州、平潭、郑州、广州、深圳、重庆 10 个进口试点城市以外的其他城市的"网购保税进口"业务。

三、跨境电商零售进出口税收政策

(一)跨境电商零售进口税收政策

财政部、海关总署、国家税务总局于 2016 年 3 月 24 日联合发布了《关于跨境电子商务零售进口税收政策的通知》(财关税〔2016〕18 号)。因该政策于 4 月 8 日起执行,故被称为"4·8 新政"。"4·8 新政"对跨境电商零售进口税收政策作出如下几方面明确规定。

1. 明确跨境电商零售进口商品的货物属性

"4·8 新政"之前,监管部门主要依据跨境电商零售进口商品的单个订单货值来认定其货物或物品属性,即"试点网购商品以'个人自用、合理数量'为原则,参照《海关总署公告 2010 年第 43 号(关于调整进出境个人邮递物品管理措施有关事宜)》要求,每次限值为 1000 元人民币,超出规定限值的,应按照货物规定办理通关手续。但单次购买仅有一件商品且不可分割的,虽超出规定限值,经海关审核确属个人自用的,可以参照个人物品规定办理通关手续。"

"4·8 新政"则在通知第一条明确将跨境电商零售进口商品定性为货物,即"跨境电子商务零售进口商品按照货物征收关税和进口环节增值税、消费税,购买跨境电子商务零售进口商品的个人作为纳税义务人,实际交易价格(包括货物零售价格、运费和保险费)作为完税价格。"

上述"货物"定性对跨境电商零售进口业务产生重大影响,因其直接导致海关、检验检疫等部门按照货物进口监管制度对跨境电商零售进口商品实施监管,进而引发后续的一连串过渡期政策。

2. 明确跨境电商零售进口商品的正面清单

"4·8新政"之前,监管部门对于跨境电商零售进口商品没有设定明确的清单,只是原则性地要求"试点商品应为个人生活消费品,国家禁止和限制进口物品除外"。

"4·8新政"则明确要求只能进口列入《跨境电子商务零售进口商品清单》范围内的商品。随后,财政部联合国家发展改革委等12个部门分别于2016年4月6日发布第一批《跨境电子商务零售进口商品清单》(2016年第40号公告),2016年4月15日发布第二批《跨境电子商务零售进口商品清单》(2016年第47号公告)。上述两批清单均按"货物"属性列明相关商品的通关监管要求。

3. 明确跨境电商零售进口商品的征税范围

"4·8新政"进一步明确税收政策适用范围为能够提供"三单"电子信息的下列两类跨境电商零售进口商品:

(1) 所有通过与海关联网的电子商务交易平台交易,能够实现交易、支付、物流电子信息"三单"比对的跨境电子商务零售进口商品。

(2) 未通过与海关联网的电子商务交易平台交易,但快递、邮政企业能够统一提供交易、支付、物流等电子信息,并承诺承担相应法律责任进境的跨境电子商务零售进口商品。

4. 明确跨境电商零售进口商品的征税标准

"4·8新政"之前,跨境电商零售进口商品按照物品属性进行征税时,则参照行邮税税率计征税款;按照货物属性进行征税时,则按照"一般贸易"监管方式计征税款。应征进口税税额在人民币50元(含50元)以下的,予以免征。

"4·8新政"则明确规定跨境电商零售进口商品专有征税标准:跨境电子商务零售进口商品的单次交易限值为人民币2000元,个人年度交易限值为人民币20000元。在限值以内进口的跨境电子商务零售进口商品,关税税率暂设为0%;进口环节增值税、消费税取消免征税额,暂按法定应纳税额的70%征收。超过单次限值、累加后超过个人年度限值的单次交易,以及完税价格超过2000元限值的单个不可分割商品,均按照一般贸易方式全额征税。

(二)跨境电商零售出口税收政策

财政部、国家税务总局于2013年12月30日联合发布了《关于跨境电子商务零售出口税收政策的通知》(财税〔2013〕96号),对两类出口企业的跨境电商零售出口商品增值税和消费税免税或退税政策作出如下规定。

(1) 跨境电商零售出口企业出口货物〔财政部、国家税务总局明确不予出口退(免)税或免税的货物除外,下同〕,同时符合下列条件的,适用增值税、消费税退(免)税政策。

① 跨境电商零售出口企业属于增值税一般纳税人并已向主管税务机关办理出口退(免)税资格认定。

② 出口货物取得海关出口货物报关单(出口退税专用),且与海关出口货物报关单电子信息一致。

③ 出口货物在退(免)税申报期截止之日内收汇。

④ 跨境电商零售出口企业属于外贸企业的,购进出口货物取得相应的增值税专用发票、消费税专用缴款书(分割单)或海关进口增值税、消费税专用缴款书,且上述凭证有关内容与出口货物报关单(出口退税专用)有关内容相匹配。

(2) 跨境电商零售出口企业出口货物,不符合上述第一点规定条件,但同时符合下列条件的,适用增值税、消费税免税政策。

① 跨境电商零售出口企业已办理税务登记。
② 出口货物取得海关签发的出口货物报关单。
③ 购进出口货物取得合法有效的进货凭证。

上述通知很好地落实了"对符合条件的电子商务出口货物实行增值税和消费税免税或退税政策",对于促进跨境电商零售出口业务有着重要促进作用。

(三) 跨境电商零售进口通关监管过渡期

1. 过渡期政策沿革

由于"4·8新政"将跨境电商零售进口商品定性为"货物"属性,随之发布的两批《跨境电子商务零售进口商品清单》也均按"货物"属性列明相关商品的通关监管要求,并在文件中明确要求:"上述商品免予向海关提交许可证件,检验检疫监督管理按照国家相关法律法规的规定执行;直购商品免予验核通关单,网购保税进口商品'一线'进区时需按货物验核通关单、'二线'出区时免予验核通关单。"如果根据上述监管要求,跨境电商零售进口量最大的奶粉、纸尿裤、食品、化妆品、保健品等均属法检商品,网购保税进口"一线"进区时均须提交进口货物通关单;而首次进口的化妆品、保健品等商品还须在食品药品监管总局注册备案。然而,一方面跨境电商零售进口的主要进货途径是"扫货"模式,即从海外消费市场上大量采购,并非从厂家采购,因而很难获得原产地证明等办理进口货物通关单的必要单证;另一方面食品药品监管总局的备案周期太长,新品申请时间往往长达1~2年。因此,如果按照《跨境电子商务零售进口商品清单》的监管要求执行,将导致大多数的网购保税进口商品无法进口。为使跨境电商企业逐步适应监管要求,保证跨境电商零售进口平稳发展,财政部于2016年5月16日发布了《财政部关税司负责人谈跨境电子商务零售进口有关过渡期监管措施》,明确自2016年5月11日起,对《跨境电子商务零售进口商品清单》中规定的有关监管要求给予一年的过渡期;但跨境电商零售进口商品继续按照《关于跨境电子商务零售进口税收政策的通知》(财关税〔2016〕18号)规定征税。

2016年11月15日商务部发布了《商务部新闻发言人关于延长跨境电商零售进口监管过渡期的谈话》,明确将上述过渡期进一步延长至2017年年底。

2017年3月17日,商务部又发布了《商务部新闻发言人就跨境电商零售进口过渡期后监管总体安排发表谈话》,明确对跨境电商零售进口商品暂按照个人物品监管,并在此基础上根据需要进一步完善监管模式,新的监管模式将在目前已经批准的跨境电商零售进口试点城市和跨境电子商务综合试验区实施,包括杭州、天津、上海、重庆、合肥、郑州、广州、成都、大连、宁波、青岛、深圳、苏州、福州、平潭共15个城市。

需要指出的是,上述谈话中虽然明确"对跨境电商零售进口商品暂按照个人物品监管",与《关于跨境电子商务零售进口税收政策的通知》(财关税〔2016〕18号)中对跨境电商零售进口商品的"货物"定性有出入,但在过渡期内仍按该通知规定征税。

2. 过渡期通关监管规定

(1) 关于网购保税进口模式的监管要求。过渡期内,在试点城市(上海、杭州、宁波、郑州、广州、深圳、重庆、天津、福州、平潭)继续按税收新政实施前的监管要求进行监管,即网购保税商品"一线"进入海关特殊监管区域或保税物流中心(B型)时暂不验核通关单,暂不执行《跨境电子商务零售进口商品清单》备注中关于化妆品、婴幼儿配方奶粉、医疗器械、特殊食品(包括保健食品、特殊医学用途配方食品等)的首次进口许可证、注册或备案要求。

需要指出的是，除了上述 10 个试点城市之外的其他城市，如青岛、银川、太原、成都、西安等，开展网购保税进口业务，则直接按跨境电子商务零售进口商品清单中所列监管要求实施监管。

（2）关于直购模式新的监管要求。过渡期内，暂不执行跨境电子商务零售进口商品清单备注中关于化妆品、婴幼儿配方奶粉、医疗器械、特殊食品（包括保健食品、特殊医学用途配方食品等）的首次进口许可证注册或备案要求。

四、跨境电商零售通关业务流程

1. 网购保税进口

网购保税进口业务充分利用了海关特殊区域或保税监管场所"入区保税"的政策优势，以及借鉴了保税加工电子账册管理的先进模式，其通关业务流程大体如下。

（1）"一线"入区报关。跨境电商企业或其代理人以"1210"（试点城市）或"1239"（非试点城市）监管方式，参照进口货物报关流程申报入区，并暂缓纳税。其中，"1210"监管方式免予验核进口通关单或相关许可证件；"1239"则不予免验。

（2）核增电子账册底账。海关参照保税加工电子账册管理模式对跨境电商企业及其商品进行管理。跨境电商零售进口商品入区后，相应核增电子账册底账。

（3）"三单"信息推送。境内消费者在跨境电商交易平台下单付款后，跨境电商交易平台及相关企业通过跨境电商通关服务平台如实向海关传输相应的交易、支付、物流"三单"信息。

（4）"二线"清单核放

① 企业"清单"申报。"三单"信息比对通过后，跨境电商企业或其代理人向海关提交"中华人民共和国海关跨境电子商务零售进口商品申报清单"（简称"进口申报清单"）申报出区。

进（出）口申报清单与进（出）口货物报关单具有同等法律效力，其修改或者撤销，也参照报关单的修改或者撤销有关规定办理。

② 海关依规"核放"。跨境电商零售进口商品的查验、放行均应当在监管场所内实施。海关实施查验时，跨境电商企业或其代理人、监管场所经营人、仓储企业应当按照有关规定提供便利，配合海关查验。

根据《关于跨境电子商务零售进口税收政策的通知》（财关税〔2016〕18 号）的有关规定，跨境电商零售进口商品目前仍按照货物征收关税和进口环节增值税、消费税，完税价格为实际交易价格，包括商品零售价格、运费和保险费。跨境电商企业或其代理人作为税款的代收代缴义务人应当依法向海关提交足额有效的税款担保。

海关查验通过后，跨境电商零售进口商品即可担保放行，并配送给消费者。

（5）汇总纳税。跨境电商零售进口商品放行后，跨境电商企业的电子账册底账相应核减。

海关放行后 30 日内未发生退货或修撤单的，代收代缴义务人在放行后第 31 日至第 45 日内向海关办理汇总纳税手续。

跨境电商企业或其代理人申请退货的，退回的商品应当在海关放行之日起 30 日内原状运抵原监管场所，相应税款不予征收。

2. 直购进口

直购进口业务采取"清单核放"方式办理报关手续，其通关流程与网购保税进口的差异，主要是少了"一线"入区报关及电子账册管理，其余流程及监管要求大同小异，不再赘述。

3. 一般出口

一般出口业务采取"清单核放、汇总申报"方式办理报关手续，其通关业务流程大体如下。

（1）"三单"信息推送。境外消费者在跨境电商交易平台下单付款后，跨境电商交易平台及相关企业通过跨境电商通服务平台如实向海关传输相应的交易、支付、物流"三单"信息。

（2）清单核放。操作流程同进口业务。

（3）汇总申报。跨境电商零售商品出口后，跨境电商企业或其代理人应当于每月 10 日前（当月 10 日是法定节假日或者法定休息日，顺延至其后的第一个工作日，第 12 月的清单汇总应当于当月最后一个工作日前完成）。将上月（12 月为当月）结关的"出口申报清单"依据清单表头同一收发货人、同一运输方式、同一运抵国、同一出境口岸，以及清单表体同一 10 位海关商品编码、同一申报计量单位、同一币制规则进行归并，汇总形成"中华人民共和国海关出口货物报关单"向海关申报，并凭以办理相关的出口退税、结汇等手续。

4. 特殊区域出口

特殊区域出口业务充分利用了海关特殊区域或保税监管场所"入区退税"的政策优势，其通关流程与一般出口的差异，主要是出口退税手续办理时间提前，其余流程及监管要求大同小异，不再赘述。

任务四　展览品暂准进出境通关流程

一、展览品暂准进出境认知

（一）暂准进出境货物的认知

1. 暂准进出境货物的概念

暂准进出境货物是指经海关批准，货物在规定范围内暂予免纳进出口税款进境或出境，在规定期限内除因正常使用而产生的折旧或者损耗外原状复运出境、进境，并办结海关手续的监管规程或准则。

适用暂时进出境监管制度办理进出境手续的货物称为"暂时进出境货物"，包括须暂时进境货物和暂时出境货物两类。

暂时进出境监管制度由一系列具体的法律规范组成，例如，担保、申报、查验、销案结关等管理规定都是暂时进出境监管制度的具体内容。为了突出暂时进出境监管制度的特征及与其他监管制度的区别，这里只归纳其中区别性的主要规范内容。

2016 年 11 月 7 日，第十二届全国人民代表大会常务委员会第二十四次会议审议通过了《全国人民代表大会常务委员会关于修改〈中华人民共和国对外贸易法〉等十二部法律的决定》，对《中华人民共和国海关法》有关条款进行了修改，以法律的形式正式取消了"暂时进出境货物的核准"行政审批事项。根据《海关总署政法司关于停止实施"暂时进出境的核准"审批及相关事宜的函》（政法函〔2016〕179号）等文件要求，完成《中华人民共和国海关暂时进出境货物管理办法》（署令第157号、第212号）及配套操作规程的修改工作。

2. 暂准进出境货物的适用范围

根据《中华人民共和国海关暂时进出境货物管理办法》第三条的规定，适用暂时进出境监管制度办理通关手续的货物包括以下几种。

（1）在展览会、交易会、会议及类似活动中展示或者使用的货物；

（2）文化、体育交流活动中使用的表演、比赛用品；

（3）进行新闻报道或者摄制电影、电视节目使用的仪器、设备及用品；

（4）开展科研、教学、医疗活动使用的仪器、设备及用品；

（5）上述四项所列活动中使用的交通工具及特种车辆；

（6）暂时进出的货样；

（7）供安装、调试、检测设备时使用的仪器、工具；

（8）盛装货物的容器；

（9）其他暂时进出境用于非商业目的的货物。

（二）特征

1. 货物进（出）境时向海关提供担保

适用暂时进出境监管制度的货物须向海关提供担保，海关凭担保和相关单证材料放行。

根据我国加入的相关国际公约，ATA单证册项下暂时进出境货物由担保机构予以担保。其中，中国国际商会签发的ATA单证册项下的暂时出境货物，统一由其向海关总署交总担保。根据我国相关法律、法规及规章，非ATA单证册项下暂时进出境货物应当向海关提交相当于进出口税款的保证金或其他海关依法认可的担保。在海关指定场所或者海关派专人监管的场所举办展览会的，经主管地直属海关批准，可以就参展的展览品免予向海关提交担保。

2. 货物进（出）境暂时免予缴纳进出口税款，除另有规定外，免予提交进出口许可证件

适用暂时进出境监管制度的货物，在进出境时凡符合《进出口关税条例》规定的可全部暂予免纳进出口税款，其余的可部分暂予免纳进出口税款，除另有规定外，免予提交进出口许可证件，海关凭担保和相关材料放行。

3. 货物进（出）境后用于特定目的，并在规定的期限内复运出（进）境

暂时进出境货物经海关放行后，须用于海关特定目的，接受海关监管，并在规定的期限内复运出境或复运进境。根据海关规定，暂时进出境货物应当在进出境之日起六个月内复运出境或者复运进境。因特殊情况需要延长期限的，ATA单证册持证人、非ATA单证册项下暂时进出境货物收发货人应当向主管地海关提出延期申请，经直属海关批准可以延期，延期最多不超过三次，每次延长期限不超过六个月，延长期届满应当复运出境、进境或者办理进出口手续。国家重点工程、国家科研项目使用的暂时进出境货物及参加展期在二十四个月以上展览会的展览品，在十八个月延长期届满后仍需要延期的，由主管地直属海关报海关总署审批。

4. 货物复运出（进）境或按最终的实际流向办理海关手续后销案结关

暂时进出境货物原则上须在规定的期限内原状复运出境或复运进境。确需实际进出口的，暂时进出境货物收发货人应当在货物复运出境、进境期限届满三十天前向主管地海关申请，经主管地直属海关批准后，按照规定办理进出口手续。货物复运出（进）境或按最终的实际流向办理海关手续后，凭相关材料向海关办理暂时进（出）境销案手续，货物结关。

二、使用 ATA 单证册报关的展览品进出境通关流程

（一）ATA 单证册制度

1. ATA 单证册的含义

暂准进口单证册简称 ATA 单证册，是指世界海关组织通过的《货物暂准进口公约》及其附约 A 和《ATA 公约》中规定使用的，用于替代各缔约方海关暂准进出口货物报关单和税费担保的国际性通关文件。

2. ATA 单证册的格式

一份 ATA 单证册由若干页 ATA 单证组成，单证的具体数目依其经过的国家数目而定。一般由以下 8 页组成：一页绿色封面单证、一页黄色出口单证、一页白色进口单证、一页白色复出口单证、两页蓝色过境单证、一页黄色复进口单证、一页绿色封底。

3. ATA 单证册的使用

ATA 单证册的担保协会和出证协会一般是由国际商会国际局和各国海关批准的各国国际商会。中国国际商会是我国 ATA 单证册的担保协会和出证协会。

（1）ATA 单证册的正常使用过程。持证人向出证协会提出申请，缴纳一定的手续费，并按出证协会的规定提供担保。出证协会审核后签发 ATA 单证册；持证人凭 ATA 单证册将货物在出境国暂时出境，又暂时进境到进境国（地区），进境国（地区）海关经查验签章放行；货物完成暂时进境的特定使用目的后，从进境国（地区）复运出境，又复运进境到原出境国（地区）；持证人将使用过的、经各海关签注的 ATA 单证册交还给原出证协会。ATA 单证册的整个使用过程到此结束。

（2）ATA 单证册未正常使用。未正常使用一般可能有两种情况：一是货物未在规定的期限内复运出境，产生了暂时进境国（地区）海关对货物征税的问题；二是 ATA 单证册持有人未遵守暂时进境国（地区）海关的有关规定，产生了暂时进境国（地区）海关对持证人罚款的问题。在这两种情况下，暂时进境国（地区）海关可以向本国担保协会提出索赔；暂时进境国（地区）担保协会代持证人垫付税款、罚款等款项后，可以向暂时出境国（地区）担保协会进行追偿；暂时出境国（地区）担保协会垫付款项后，可以向持证人追偿，持证人偿付款项后，ATA 单证册的整个使用过程到此结束。如果一个国家（地区）的出证协会和担保协会是两个不同的单位，则暂时进境国（地区）担保协会先向暂时出境国（地区）担保协会追偿，担保协会再向该国出证协会追偿。如果持证人拒绝偿付款项，则担保协会或出证协会可要求持证人的担保银行或保险公司偿付款项。如果后者也拒付，则采取法律行动。

（二）ATA 单证册在我国的适用范围和期限

1. ATA 单证册在我国的适用范围

在我国，目前使用 ATA 单证册的范围仅限于展览会、交易会、会议及类似活动项下的货物。除此以外的货物，我国海关不接受持 ATA 单证册办理进出口申报手续。

2. 适用我国暂准进出境货物的 ATA 单证册的有效期

根据国际公约的规定，ATA 单证册的有效期最长是 1 年。但我国海关只接受展览品及相关货物使用 ATA 单证册申报进出口，因此，ATA 单证册项下货物暂时进出境期限为自货物进出境之日起 6 个月。超过 6 个月的，需经直属海关批准。如有特殊情况超过 1 年的，

需经海关总署批准。

（三）使用 ATA 单证册的暂准进出境货物的报关流程

1. 申报

（1）进境申报。进境货物收货人或其代理人持 ATA 单证册向海关申报进境展览品时，先在海关核准的出证协会即中国国际商会以及其他商会，将 ATA 单证册上的内容预录入进海关与商会联网的 ATA 单证册电子核销系统，然后向展览会主管海关提交纸质 ATA 单证册、提货单等单证。

海关在白色进口单证上签注，并留存白色进口单证正联，存根联随 ATA 单证册其他各联退进境货物收货人或其代理人。

（2）出境申报。出境货物发货人或其代理人持 ATA 单证册向海关申报出境展览品时，向出境地海关提交国家主管部门的批准文件、纸质 ATA 单证册、装货单等单证。

海关在绿色封面单证和黄色出口单证上签注，并留存黄色出口单证正联，存根联随 ATA 单证册其他各联退展览品所有人或其代理人。

（3）过境申报。过境货物承运人或其代理人持 ATA 单证册向海关申报将货物通过我国转运至第三国参加展览会的，不必填制过境货物报关单。海关在两份蓝色过境单证上分别签注后，留存蓝色过境单证正联，存根联随 ATA 单证册其他各联退运输工具承运人或其代理人。

（4）担保和许可证件。持 ATA 单证册向海关申报进出境展览品，不需向海关提交进出口许可证件，也不需另外再提供担保。但如果进出境展览品及相关货物受公共道德、公共安全、公共卫生、动植物检疫、濒危野生动植物保护、知识产权保护等限制的，展览品收发货人或其代理人应当向海关提交进出口许可证件。

（5）ATA 单证册印刷文字与申报文字。ATA 单证册必须使用英语或法语，如果需要，也可以同时使用第三种语言印刷。我国海关接受中文或英文填写的 ATA 单证册的申报。用英文填写的 ATA 单证册，海关可要求提供中文译本。用其他文字填写的 ATA 单证册，则必须随附忠实原文的中文或英文译本。

2. 核销结关

持证人在规定期限内将进境展览品和出境展览品复运出境或复运进境，海关在白色复出口单证和黄色复进口单证上分别签注，留存单证正联，存根联随 ATA 单证册其他各联退持证人，正式核销结关。

持证人不能在规定期限内将展览品复运进出境的，我国海关向担保协会即中国国际商会提出追索。

三、不使用 ATA 单证册报关的展览品进出境通关流程

（一）进出境展览品的范围

进出境展览品的海关监管有使用 ATA 单证册的，也有不使用 ATA 单证册直接按展览品监管的。以下介绍的是后一种情况。

1. 进出境展览品的范围

（1）进境展览品。进境展览品包含在展览会中展示或示范用的货物、物品，为示范展出的机器或器具所需用的物品，展览者设置临时展台的建筑材料及装饰材料，供展览品做示范

宣传用的电影片、幻灯片、录像带、录音带、说明书、广告等。

以下与展出活动有关的物品也可以按展览品申报进境。

① 为展出的机器或器具进行操作示范，并在示范过程中被消耗或损坏的物料；

② 展出者为修建、布置或装饰展台而进口的一次性廉价物品，如油漆、涂料、壁纸；

③ 参展商免费提供并在展出中免费散发的与展出活动有关的宣传印刷品、商业目录、说明书、价目表、广告招贴、广告日历、未装框照片等；

④ 供各种国际会议使用或与其有关的档案、记录、表格及其他文件。

以下货物虽然在展览活动中使用，但不是展览品。

① 展览会期间出售的小卖品，属于一般进口货物范围。

② 展览会期间使用的含酒精饮料、烟叶制品、燃料，虽然不是按一般进口货物管理，但海关对这些商品一律征收关税。其中属于参展商随身携带进境的含酒精饮料、烟叶制品，则按进境旅客携带物品的有关规定管理。

(2) 出境展览品。出境展览品包含国内单位赴境外举办展览会或参加境外博览会、展览会而运出的展览品，以及与展览活动有关的宣传品、布置品、招待品及其他公用物品。与展览活动有关的小卖品、展卖品，属于一般出口。

2. 展览品的暂准进出境期限

进境展览品的暂准进境期限是6个月，即自展览品进境之日起6个月内复运出境。如果需要延长复运出境的期限，应当向主管海关提出申请。经批准可以延长，延长期限最长不超过6个月。

出境展览品的暂准出境期限为自展览品出境之日起6个月内复运进境。如果需要延长复运进境的期限，应当向主管海关提出申请。

(二) 进出境展览品报关流程

1. 展览品的进出境申报

(1) 进境申报。展览品进境之前，展览会主办单位应当将举办展览会的批准文件连同展览品清单一起送展出地海关，办理登记备案手续。

展览品进境申报手续可以在展出地海关办理。从非展出地海关进境的，可以申请在进境地海关办理转关运输手续，将展览品在海关监管下从进境口岸转运至展览会举办地主管海关办理申报手续。

展览会主办单位或其代理人应当向海关提交报关单、展览品清单、提货单、发票、装箱单等。展览品中涉及检验检疫等管制的，还应当向海关提交有关许可证件。

展览会主办单位或其代理人应当向海关提供担保。

海关一般在展览会举办地对展览品开箱查验，展览会主办单位或其代理人应当通知海关。海关查验时，展览品所有人或其代理人应当到场，并负责搬移、开拆、重封货物包装等。

展览会展出或使用的印刷品、音像制品及其他需要审查的物品，还要经过海关的审查，才能展出或使用。对我国政治、经济、文化、道德有害的以及侵犯知识产权的印刷品、音像制品，不得展出，由海关没收、退运出境或责令更改后使用。

(2) 出境申报。展览品出境申报手续应当在出境地海关办理。在境外举办展览会或参加境外展览会的企业应当向海关提交国家主管部门的批准文件、报关单、展览品清单一式两份等单证。

展览品属于应当缴纳出口关税的,向海关缴纳相当于税款的保证金。属于核用品、核两用品及相关技术的出口管制商品的,应当提交出口许可证。随展览品出境的小卖品、展卖品,应当按一般出口申报,属于出口许可证管理的,还应当提交出口许可证。

海关对展览品开箱查验,核对展览品清单。查验完毕,海关留存一份清单,另一份封入"关封"交还给出口货物发货人或其代理人,凭以办理展览品复运进境申报手续。

2. 进出境展览品的核销结关

(1) 复运进出境。进境展览品和出境展览品在规定期限内复运出境或复运进境后,海关分别签发报关单证明联,展览品所有人或其代理人凭以向主管海关办理核销结关手续。

展览品未能在规定期限内复运进出境的,展览会主办单位或出境举办展览会的单位应当向主管海关申请延期,在延长期内办理复运进出境手续。

(2) 转为正式进出口。进境展览品在展览期间被人购买的,由展览会主办单位或其代理人向海关办理进口申报、纳税手续,其中属于许可证件管理的,还应当提交进口许可证件。

出口展览品在境外参加展览会后被销售的,由海关核对展览品清单后要求企业补办有关正式出口手续。

(3) 展览品放弃或赠送。展览会结束后,进境展览品的所有人决定将展览品放弃给海关的,由海关变卖后将款项上缴国库。有单位接受放弃展览品的,应当向海关办理进口申报、纳税手续。

展览品的所有人决定将展览品赠送的,受赠人应当向海关办理进口手续,海关根据进口礼品或经贸往来赠送品的规定办理。

(4) 展览品因毁坏、丢失、被窃。展览品因毁坏、丢失、被窃而不能复运出境的,展览会主办单位或其代理人应当向海关报告。对于毁坏的展览品,海关根据毁坏程度估价征税;对于丢失或被窃的展览品,海关按照进口同类货物征收进口税。

展览品因不可抗力遭受损毁或灭失的,海关根据受损情况,减征或免征进口税。

任务五　特定减免税货物进口通关流程

一、特定减免税货物概述

(一) 特定减免税货物认知

1. 特定减免税货物的定义

特定减免税货物是指海关根据国家的政策规定准予减免税进境使用于特定地区、特定企业、特定用途的货物。特定减免税是我国关税优惠政策的重要组成部分,是国家无偿向符合条件的进口货物使用单位提供的税收优惠,其目的是鼓励与支持某些产业项目的开发与成熟,促进科学、教育、文化、卫生事业的建设发展等。

2. 特定减免税进口的适用

(1) 适用原则。

① 减免税申请人应具备规定的资格;

② 进口货物的使用范围或用途符合规定的要求;

③ 进口货物不属于国家规定《不予免税的进口商品目录》的范围。

(2) 适用范围。目前,特定减免税进口监管制度主要适用于符合国家特定减免税优惠政策的特定地区、特定企业、特定用途进口的货物。

① 特定地区的进口货物。主要包括保税区、出口加工区、保税物流园区、保税港区、自贸试验区等特定区域进口的区内生产性基础设施项目所需的机器、设备和基建物资等，区内企业进口企业自用的生产、管理设备等，区内管理机构自用合理数量的管理设备和办公用品等。

② 特定企业的进口货物。主要包括外商投资项目投资额度内进口自用设备及随设备进口的配套技术、配件、备件，国家重点鼓励发展产业的国内投资项目在投资总额内进口的自用设备，外国政府贷款和国际金融组织贷款项目进口的自用设备等。

③ 特定用途的进口货物。主要包括具备资格的科研机构和大专院校进口的国内不能生产或者性能不能满足需要的科学研究和教学用品，残疾人专用品及残疾人组织和单位进口的货物等。

（二）特定减免税货物特征

（1）货物进境前须向海关办理减免税备案、审批手续。

减免税备案、审批是指进口减免税优惠的申请单位经向海关办理进口货物减免税备案、审批手续，以进行资格确认并进而取得减免税进口证明的过程。一般而言，减免税申请人在相关货物进境前，先向主管海关办理减免税备案手续，海关对申请享受减免优惠政策的减免税申请人进行资格确认，对项目是否符合减免税政策要求进行审核，确定项目的减免税额度等事项；在备案项下每批次货物进口前，减免税申请人再向主管海关申领"进出口货物征免税证明"（以下简称"征免税证明"）等文件（首批货物进口前的减免税审批手续可与备案手续合并办理）。减免税备案、审批是货物适用特定减免税进口监管制度的基础和前提，也是该制度的一个显著特征。

（2）货物进境时减纳或免纳进口关税，进出境时应向海关提交国家实施贸易管制的进口许可证件和其他相关证件。

适用特定减免税进口监管制度的货物进境时免予缴纳进口关税，另外，除另有规定外，凡属于进口时须交验许可证件和其他相关证件的货物，收货人或其代理人都应在进口申报时向海关提交许可证件和其他相关证件。原则上"免税不免证"是特定减免税进口监管制度的另一特征。

（3）货物进口后在规定范围内或特定条件下使用，并在特定期限内接受海关监管。

我国的特定减免税政策具有鲜明的特定性，货物进口后必须在减免税备案、审批时确定的特定范围内或特定条件下使用并接受海关监管。海关根据货物的不同种类，对特定减免税货物分别设置了五年、六年、八年的海关监管期限。

（4）货物脱离规定范围或特定条件使用，须向海关申请并补缴进口税款。

（5）货物的海关监管期限届满或办结相关海关手续的，可以解除海关监管。

特定减免税进口货物在海关监管期满时，自动解除海关监管，纳税义务人可以在规定的期限内向海关申请领取解除监管证明。特定减免税货物在海关监管期限内要求解除监管的，纳税义务人须先办结海关手续（包括补税或退运出境、放弃、结转等）后，可凭有关单证向主管海关申领解除监管证明。

（三）特定减免税货物期限和管理

1. 特定减免税货物期限

特定减免税进口货物的海关监管期限按照货物的种类而各有不同，以下是特定减免税货物的海关监管期限。

（1）船舶、飞机：8年；

（2）机动车辆（特种车辆）：6年；

（3）机器设备、其他设备、材料：5年。

2. 管理

（1）减免税备案、审批、税款担保和后续管理业务等相关手续应当由进口货物减免税申请人或其代理人办理。

（2）有下列情况，减免税申请人可向海关申请凭税款担保先予办理货物放行手续。

① 主管海关按规定已经受理减免税备案或者审批申请，尚未办理完毕的；

② 正在办理减免税申请审批，经海关准予先行放行的，在备案号栏可免予填报，同时应在备注栏注明后补征免税证明；

③ 有关进口税收优惠政策已经国务院批准，具体实施措施尚未明确，海关总署确认减免税申请人属于享受该政策范围的；

④ 其他经海关总署核准的情况。

下列情况需注意。

① 应当提供许可证而不能提供的，不得办理减免税货物凭税款担保放行手续。

② 申请人在申报进口前向海关提出申请并予以批准的，出具"税款担保证明"，海关凭证明办理货物税款担保和验放手续。

③ 税收担保期限不得超过6个月，经海关关长或授权人批准可予以延期，延期不得超过6个月。特殊情况仍需延期的，应当经海关总署批准。

（3）海关监管期限内，在每年第一季度向主管海关递交减免税货物使用状况报告书，报告货物使用状况。在海关监管年限及其后三年内，海关可以对减免税申请人进口和使用减免税货物情况实施稽查。

（4）减免税货物转让给进口同一货物享受同等减免税优惠待遇的其他单位的，不予恢复减免税货物转出申请人的减免税额度，减免税货物转入申请人的减免额度按照海关审定的货物结转时的价格、数量或应缴税款予以扣减。

（5）减免税货物因品质或规格原因原状退运出境的。

① 以无代价抵偿方式进口同一类型货物的，不予恢复其减免税额度。

② 未以无代价抵偿方式进口同一类型货物的，可以恢复其减免税额度。减免税申请人在减免税货物退运出境之日起3个月内向海关申请，经批准可恢复其减免税额度。

二、特定减免税设备进口通关流程

（一）减免税申请

1. 特定地区

（1）备案登记

① 保税区。保税区企业向保税区海关办理减免税备案登记时，应当提交企业批准证书、营业执照、企业合同、章程等，并将有关企业情况输入海关计算机系统。海关审核后准予备案的，即签发企业征免税登记手册，企业凭以办理货物减免税申请手续。

② 出口加工区。出口加工区企业向出口加工区海关办理减免税备案登记时，应当提交出口加工区管理委员会的批准文件、营业执照等，并将有关企业情况输入海关计算机系统。

海关审核后批准建立企业设备电子账册，企业凭以办理货物减免税申请手续。

(2)"进出口货物征免税证明"的申领

① 保税区。企业在进口特定减免税机器设备等货物以前，向保税区海关提交企业征免税登记手册、发票、装箱单等，并将申请进口货物的有关数据输入海关计算机系统。海关核准后签发"进出口货物征免税证明"交申请企业。

② 出口加工区。企业在进口特定减免税机器设备等货物以前，向出口加工区海关提交发票、装箱单等，海关核准后在企业设备电子账册中进行登记，不核发"进出口货物证明税证明"。

2. 特定企业

(1) 备案登记。特定企业主要是指外商投资企业。外商投资企业向企业主管海关办理减免税备案登记，提交商务主管部门的批准文件、营业执照、企业合同、章程等，海关审核后准予备案的，即签发"外商投资企业征免税登记手册"，企业凭以办理货物减免税申请手续。

(2) "进出口货物征免税证明"申领。外商投资企业在进口特定减免税机器设备等货物以前，向主管海关提交《外商投资企业征免税登记手册》、发票、装箱单等，并将申请进口货物的有关数据输入海关计算机系统。经海关核准后签发"进出口货物征免税证明"交申请企业。

3. 特定用途

(1) 国内投资项目减免税申请。国内投资项目经批准以后，减免税货物进口企业应当持国务院有关部门或省、市人民政府签发的"国家鼓励发展的内外资项目确认书"、发票、装箱单等单证向项目主管直属海关提出减免税申请。海关审核后签发"进出口货物征免税证明"交申请企业。

(2) 利用外资项目减免税申请。利用外资项目经批准以后，减免税货物进口企业应当持国务院有关部门或省、市人民政府签发的"国家鼓励发展的内外资项目确认书"、发票、装箱单等单证向项目主管直属海关提出减免税申请。海关审核后签发"进出口货物征免税证明"交申请企业。

(3) 科教用品减免税进口申请。科教单位办理科学研究和教学用品免税进口申请时，应当持凭有关主管部门的批准文件，向单位所在地主管海关申请办理资格认定手续。经海关审核批准的，签发科教用品免税登记手册。

科教单位在进口特定减免税科教用品以前，向主管海关提交科教用品免税登记手册、合同等单证，并将申请进口货物的有关数据输入海关计算机系统。海关核准后签发"进出口货物征免税证明"。

(4) 残疾人专用品减免税申请。残疾人在进口特定减免税专用品以前，向主管海关提交民政部门的批准文件。海关审核批准后签发"进出口货物征免税证明"。民政部门或中国残疾人联合会所属单位批量进口残疾人专用品，应当向所在地直属海关申请，提交民政部（包括省、自治区、直辖市的民政部门）或中国残疾人联合会（包括省、自治区、直辖市的残疾人联合会）出具的证明函，海关凭以审核签发"进出口货物征免税证明"。

4. 进出口货物征免税证明的使用

进出口货物征免税证明的有效期为 6 个月，持证人应当在自海关签发该征免税证明的 6 个月内进口经批准的特定减免税货物。

进出口货物征免税证明实行"一证一批"的原则，即一份征免税证明上的货物只能在一个进口口岸一次性进口。如果一批特定减免税货物需要分两个口岸进口，或者分两次进口的，持证人应当事先分别申领征免税证明。

（二）进出口报关

特定减免税货物进口报关程序，可参见本项目任务一"一般进出口货物通关流程"中的有关内容。但是特定减免税货物进口报关的有些具体手续与一般进出口货物的报关有所不同。

（1）定减免税货物进口报关时，进口货物收货人或其代理人除了向海关提交报关单及随附的基本单证以外，还应当向海关提交进出口货物征免税证明，海关在审单时从计算机系统中调阅征免税证明的电子数据，核对纸质的进出口货物征免税证明。

（2）特定减免税货物一般应提交进口许可证件，但对某些企业和某些许可证件种类，国家规定有特殊优惠政策，可以豁免进口许可证件。

（3）填制特定减免税货物进口报关单时，报关员应当特别注意报关单上"备案号"栏目的填写。"备案号"栏内填写"进出口货物征免税证明"上的12位长编号，错写12位长编号将不能通过海关计算机系统逻辑审核，或者在提交纸质报关单证时无法顺利通过海关审单。

（三）后续处置和解除监管

1. 后续处置

（1）变更使用地点。使用地点是指主管海关核准的地点，若需要在异地使用，即移出主管海关管辖地使用，则需要向主管海关提出变更申请，步骤如下。

① 减免税申请人事先持有关单证及说明材料向主管海关申请；
② 主管海关审核同意并通知转入地海关；
③ 减免税申请人将货物运至转入地海关管辖地，经转入地海关确认货物后进行异地监管；
④ 异地使用结束后，减免税申请人及时向转入地海关申请办结"异地监管手续"；
⑤ 转入地海关审核同意后通知主管海关后，可将减免税货物运回主管海关管辖地。

（2）结转其他企业。结转其他企业，是指转入企业享受特定减免税的同等待遇，但是需要在结转后剩余年限继续监管。步骤如下。

① 转出申请人向转出地主管海关提出申请，转出地主管海关审核通知转入地主管海关；
② 转入申请人向转入地主管海关办理审批手续，海关签发免征税证明；
③ 转出、转入申请人分别向各自主管海关办理减免税货物出口、进口报关手续；
④ 转出地主管海关办理转出减免税货物的解除监管手续，转入地海关在剩余监管年限内继续实施后续监管。

（3）转让他人

① 转让给不享受进口税收优惠政策或者进口同一货物不享受同等减免税优惠待遇的其他单位。

② 应事先向减免税申请人主管海关申请办理"减免税货物补缴税款"和解除监管手续。再根据使用时间，计算出完税价格，按照规定补缴相应税款。完税价格公式为：

完税价格＝海关审定该货物原进口时价格×[1－征税时已进口的月数/(监管年限×12)]

(4) 移作他用

① 将减免税货物交给减免税申请人以外的其他单位使用;

② 未按照原定用途、地区使用减免税货物;

③ 未按照特定地区、特定企业或者特定用途使用减免税货物的其他情形。

注意:应按照移作他用的时间补缴相应税款;如时间不能确定的,应提交税款担保,担保不得低于剩余监管年限应补缴税款总额。

(5) 变更、终止

① 变更情形。减免税申请人发生分立、合并、股东变更、改制等情形。

变更期限:自营业执照颁发之日起30日内,向原减免税申请人的主管海关报告主体变更情况及原减免税申请人进口减免税货物的情况。

② 终止情形。破产、改制或其他情形导致减免税申请人终止。

终止期限:自资产清算之日起30日内,向主管海关申请办理补缴税款和解除监管手续。

注意:如终止后,没有承受人的,由原减免税申请人或其他依法应当承担关税及进口环节代征税缴纳义务的主体办理。

(6) 退运、出口。持出口报关单向主管海关办理原进口减免税货物的解除监管手续。减免税货物退运出境或者出口的,海关不再补征相关税款。

(7) 贷款抵押

① 向主管地海关提出书面申请,申请人不得以减免税货物向金融机构以外的公民、法人或者其他组织办理贷款抵押。

② 向境内金融机构办理贷款抵押应向海关提供下列担保:与货物应缴税款额等值的保证金;境内金融机构提供的相当于货物应缴税款的保函;减免税申请人、境内金融机构共同向海关提交进口减免税货物贷款抵押承诺保证书。

注意:向境外金融机构办理贷款抵押的,应当提交与货物应缴税款等值的保证金或者境内金融机构提供的相当于货物应缴税款的保函。

2. 解除监管

特定减免税货物根据不同的品种,在海关监管期限届满后,原特定减免税货物"进出口货物征免税证明"的申请人应当向原签发减免税证明的海关提出解除监管申请。特定减免税货物在海关监管期限以内,因特殊原因要求出售、转让、放弃或者企业破产清算的,必须向海关提出有关解除监管的申请,办理海关的结关手续。

(1) 监管期满申请解除监管。特定减免税货物监管期满,原减免税申请人应当向主管海关申请解除海关对减免税进口货物的监管。主管海关经审核批准,签发"减免税进口货物解除监管证明"。至此,特定减免税进口货物办结了全部海关手续。

(2) 监管期内申请解除监管。特定减免税货物在海关监管期内要求解除监管的,主要是为了在国内销售、转让、放弃或退运境外。

特定减免税货物,因特殊原因需要在海关监管期内销售、转让的,企业应当向海关办理缴纳进口税费的手续。海关按照使用时间审查确定完税价格征税后,签发解除监管证明书,企业即可将原减免税货物在国内销售、转让。

企业如将货物转让给同样享受进口减免税优惠的企业,接受货物的企业应当先向主管海关申领"进出口货物征免税证明",凭以办理货物的结转手续。

企业要求将特定减免税货物退运出境的,应当向出境地海关办理货物出口退运申报手续。出境地海关监管货物出境后，签发出口货物报关单，企业持该报关单及其他有关单证向主管海关申领解除监管证明。

企业要求放弃特定减免税货物的，应当向主管海关提交放弃货物的书面申请，经海关核准后，按照海关处理放弃货物的有关规定办理手续。海关将货物拍卖，所得款项上缴国库后签发收据，企业凭以向主管海关申领解除监管证明。

(3) 企业破产清算时特定减免税货物的处理。破产清算、变卖、拍卖处理其尚在海关监管期限内的特定减免税货物，企业应当事先向主管海关申请，主管海关审批同意并按规定征收税款后，签发解除监管证明；如该货物已经改变其进口时状态，经海关实际查验并做查验记录后，也可照此办理解除监管手续。只有在解除监管后，有关货物才可以进入破产清算、变卖、拍卖程序。

对进入法律程序清算、变卖、拍卖的特定减免税货物，如属于许可证件管理的原进口时未申领许可证件的，海关凭人民法院的判决或国家法定仲裁机关的仲裁证明，免予补办进口许可证件。

(4) 保税区内企业免税进口货物未满海关监管年限，申请提前解除监管的，应按规定照章征税。其中涉及国家实行许可证件管理的商品还需向海关提交有效的许可证件。

任务六　其他贸易进出境货物通关流程

一、无代价抵偿货物进出口通关流程

（一）概念

无代价抵偿货物是指进出口货物在海关放行后，因残损、短少、品质不良或者规格不符等原因，由进出口货物的发货人、承运人或者保险公司免费补偿或者更换的与原货物相同或者与合同规定相符的货物。

收发货人申报进出口的无代价抵偿货物，与退运出境或者退运进境的原货物不完全相同或者与合同规定不完全相符的，经收发货人说明理由，海关审核认为理由正当且税则号列未发生改变的，仍属于无代价抵偿货物范围。

收发货人申报进出口的免费补偿或者更换的货物，其税则号列与原进出口货物的税则号列不一致的，不属于无代价抵偿货物范围，属于一般进出口货物范围。

（二）特征

无代价抵偿货物海关监管的基本特征如下。

(1) 进出口无代价抵偿货物免予交验进出口许可证件。

(2) 进口无代价抵偿货物，不征收进口关税和进口代征税；出口无代价抵偿货物，不征收出口关税。但是进出口与原货物或合同规定不完全相符的无代价抵偿货物应当按规定计算与原进出口货物的税款差额，高出原征收税款数额的应当征收超出部分的税款，低于原征收税款且原进出口货物的发货人、承运人或者保险公司同时补偿货款的，应当退还补偿货款部分的税款，未补偿货款的，不予退还。

(3) 现场放行后，海关不再进行监管。

（三）报关程序

无代价抵偿大体上可以分为两种，一种是短少抵偿，一种是残损、品质不良或规格不符

抵偿。对两种抵偿引起的两类进出口无代价抵偿货物在报关程序上有所区别。

1. 残损、品质不良或规格不符引起的无代价抵偿

货物进出口前应当先办理被更换的原进出口货物中残损、品质不良或规格不符货物的有关海关手续。

（1）退运进出境。原进出口货物的收发货人或其代理人应当办理被更换的原进出口货物中残损、品质不良或规格不符货物的退运出境或退运进境的报关手续。被更换的原进口货物退运出境时不征收出口关税；被更换的原出口货物退运进境时不征收进口关税和进口代征税。

（2）放弃交由海关处理。被更换的原进口货物中残损、品质不良或规格不符货物不退运出境，但原进口货物的收货人愿意放弃、交由海关处理的，海关应当依法处理并向收货人提供依据，凭以申报进口无代价抵偿货物。

（3）不退运出境也不放弃或不退运进境。被更换的原进口货物中残损、品质不良或规格不符货物不退运出境且不放弃交由海关处理的，或者被更换的原出口货物中残损、品质不良或规格不符的货物不退运进境，原进出口货物的收发货人应当按照海关接受无代价抵偿货物申报进出口之日适用的有关规定申报出口或进口，并缴纳出口关税或进口关税和进口代征税，属于许可证件管理的商品还应当交验相应的许可证件。

2. 向海关申报办理无代价抵偿货物进出境手续的期限

向海关申报进出口无代价抵偿货物应当在原进出口合同规定的索赔期内且不超过原货物进出口之日起3年。

3. 无代价抵偿货物报关应当提供的单证

收发货人向海关申报无代价抵偿货物进出口时除应当填制报关单和提供其他必需的报关单证外，还应当提供以下特殊单证。

（1）进口

① 原进口货物报关单；

② 原进口货物退运出境的出口货物报关单或者原进口货物交由海关处理的货物放弃处理证明或者已经办理纳税手续的单证（短少抵偿的除外）；

③ 原进口货物税款缴纳书或者进出口货物征免税证明；

④ 买卖双方签订的索赔协议。

海关认为需要时，纳税义务人还应当提交具有资质的商品检验机构出具的原进口货物残损、短少、品质不良或者规格不符的检验证明书或者其他有关证明文件。

（2）出口

① 原出口货物报关单；

② 原出口货物退运进境的进口货物报关单或者已经办理纳税手续的单证（短少抵偿的除外）；

③ 原出口货物税款缴纳书；

④ 买卖双方签订的索赔协议。

海关认为需要时，纳税义务人还应当提交具有资质的商品检验机构出具的原出口货物残损、短少、品质不良或者规格不符的检验证明书或者其他有关证明文件。

二、快件进出境的通关流程认知

（一）快件的概述

1. 进出境快件的含义

进出境快件是指进出境快件营运人，以向客户承诺的快速商业运作方式承揽、承运的进出境的货物、物品。

2. 进出境快件的分类

进出境快件分为文件类、个人物品类和货物类。

（1）文件类快件是指海关法规定予以免税且无商业价值的文件、单证、单据及资料。

（2）个人物品类进出境快件是指海关规定自用合理数量范围内的进出境旅客分离运输行李物品、亲友间相互馈赠物品和其他个人物品。

（3）货物类进出境快件是指文件类、个人物品类进出境快件以外的进出境快件。

（二）进出境快件的申报

（1）进出境快件的营运人应当按照海关的要求采用纸质文件方式和电子数据交换方式向海关办理进出境快件的报关手续。

（2）进境快件应当自运输工具申报进境之日起 14 日内，出境快件在运输工具离境 3 小时之前，向海关申报。

（3）进出境快件的分类报关如下。

① 文件类进出境快件报关时，运营人应当向海关提交"中华人民共和国进出境快件 KJ1 报关单"、总运单（副本）和海关需要的其他单证。

② 个人物品类进出境快件报关时，运营人应当向海关提交"中华人民共和国进出境快件个人物品报关单"、每一进出境快件的分运单、进境快件收件人或出境快件发件人身份证件影印件和海关需要的其他单证。

③ 货物类进境快件报关时，运营人应当按下列情形分别向海关提交报关单证。

a. 对关税税额在人民币 50 元以下的货物和海关规定准予免税的货样、广告品，应提交"中华人民共和国进出境快件 KJ2 报关单"、每一进境快件的分运单、发票和海关需要的其他单证；

b. 对应予征税的货样、广告品（法律、行政法规规定实行许可证件管理的、需进口付汇的除外），应提交"中华人民共和国进出境快件 KJ3 报关单"、每一进境快件的分运单、发票和海关需要的其他单证；

c. 其他货物类进境快件，一律按进口货物的报关程序报关。

④ 货物类出境快件报关时，运营人应当按下列情形分别向海关提交报关单证。

a. 对货样、广告品（法律、行政法规规定实行许可证管理的、应征出口税的、需进口收汇的、需出口退税的除外），应提交"中华人民共和国进出境快件 KJ2 报关单"、每一出境快件的分运单、发票和海关需要的其他单证；

b. 其他货物类出境快件，一律按出口货物报关程序报关。

（三）进出境快件的查验

（1）海关查验进出境快件时，运营人应派员到场，并负责进出境快件的搬移、开拆和重封包装。

(2) 海关对进出境快件中的个人物品实施开拆查验时，运营人应通知进境快件的收件人或出境快件的发件人到场，收件人或发件人不能到场的，运营人应向海关提交其委托书，代理收发件人的义务，并承担相应的法律责任。

(3) 海关认为必要时，可对进出境快件予以径行开验、复验或者提取货样。

三、修理货物进出境通关流程

（一）概念

进出境修理货物是指运出境或运进境进行维护修理后复运进境或复运出境的机械器具、运输工具或者其他货物以及为维修这些货物需要进出口的原材料、零部件。

进出境修理包括原进出口货物运出境或运进境修理和其他货物运进境或运出境修理两种情况。

原进口货物出境修理包括原进口货物在保修期内运出境修理和原进口货物在保修期外运出境修理。

（二）特征

（1）进境维修货物免纳进口关税和进口代征税，但要向海关提供担保，并接受海关后续监管。对于一些进境维修的货物，也可以申请按照保税货物办理进境手续。

（2）出境修理货物进境时，在保修期内并由境外免费维修的，可以免征进口关税和进口代征税；在保修期外的或者虽在保修期内境外维修收费的，应当按照境外修理费和料件费审定完税价格计征进口关税和进口代征税。

（3）进出境修理货物免予交验许可证件。

（三）报关程序

1. 进境修理货物

货物进境后，收货人或其代理人持维修合同或者含有保修条款的原出口合同及申报进口需要的所有单证办理货物进口申报手续，并提供进口税款担保。

货物进口后在境内维修的期限为进口之日起6个月，可以申请延长，延长的期限最长不超过6个月。在境内维修期间接受海关监管。

修理货物复出境申报时除应当提供的出口申报单证外，还应当提供原修理货物进口申报时的报关单留存联或复印件。

修理货物复出境后应当申请销案，正常销案的，海关应当退还保证金或撤销担保。未复出境部分货物应当办理进口申报纳税手续。

2. 出境修理货物

发货人在货物出境时，向海关提交维修合同或含有保修条款的原进口合同以及申报出口需要的所有单证，办理出境申报手续。

货物出境后，在境外维修的期限为出境之日起6个月，可以申请延长，延长的期限最长不超过6个月。

货物复运进境时应当向海关申报在境外实际支付的修理费和料件费，由海关审查确定完税价格，计征进口关税和进口代征税。

超过海关规定期限复运进境的，海关按一般进口货物计征进口关税和进口代征税。

四、出境加工货物通关流程

(一) 出境加工的概念及海关监管

出境加工货物是指我国境内企业运到境外进行技术加工后复运进境的货物。

出境加工的目的是借助国外先进的加工技术提高产品的质量和档次,因此只有在国内现有的技术手段无法或难以达到产品质量要求而必须运到境外进行某项工序加工的情况下,才可开展出境加工业务。

出境加工原则上不能改变货物的物理形态。对完全改变原出口货物物理形态的出境加工,属于一般出口。

我国在2000年经国务院批准,部分加入了《京都公约》(修正议定书),而当时没有加入涉及出境加工的有关附约。2015年以来,国务院先后决定加入《贸易便利化协定》和《京都公约》专项附约六第二章,出境加工已列入我国政府对外承诺条款。为履行国际公约,支持企业通过出境加工充分利用两种资源、两个市场,统一海关监管执法,海关总署在总结前期试点经验的基础上,根据《中华人民共和国海关法》《中华人民共和国进出口关税条例》及有关法律法规的规定,发布《海关总署关于出境加工业务有关问题的公告》(海关总署公告2016年第69号),在全国推广出境加工海关监管业务。

目前,企业开展出境加工业务,需要满足的条件包括以下几项。

① 信用等级为一般认证及以上企业;

② 出境加工业务不涉及国家禁止、限制进出境货物;

③ 出境加工业务不涉及国家应征出口关税货物。

满足上述条件的企业,可向企业所在地主管海关办理出境加工有关手续。

对于出境加工,海关采用账册方式对出境加工货物实施监管。在信息化系统上线前,暂用纸质账册进行管理。企业开展出境加工业务,应设置符合海关监管要求的账簿、报表以及其他有关单证,记录与本企业出境加工货物有关的情况,凭合法、有效凭证记账、核算并接受海关监管。出境加工账册采取企业自主核报、自动核销模式,企业应于出境加工账册核销期结束之日起三十天内向主管海关核报出境加工账册。对逾期不向海关核报的出境加工账册,海关可通过电子公告牌等方式联系企业进行催核。催核后仍不核报的,海关可直接对账册进行核销。

出境加工货物在规定期限内复运进境的,海关根据《中华人民共和国进出口关税条例》(国务院令第392号)和《中华人民共和国海关审定进出口货物完税价格办法》(海关总署令第213号)有关规定,以境外加工费、料件费、复运进境的运输及其相关费用和保险费等为基础审查确定完税价格。

出境加工货物超过退运期限或账册核销周期再复运进境的,企业应按一般贸易管理规定办理进口手续。对账册不平衡等异常情况,企业应做出说明并按具体情况办结相应海关手续后予以核销;需要删改报关单的,企业应按《中华人民共和国海关进出口货物报关单修改和撤销管理办法》(海关总署令第220号)办理。

(二) 报关程序

1. 备案

开展出境加工,经营企业凭出境加工合同到主管海关办理登记备案手续,由海关根据出境加工的有关规定审核决定是否受理备案；受理备案的，应当核发出境加工登记手册。

2. 境外加工的期限

出境加工货物自运出境之日起6个月内应当复运进境；因正当理由不能在海关规定期限内将出境加工货物复运进境的，应当在到期之前书面向海关说明情况，申请延期。经海关批准可以延期，延长的期限最长不得超过3个月。

3. 进出境申报

（1）出境申报。出境加工货物出境，发货人或其代理人应当向海关提交登记手册、出口货物报关单、货运单据及其他海关需要的单证申报出口，属许可证件管理的商品，面交许可证件；属应征出口税的，应提供担保。为有效监管，海关可以对出境加工出口货物附加标志、标记或留取货样。

（2）进境申报。出境加工货物复运进口，收货人或其代理人应当向海关提交登记手册、进口报关单、货运单据及其他海关需要的单证申报进口，海关对出境加工复进口货物以境外加工费、料件费、复运进境的运输及其相关费用、保险费审查完税价格征收进口税。

4. 核销

出境加工货物全部复运进境后，经营人应当向海关报核，海关进行核销，提供担保的，应当退还保证金或者撤销担保。

出境加工货物未在海关允许期限内复运进境的，海关按照一般进出口货物办理，将货物出境时收取的税款担保金转为税款，货物进境时按一般进口货物征收进口关税和进口代征税。

五、退运货物与退关货物通关流程

（一）退运货物概念和报关

1. 一般退运货物

（1）含义。退运进出口货物是指货物因质量不良或交货时间延误等原因，被国外买方拒收退运或因错发、错运造成的溢装、漏卸而退运的货物。

（2）报关程序

① 退运进口。原出口货物退运进境时，若该批出口货物已收汇、核销，原发货人或其代理人应填写进口货物报关单向进境地海关申报，并提供原货物出口时的出口报关单，现场海关应凭加盖有已核销专用章的外汇核销单出口退税专用联正本或国税局"出口商品退运已补税证明"、保险公司证明或承运人溢装、漏卸的证明等有关资料办理退运进口手续，同时签发一份进口货物报关单。

原出口货物退运进口时，若出口未收汇，原发货人或其代理人在办理退运手续时，凭原出口报关单、外汇核销单、报关单退税联向进地海关申报退运进口，应同时填制一份进口货物报关单；若出口货物部分退运进口，海关在原出口报关单上应批注实际退运数量、金额后退回企业并留存复印件，海关核实无误后，验放有关货物进境。

因品质或者规格原因，出口货物自出口之日起1年内原状退货复运进境的，经海关核实后不予征收进口税，原出口时已经征收出口税的，只要重新缴纳因出口而退还的国内环节税，自缴纳出口税款之日起1年内准予退还。

② 退运出口。因故退运出口的进口货物，原收货人或其代理人应填写出口货物报关单申报出境，并提供原货物进口时的进口报关单、保险公司证明或承运人溢装、漏卸的证明等

有关资料，经海关核实无误后，验放有关货物出境。

因品质或者规格原因，进口货物自进口之日起 1 年内原状退货复运出境的，经海关核实后可以免征出口税，已征收的进口税，自缴纳进口税款之日起 1 年内准予退还。

2. 直接退运货物

（1）含义。直接退运是指货物进境后、办结海关放行手续前，进口货物收发货人、原运输工具负责人或者其代理人（以下统称"当事人"）将全部或者部分货物直接退运境外，以及海关根据国家有关规定责令直接退运的情形。

进口转关货物在进境地海关放行后，当事人办理退运手续的，不适用本办法，当事人应当按照一般退运手续办理。

（2）当事人要求办理直接退运的手续。货物进境后、办结海关放行手续前，有下列情形之一的，当事人可以向货物所在地海关办理直接退运手续。

① 因为国家贸易管理政策调整，收货人无法提供相关证件的；

② 属于错发、误卸或者溢卸货物，能够提供发货人或者承运人书面证明文书的；

③ 收发货人双方协商一致同意退运，能够提供双方同意退运的书面证明文书的；

④ 有关贸易发生纠纷，能够提供已生效的法院判决书、仲裁机构仲裁决定书或者无争议的有效货物所有权凭证的；

⑤ 货物残损或者国家检验检疫不合格，能够提供国家检验检疫部门出具的相关检验证明文书的。

进口转关货物在进境地海关放行后，当事人办理退运手续的，不适用本办法，当事人应当按照一般退运手续办理。

办理直接退运手续的进口货物未向海关申报的，当事人应当向海关提交进口货物直接退运表及证明进口实际情况的合同、发票、装箱清单、提运单或者载货清单等相关单证、证明文书，按照直接退运管理办法的规定填制报关单，办理直接退运的申报手续。

办理直接退运手续的进口货物已向海关申报的，当事人应当向海关提交进口货物直接退运表、原报关单或者转关单及证明进口实际情况的合同、发票、装箱清单、提运单或者载货清单等相关单证、证明文书，先行办理报关单或者转关单删除手续，并应按照直接退运管理办法的规定填制报关单，办理直接退运的申报手续。

对海关已经确定布控、查验或者认为有走私违规嫌疑的货物，不予办理直接退运。布控、查验或者案件处理完毕后，按照海关有关规定处理。

（3）海关责令进口货物直接退运的手续。货物进境后、办结海关放行手续前，有下列情形之一的，海关应当责令当事人将进口货物直接退运境外。

① 属于国家禁止进口的货物，已经海关依法处理的；

② 违反国家检验检疫政策法规，已经国家检验检疫部门处理并且出具"检验检疫处理通知书"或者其他证明文书的；

③ 未经许可擅自进口属于限制进口的固体废物，已经海关依法处理的；

④ 违反国家有关法律、行政法规，应当责令直接退运的其他情形。

责令进口货物直接退运的，由海关根据相关政府行政主管部门出具的证明文书，向当事人制发海关责令进口货物直接退运通知书。

当事人收到海关责令进口货物直接退运通知书之日起 30 天内，应当按照海关要求向货物所在地海关办理进口货物直接退运的申报手续。

（4）直接退运报关单的填报。当事人办理进口货物直接退运申报手续的，除另有规定外，应当先行填写出口报关单向海关申报，然后填写进口报关单办理直接退运申报手续，进口报关单应当在"关联报关单"栏填报出口报关单号。

进口货物直接退运的，除《中华人民共和国海关进出口货物报关单填制规范》外，还应当按照下列要求填制进出口货物报关单：“监管方式”栏均填写“直接退运”（代码"4500"）；"备注"栏填写《进口货物直接退运表》或者《责令直接退运通知书》编号。

由于承运人的责任造成货物错发、误卸或者溢卸的，当事人办理直接退运手续时可以免予填制报关单。

（5）税、证及其他管理。直接退运的货物，海关不验核进出口许可证或者其他监管证件，免予征收进出口环节税费及滞报金，不列入海关统计。

进口货物直接退运应当从原进境地口岸退运出境。由于运输原因需要改变运输方式或者由另一口岸退运出境的，应当经由原进境地海关批准后，以转关运输方式出境。

保税区、出口加工区以及其他海关特殊监管区域和保税监管场所进口货物的参照直接退运办理。

违反本办法，构成走私行为、违反海关监管规定行为或者其他违反《海关法》行为的，由海关依照《海关法》和《海关行政处罚实施条例》的有关规定予以处理；构成犯罪的，依法追究刑事责任。

（二）退关货物概念和报关

1. 含义

退关货物又称出口退关货物，它是指出口货物在向海关申报出口后被海关放行，因故未能装上运输工具，发货单位请求将货物退运出海关监管区域不再出口的行为。

2. 报关程序

（1）出口货物的及其代理人应当在得知出口货物未装上运输工具，并决定不再出口之日起 3 天内，向海关申请退关；

（2）经海关核准且撤销出口申报后方能将货物运出海关监管场所；

（3）已缴纳出口税的退关货物，可以在缴纳税款之日起 1 年内，提出书面申请，向海关申请退税；

（4）出口货物的发货人及其代理人办理出口货物退关手续后，海关应对所有单证予以注销，并删除有关报关电子数据。

六、转关货物通关流程

（一）含义

转关运输是指进出口货物在海关监管下，从一个海关运至另一个海关办理某项海关手续的行为，包括货物由进境地入境，向海关申请转关、运往另一设关地点进口报关；货物在启运地出口报关运往出境地，由出境地海关监管出境；海关监管货物从境内一个设关地点运往境内另一个设关地点报关。

（二）申请转关的条件

1. 申请转关运输应符合的条件

（1）转关的指运地和启运地必须设有海关。

(2) 转关的指运地和启运地应当设有经海关批准的监管场所。

(3) 转关承运人应当在海关注册登记，承运车辆符合海关监管要求，并承诺按海关对转关路线范围和途中运输时间所作的限定将货物运往指定的场所。

2. 不得申请转关运输的货物

(1) 动物废料、冶炼渣、木制品废料、纺织品废物、贱金属及其制成品的废料、各种废旧五金、电机电器产品等、废运输设备、特殊需进口的废物、废塑料和碎料及下脚料；

(2) 易制毒化学品、监控化学品、消耗臭氧层物质、氯化钠；

(3) 汽车类，包括成套散件和二类底盘。

（三）转关运输的方式

转关运输有提前报关转关、直转转关和中转转关3种方式。

1. 提前报关转关

提前报关方式是指进口货物在指运地先申报，再到进境地办理进口转关手续，出口货物在货物未运抵启运地监管场所前先申报，货物运抵监管场所后再办理出口转关手续的方式。

2. 直转转关

进口直转转关是指进境货物在进境地海关办理转关手续，货物运抵指运地再在指运地海关办理报关手续的进口转关。

出口直转转关是指出境货物在货物运抵启运地海关监管场所报关后，在启运地海关办理出口转关手续的出口转关。

3. 中转转关

中转方式是指在收发货人或其代理人向指运地或启运地海关办理进出口报关手续后，由境内承运人或其代理人统一向进境地或启运地海关办理进口或出口转关手续。具有全程提运单，须换装境内运输工具的进出口中转货物适用中转方式转关运输。

（四）报关期限

1. 直转方式转关的期限

直转方式转关的进口货物应当自运输工具申报进境之日起14天内向进境地海关办理转关手续，在海关限定期限内运抵指运地之日起14天内，向指运地海关办理报关手续。逾期按规定征收滞报金。

2. 提前报关方式转关和中转方式转关的期限

① 进口转关货物应在电子数据申报之日起5日内，向进境地海关办理转关手续，超过期限仍未到进境地海关办理转关手续的，指运地海关撤销提前报关的电子数据；

② 出口转关货物应于电子数据申报之日起5日内，运抵启运地海关监管场所，办理转关和验放等手续，超过期限的，启运地海关撤销提前报关的电子数据。

（五）程序

1. 进口货物的转关

（1）提前报关的转关。进口货物的收货人或其代理人在进境地海关办理进口货物转关手续前，向指运地海关录入进口货物报关单电子数据。指运地海关提前受理电子申报，同时由计算机自动生成进口转关货物申报单，并传输至进境地海关。

提前报关的转关货物收货人或其代理人应向进境地海关提供进口转关货物申报单编号，并提交下列单证办理转关运输手续。

① 进口转关货物核放单（广东省内公路运输的，提交进境汽车载货清单）；
② 汽车载货登记簿或船舶监管簿；
③ 提货单。

提前报关的进口转关货物应在电子数据申报之日起 5 日内，向进境地海关办理转关手续。超过期限仍未到进境地海关办理转关手续的，将被指运地海关撤销提前报关的电子数据。

提前报关的进口转关货物，进境地海关因故无法调阅进口转关数据时，可以按直转方式办理转关手续。

（2）直转方式的转关。货物的收货人或其代理人在进境地录入转关申报数据，持下列单证直接办理转关手续：

① 进口转关货物申报单（广东省内公路运输的，提交进境汽车载货清单）；
② 汽车载货登记簿或船舶监管簿。

直转的转关货物收货人或其代理人，应当在运输工具申报之日起 14 天内向进境地海关申报，办理转关运输手续。逾期办理的缴纳滞报金。

直转的转关货物应当在海关限定的时间内运抵指运地。货物运抵指运地之日起 14 天内，进口货物的收货人或其代理人向指运地海关申报。逾期申报的缴纳滞报金。

（3）中转方式的转关。中转方式的进口转关也是提前报关的转关。

具有全程提运单，须换装境内运输工具的中转转关货物，货物的收货人或其代理人向指运地海关办理进口报关手续后，由境内承运人或其代理人持"进口转关货物申报单""进口货物中转通知书"按指运地目的港分列的纸质舱单（空运方式提交联程运单）等单证向进境地海关办理货物转关手续。

2. 出口货物的转关

（1）提前报关的转关。由货物的发货人或其代理人在货物未运抵启运地海关监管场所前，先向启运地海关录入出口货物报关单电子数据，由启运地海关提前受理电子申报，生成出口转关货物申报单数据，传输至出境地海关。

货物应于电子数据申报之日起 5 日内，运抵启运地海关监管场所，并持下列单证向启运地海关办理出口转关手续：

① 出口货物报关单；
② 汽车载货登记簿或船舶监管簿；
③ 广东省内公路运输的，提交出境汽车载货清单。

超过期限的，将被启运地海关撤销提前报关的电子数据。

货物到达出境地后，发货人或其代理人应持下列单证向出境地海关办理转关货物出境手续：

① 启运地海关签发的出口货物报关单；
② 出口转关货物申报单或出境汽车载货清单；
③ 汽车载货登记簿或船舶监管簿。

（2）直转方式的转关。由发货人或其代理人在货物运抵启运地海关监管场所后，向启运地海关录入出口货物报关单电子数据，启运地海关受理电子申报，生成出口转关货物申报单数据，传输至出境地海关。

发货人或其代理人应持下列单证在启运地海关办理出口转关手续：

① 出口货物报关单；
② 汽车载货登记簿或船舶监管簿；
③ 广东省内公路运输的，提交出境汽车载货清单。

直转的出口转关货物到达出境地后，发货人或其代理人应持下列单证向出境地海关办理转关货物的出境手续：
① 启运地海关签发的出口货物报关单；
② 出口转关货物申报单或出境汽车载货清单；
③ 汽车载货登记簿或船舶监管簿。

(3) 中转方式的转关。具有全程提运单，须换装境内运输工具的出口中转转关货物，货物的发货人或其代理人向启运地海关办理出口报关手续后，由承运人或其代理人向启运地海关录入并提交出口转关货物申报单、凭出境运输工具分列的电子或纸质舱单、汽车载货登记簿或船舶监管簿等单证向启运地海关办理货物出口转关手续。

经启运地海关核准后，签发出口货物中转通知书，承运人或其代理人凭以办理中转货物的出境手续。

3. 海关监管货物的转关

海关监管货物的转关运输，除加工贸易深加工结转按有关规定外，均应按进口转关方式办理。

(1) 提前报关的货物由转入地（相当于指运地）货物收货人及其代理人，在转出地（相当于进境地）海关办理监管货物转关手续前，向转入地海关录入进口货物报关单电子数据报关；由转入地海关提前受理电子申报，并生成进口转关货物申报单，传输至转出地海关。

转入地货物收货人或其代理人应持"进口转关货物核放单"和"汽车载货登记簿"或"船舶监管簿"，并提供进口转关货物申报单编号，向转出地海关办理转关手续。

(2) 直转的货物由转入地货物收货人或其代理人在转出地录入转关申报数据，持"进口转关货物申报单"和"汽车载货登记簿"或"船舶监管簿"，直接向转出地海关办理转关手续。

货物运抵转入地后，海关监管货物的转入地收货人或其代理人向转入地海关办理货物的报关手续。

小　　结

(1) 进出境货物按照海关监管的基本特征大体分为一般进出口货物、保税货物、特定减免税货物、暂准进出境货物、其他进出境货物五大类，从海关对进出境货物进行监管的全过程来看，报关程序按时间先后可以分为三个阶段：前期阶段、进出境阶段、后续阶段。

(2) 一般进出口货物是指在进出境环节缴纳了应征的进出口税费并办结了所有必要的海关手续，海关放行后不再进行监管的进出口货物。一般进出口货物报关程序由四个环节构成，即进出口申报、配合查验、缴纳税费、提取或装运货物。

(3) 保税货物是指经海关批准未办理纳税手续进境，在境内储存、加工、装配后复运出境的货物。货物保税必须经海关批准。保税货物从进境之日起就必须置于海关的监管之下，它在境内的运输、储存、加工、装配，都必须接受海关监管，直到复运出境或改变性质、办理正式进口手续为止。保税货物未经海关许可，不得开拆、提取、交付、发运、调换、改装、抵押、质押、留置、转让、更换标志、移作他用或者进行其他处置。

（4）保税货物可以划分为储存类和加工装配类两大类。保税货物的报关程序除了和一般进出口报关程序一样有进出境报关阶段外，还有备案申请保税阶段和报核申请结案阶段。

（5）"跨境电商"是指以电子商务方式进行的跨关境贸易，又称"跨境电子商务"或"跨境贸易电子商务"。跨境电商零售进出口业务类型指海关总署批复各跨境贸易电子商务试点城市进行试点的网购保税进口、直购进口、特殊区域出口、一般出口 4 种进出口业务类型。

（6）展览品属于暂准进出境货物，暂准进出境货物是指为了特定目的的经海关批准暂时出境或暂时进境并在规定期限内复运进境或复运出境的货物。

（7）特定减免税设备是指海关根据国家的政策规定准予减免税进境使用于特定地区、特定企业、特定用途的设备。

（8）无代价抵偿货物是指进出口货物在海关放行后，因残损、短少、品质不良或者规格不符原因，由进出口货物的发货人、承运人或者保险公司免费补偿或者更换的与原货物相同或者与合同规定相符的货物。

（9）进出境快件是指进出境快件营运人，以向客户承诺的快速商业运作方式承揽、承运的进出境的货物、物品。

（10）进出境修理货物是指运出境或运进境进行维护修理后复运进境或复运出境的机械器具、运输工具或者其他货物以及为维修这些货物需要进出口的原材料、零部件。

（11）出境加工货物是指我国境内企业运到境外进行技术加工后复运进境的货物。

出境加工的目的是借助国外先进的加工技术提高产品的质量和档次，因此只有在国内现有的技术手段无法或难以达到产品质量要求而必须运到境外进行某项工序加工的情况下，才可开展出境加工业务。

（12）退运进出口货物是指货物因质量不良或交货时间延误等原因，被国外买方拒收退运或因错发、错运造成的溢装、漏卸而退运的货物。

直接退运货物是指进口货物进境后向海关申报，但由于特殊原因无法继续办理进口手续，经主管海关批准将货物全部退运至境外的货物。

（13）转关运输是指进出口货物在海关监管下，从一个海关运至另一个海关办理某项海关手续的行为，包括货物由进境地入境，向海关申请转关、运往另一设关地点进口报关；货物在启运地出口报关运往出境地，由出境地海关监管出境；海关监管货物从境内一个设关地点运往境内另一个设关地点报关。

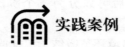

实践案例

案例分析

江苏某中外合资经营企业（属于国家鼓励发展产业类，一般认证企业）为生产内销产品，在其投资总额内，从境外购进生产设备若干台。在海关依法查验该批进口设备时，陪同查验人员开拆包装不慎，将其中一台设备的某一部件损坏。

投入生产营运后，该企业向海关申请加工贸易合同登记备案：购进原料（加工限制类原料，属于自动进口许可管理，法检商品）10000吨，价值300万美元。其中30％加工产品内销，50％加工产品直接返销境外，20％加工产品结转给另一关区其他加工贸易企业继续加工。所有原料同批进口。

内外销生产任务完成后，该企业为调整产品结构拟将进口的加工设备出售给某内资企业。

业务操作

（1）作为中外合资经营企业，在投资总额内，可以享受哪种海关政策？在进口投资设备前，需要办理哪些手续？

（2）请你帮助该企业办理加工贸易合同备案手续。请说明加工形式、备案资料需要哪些、保证金台账的设置。写出备案流程。

（3）设备进口查验出现损害，你认为该由谁承担经济责任？说出理由。

（4）同批进口的10000吨原料，需要提供哪些报关资料？

（5）请写出成品结转的流程，并说明结转报关时，报关单上的指定表格内容。

（6）拟将进口的加工设备出售给某内资企业前，该中外合资经营企业需办理哪些手续？

（7）该中外合资经营企业在生产期间，接受哪些海关监管？

学习评价

一、单项选择题

1. 下列关于海关接受申报的时间的表述，错误的是（　　）。
   A. 经海关批准单独以电子数据报关单形式向海关申报的，以"海关接受申报"的信息发送给进出口货物收发货人或其代理人，或者公布于海关业务现场的时间为接受申报的时间
   B. 经海关批准单独以纸质报关单形式向海关申报的，以海关在纸质报关单上进行登记处理的时间为接受申报的时间
   C. 在先以电子数据报关单向海关申报，后以纸质报关单向海关申报的情况下，海关接受申报的时间以海关接受纸质报关申报的时间为准
   D. 在采用电子和纸质报关单申报的一般情况下，海关接受申报的时间以海关接受电子数据报关单申报的时间为准

2. 下列关于海关征收滞报金的表述，正确的是（　　）。
   A. 计征起始日为运输工具申报进境之日起第15日，截止日为海关接受申报之日（即申报日期），起始日计入滞报期间，但截止日不计入滞报期间
   B. 滞报金的日征收金额为进口货物完税价格的5‰
   C. 滞报金计算至人民币"分"
   D. 滞报金的起征点为人民币50元

3. 下列关于报关单的修改和撤销的表述，正确的是（　　）。
   A. 海关发现进出口货物报关单需要进行修改或者撤销的，海关可以直接进行修改或撤销
   B. 海关发现进出口货物报关单需要进行修改或者撤销的，收发货人或其代理人应当提交进出口货物报关单修改/撤销申请表
   C. 收发货人或其代理人要求修改或者撤销报关单的，应当提交进出口货物报关单修改/撤销确认书
   D. 因修改或者撤销进出口货物报关单导致需要变更、补办进出口许可证件的，进出口货物收发货人或者其代理人应当向海关提交相应的进出口许可证件

4. 下列关于申报地点的表述，错误的是（　　）。
   A. 进口货物应当在进境地海关申报
   B. 出口货物应当在出境地海关申报
   C. 经海关同意，进口货物可以在指运地海关申报，出口货物可以在启运地海关申报
   D. 特定减免税货物改变性质转为一般进口时，应当在货物原进境地海关申报

5. 运载进口货物的运输工具5月9日申报进境，收货人5月15日向海关传送报关单电子数据，海关当天受理申报并发出现场交单通知。收货人于5月27日提交纸质报关单时，发现海关已于5月26日撤销电子数据报关单，遂于5月30日重新向海关申报，海关当天受理申报并发出现场交单通知，收货人5月31日提交纸质单证。如以上日期均不涉及法定节假日，滞报天数应为（　　）。
   A. 0天　　　　B. 6天　　　　C. 7天　　　　D. 8天

6. 进口货物收货人申报并经海关依法审核，必须撤销原电子数据报关单重新申报的，如产生滞报，经进口货物收货人申请并经海关审核同意，以（　　）为滞报金起征日。
   A. 运输工具申报进境之日　　　　B. 运输工具申报进境之日起第15日
   C. 撤销原报关单之日　　　　　　D. 撤销原报关单之日起第15日

7. 出口货物的申报期限为货物运抵海关监管区后、（　　）。
   A. 装货前的24小时　　　　B. 装货的24小时前
   C. 装前的48小时　　　　　D. 装货的48小时前

8. 进口货物收货人超过规定期限向海关申报的，滞报金的征收，以运输工具申报进境之日起（　　）为起始日，以（　　）为截止日。起始日和截止日均计入滞报期间。
   A. 第14日；收货人申报之日　　　　B. 第15日；收货人申报之日
   C. 第14日；海关接受申报之日　　　D. 第15日；海关接受申报之日

9. 在以下进出口货物中，不属于一般进出口货物的是（　　）。
   A. 不批准保税的寄售供销贸易货物　　B. 救灾捐赠物资
   C. 外国驻华商业机构进出口陈列用的样品　D. 随展览品进境的小卖品

10. 进口货物的申报期限为装载货物的运输工具申报进境之日起（　　）内，进口货物装载货物的运输工具申报进境之日起超过（　　）仍未向海关申报的，货物由海关提取并依法变卖。
    A. 15日；3个月　　　　B. 14日；3个月
    C. 15日；1个月　　　　D. 14日；4个月

11. 出口货物的申报期限为货物运抵海关监管区（　　）、装货的 24 小时（　　）。
    A. 前；后 B. 前；前 C. 后；前 D. 后；后

12. 进口货物的申报期限为装载货物的运输工具（　　）之日起（　　）内。
    A. 申报进境；15 日 B. 进境卸货；14 日
    C. 申报进境；14 日 D. 进境卸货；15 日

13. 保证金台账制度的实施与加工贸易项目（商品）的类别及加工贸易企业的类别有密切的联系，按照现行规定，下列哪项情况应采用保证金台账空转方式运作（　　）。
    A. 金额在 10000 美元及以下的加工贸易合同，由 A 类企业或 B 类企业经营
    B. 按加工贸易企业分类标准已被评定为 A 类的企业，加工限制类商品
    C. 按加工贸易企业分类标准已被评定为 C 类的企业，加工允许类商品
    D. 从事飞机、船舶等特殊行业加工贸易的企业经营的加工贸易项目

14. 北京加工贸易企业 A 进口料件生产半成品后转给南京加工贸易企业 B 继续深加工，最终产品由 B 企业出口。下列哪项结转申报手续正确的是（　　）。
    A. 先由 A 企业报进口，后由 B 企业报出口
    B. 先由 A 企业报出口，后由 B 企业报进口
    C. 先由 B 企业报进口，后由 A 企业报出口
    D. 先由 B 企业报出口，后由 A 企业报进口

15. 某实行海关 B 类管理的企业对外签订进口 3000 美元棉花（加工贸易限制类商品）生产出口服装垫肩的加工贸易合同，合同备案的手续应当是（　　）。
    A. 不设台账，申领《登记手册》 B. 不设台账，不申领《登记手册》
    C. 设台账，实转，申领《登记手册》 D. 设台账，空转，申领《登记手册》

16. 开展异地加工贸易业务，经营企业须向所在地主管海关提出申请，填制《异地加工贸易申请表》，并提供（　　）。
    A. 经营企业所在地外经贸主管部门出具的《加工贸易业务批准证》和《加工贸易加工企业生产能力证明》
    B. 加工企业所在地外经贸主管部门出具的《加工贸易业务批准证》和《加工贸易加工企业生产能力证明》
    C. 经营企业所在地外经贸主管部门出具的《加工贸易业务批准证》和加工企业所在地外经贸主管部门出具的《加工贸易加工企业生产能力证明》
    D. 加工企业所在地外经贸主管部门出具的《加工贸易业务批准证》和经营企业所在地外经贸主管部门出具的《加工贸易加工企业生产能力证明》

17. 某中资企业进口电视机散件组装电视机出口，在向海关办理加工贸易进口合同备案时尚未订立出口合同，海关准予备案，进口料件的保税额度是（　　）。
    A. 85% B. 95%
    C. 100% D. 企业合同或章程规定的外销比例

18. 保税加工货物内销，海关按规定免征缓税利息的是（　　）。
    A. 副产品 B. 残次品
    C. 边角料 D. 不可抗力受灾保税货物

19. 天津某加工贸易经营企业（一般信用企业）进口 12590 美元的涤纶长丝，委托河北

廊坊某加工企业（一般认证企业）加工袜子后返销出口。该异地加工贸易的银行保证金台账应当（　　）。
   A. 由经营企业到所在地银行设台账，半实转
   B. 由加工企业到所在地银行设台账，空转
   C. 由经营企业到加工企业所在地银行设台账，空转
   D. 由加工企业到经营企业所在地银行设台账，空转

20. 加工贸易企业从事加工出口业务中，因不可抗力原因造成损毁导致无法复出口的保税进口料件和加工制成品内销，应当（　　）。
   A. 按受灾货物免税，免纳缓税利息，免予交验许可证件
   B. 按原进口货物纳税，缴纳缓税利息，交验相应的许可证件
   C. 按受灾货物纳税，缴纳缓税利息，免予交验许可证件
   D. 按原进口货物纳税，免纳缓税利息，交验相应的许可证件

21. 某加工贸易企业从事A商品的加工生产，净耗为2，单耗为2.5，则A商品的工艺耗损率为（　　）。
   A. 10％　　　　B. 20％　　　　C. 2.5％　　　　D. 40

22. 甲企业对另一国内的乙企业进口的加工贸易料件进行加工，成品交乙企业出口，应当由（　　）到（　　）所在地主管海关办理加工贸易合同备案手续。
   A. 甲企业；甲企业　　　　　　　B. 甲企业；乙企业
   C. 乙企业；甲企业　　　　　　　D. 乙企业；乙企业

23. 对内销征税的（　　），不加征缓税利息。
   A. 加工贸易成品　　　　　　　　B. 加工贸易边角料
   C. 加工贸易残次品　　　　　　　D. 因不可抗力受灾保税料件

24. 加工贸易（　　）内销时，需要根据单耗关系折算数量。
   A. 副产品　　B. 剩余料件　　C. 边角料　　D. 残次品

25. 加工贸易保税货物内销，应当在货物（　　）申报。
   A. 所在地主管海关　　　　　　　B. 原进境地海关
   C. 指运地海关　　　　　　　　　D. 启运地海关

26. 加工贸易银行保证金台账实施分类管理，（　　）应当执行半实转。
   A. 上海一般信用企业进口允许类商品　　B. 天津一般信用企业进口限制类商品
   C. 重庆失信企业进口允许类商品　　　　D. 北京一般认证企业进口限制类商品

27. 使用ATA单证册报关的展览品，暂准进出境期限为自进出境之日起（　　）。超过期限的，ATA单证册持证人可以向海关申请延期。参加展期在24个月以上展览会的展览品，在18个月延长期届满后仍需要延期的，由（　　）审批。
   A. 6个月；主管地直属海关　　　　B. 6个月；海关总署
   C. 12个月；主管地直属海关　　　 D. 12个月；海关总署

28. 不使用ATA单证册的展览品应自进境之日起（　　）个月内复运出境，如需延长复运出境期限，应报主管海关批准。
   A. 6　　　　B. 12　　　　C. 3　　　　D. 1

29. 在我国，适用ATA单证册的适用范围是（　　）。
   A. 暂准进口货物　　　　　　　　B. 暂时进口货物

C. 展览会、交易会、会议的货物　　　D. 暂时进口集装箱

30. 我国ATA单证册的签发机构是（　　）。
    A. 海关总署　　B. 中国国际商会　　C. 国务院　　D. 外经贸部

31. 展览品暂准进出境期限为自进出境之日起（　　）。超过期限的，进出境展览品的收发货人可以向海关申请延期。延期最多不超过18个月。延长期届满应当复运出境、进境或者办理进出口手续。参加展期在24个月以上展览会的展览品，在18个月延长期届满后仍需要延期的，由（　　）审批。
    A. 6个月；主管地直属海关　　B. 6个月；海关总署
    C. 12个月；主管地直属海关　　D. 12个月；海关总署

32. 北京某外资企业从美国购进大型机器成套设备，分三批运输进口，其中两批从天津进口，另一批从青岛进口。该企业在向海关申请办理该套设备的减免税手续时，下列做法正确的是（　　）。
    A. 向北京海关分别申领两份征免税证明
    B. 向北京海关分别申领三份征免税证明
    C. 向天津海关申领一份征免税证明，向青岛海关申领一份征免税证明
    D. 向天津海关申领两份征免税证明，向青岛海关申领一份征免税证明

33. 特定减免税进口货物的海关监管期限按照货物的种类各有不同。以下特定减免税货物的正确海关监管期限是（　　）。
    A. 船舶、飞机、建材，8年；机动车辆，6年；其他货物，5年
    B. 船舶、飞机，8年；机动车辆，6年；其他货物，5年
    C. 船舶、飞机、建材，8年；机动车辆、家用电器，6年；其他货物，5年
    D. 船舶、飞机，8年；机动车辆，6年；其他货物，3年

34. 东部地区A企业特定减免税进口飞机制造设备一套，2年后经批准按折旧价格转让给同样享受特定减免税待遇的西部地区B企业。海关对B企业飞机制造设备的监管期限是（　　）。
    A. 8年　　B. 6年　　C. 5年　　D. 3年

35. 某公司免税进口造船设备一套，进口1年后开始使用，使用2年后转让给享有同等免税优惠待遇的另一公司，办理结转手续后，海关继续对该设备进行管理的期限为（　　）。
    A. 8年　　B. 5年　　C. 3年　　D. 2年

36. 减免税申请人将进口满2年的减免税设备交给其他单位使用1年，应当按照（　　）的时间补缴相应的税款。
    A. 2年　　B. 3年　　C. 1年　　D. 4年

37. 某造船企业2009年6月1日进口减免税造船设备。经海关批准，该企业2010年6月1日将设备借给不享受减免税优惠的另一企业，明确2013年5月31日返还，该造船企业应当按照（　　）的时间缴纳相应税款。
    A. 8年　　B. 5年　　C. 4年　　D. 3年

38. 直转方式转关的进口货物应当自运输工具（　　）内向进境地海关办理转关手续，在海关限定期限内运抵指运地海关之日起（　　）内，向指运地海关办理报关手续。

A. 进境之日起 14 日；14 日 B. 申报进境之日起 14 日；14 日
C. 申报进境之日起 15 日；15 日 D. 进境之日起 15 日；15 日

39. 下列关于出境的货物类快件适用报关单的表述正确的是（　　）。
    A. 对非应证、免税、无须收汇、退税的货样、广告品，提交 KJ1 报关单
    B. 对非应证、应税的货样、广告品，提交 KJ2 报关单
    C. 对应证、应税的货样、广告品，提交 KJ3 报关单
    D. 对非应证、免税，需收汇或退税的货样、广告品，提交出口货物报关单

40. 进口货物在进境地海关办理转关手续，货物运抵指运地海关办理申报手续，这种转关方式是（　　）。
    A. 提前报关转关　　B. 直接转关　　C. 转运货物　　D. 中转转关

41. 进口中转转关货物，应当由（　　）先向指运地海关办理进口申报手续，再由（　　）向进境地海关办理转关手续。
    A. 承运人；收货人　　　　　　　B. 承运人；承运人
    C. 收货人；承运人　　　　　　　D. 收货人；收货人

42. 下列关于无代价抵偿货物的税、证管理规定的表述，错误的是（　　）。
    A. 如属国家限制进口商品，与原货品名、数量、价值、贸易方式一样，无论原货是否退还境外，均可免予另办许可证件
    B. 对外商同意因残损而削价并补偿进口的同品名、同规格货物，如价格未超过削价金额的，可免税
    C. 对于车辆、家电的无代价抵偿货物，进口时可免税，但其留在国内的原货应视其残损程度估价纳税
    D. 抵偿货物进口申报时，除进口货物报关单外，应随附原进口货物报关单、税款缴纳证、商检证书或索赔协议书

43. 上海某航运公司完税进口一批驳船，使用不久后发现大部分驳船油漆剥落，向境外供应商提出索赔，供应商同意减价 60 万美元，并应进口方的要求以等值的驳船用润滑油补偿。该批润滑油进口时应当办理的海关手续是（　　）。
    A. 按一般贸易进口报关，缴纳进口税
    B. 按一般贸易进口报关，免纳进口税
    C. 按无代价抵偿货物报关，缴纳进口税
    D. 按无代价抵偿货物报关，免纳进口税

44. 某纺织品进出口公司在国内收购一批坯布运出境印染，复运进境后委托服装厂加工成服装，然后回收出口。前后两次出口适用的报关程序分别是（　　）。
    A. 暂准出境和一般出口　　　　　B. 一般出口和进料加工
    C. 出境加工和一般出口　　　　　D. 出境加工和进料加工

二、多项选择题

1. 进出口货物申报后确有正当理由的，经海关同意可修改或撤销申报。下列表述中属于正当理由的是（　　）。
    A. 由于计算机技术方面的原因而导致的电子数据错误
    B. 海关在办理出口货物的放行手续后，由于装运、配载原因造成原申报货物部分或全部退关的

C. 因海关审价、归类认定后需对申报数据进行修改的
D. 发送单位或申报单位有关人员在操作或书写上的失误，造成非涉及国家贸易管制政策、税收及海关统计指标内容错误的

2. 下列关于进、出口货物申报期限的表述正确的是（   ）。
   A. 进口货物的收货人应当自货物进境之日起 14 日内，向海关申报
   B. 进口货物的收货人应当自装载货物的运输工具申报进境之日起 14 日内，向海关申报
   C. 出口货物的发货人除海关特准的外，应当在货物运抵海关监管区后、装货的 24 小时以前向海关申报
   D. 出口货物的发货人除海关特准的外，应当在货物运抵海关监管区装货后的 24 小时以前向海关申报

3. 因海关关员的责任造成被查验货物损坏的，进出口货物收发货人或其代理人可以要求海关赔偿。但下列情况海关将不予赔偿（   ）。
   A. 海关正常查验时所产生的不可避免的磨损
   B. 由于不可抗拒的原因造成货物的损坏、损失
   C. 由于海关关员的责任造成被查验货物损坏的直接经济损失以外的其他经济损失
   D. 海关查验时进出口货物收发货人或其代理人对货物是否受损坏未提出异议，事后发现货物有损坏的

4. 进出口货物收发货人或其代理人配合海关查验的工作主要包括（   ）。
   A. 负责搬移货物，开拆和重封货物的包装
   B. 回答查验关员的询问
   C. 负责提取海关需要作进一步检验、化验或鉴定的货样
   D. 签字确认查验记录

5. 关于申报期限，以下表述正确的是（   ）。
   A. 进口货物的申报期限为自装载货物的运输工具进境之日起 14 日内
   B. 出口货物的申报期限为货物运抵海关监管区后、装货前 24 小时
   C. 经海关批准准予集中申报的进口货物中，自装载货物的运输工具申报进境之日起一个月内办理申报手续
   D. 经电缆、管道或其他特殊方式进出境的货物，进出口货物收发货人或其代理人应当按照海关的规定定期申报

6. 关于申报地点，以下表述正确的是（   ）。
   A. 进口货物应当在进境地海关申报
   B. 出口货物应当在出境地海关申报
   C. 保税货物转为一般进口时应当在货物原进境地海关申报
   D. 经收货人申请，海关同意，进口货物可以在设有海关的指运地申报

7. 海关可以对已查验货物进行复验，以下属于海关可以复验的情形是（   ）。
   A. 经初次查验未能查明货物的真实属性，需要对已查验货物的某些性状做进一步确认的
   B. 货物涉嫌走私违规，需要重新查验的
   C. 进出口货物收发货人对海关查验结论有异议，提出复验要求并经海关同意的

D. 海关查验后，检验检疫部门提出复验要求的

8. 海关接受进出口货物申报后，电子数据和纸质的进出口货物报关单不得修改或者撤销；确有正当理由的，经海关审核批准，可以修改或撤销。下列情形属于正当理由的是（　　）。
   A. 由于报关人员书写失误造成所申报的报关单内容有误，并且未发现有走私违规及其他违法嫌疑的
   B. 出口货物放行后，由于配载原因造成原申报货物退关的
   C. 进出口货物在运输过程中因不可抗力造成损毁，导致原申报数据与实际货物不符的
   D. 根据贸易惯例先行采用暂时价格成交、实际结算时按商检品质认定或国际市场实际价格付款方式需要修改申报内容的

9. 以下关于海关查验的表述正确的是（　　）。
   A. 进出口货物收发货人对海关查验结论有异议，可以向海关提出复验要求
   B. 已经参加过查验的查验人员应当参加对同一票货物的复验
   C. 经海关通知查验，进出口货物收发货人或其代理人届时未到场的，海关可以径行开验
   D. 进出口货物的收发货人或其代理人在海关查验时，对货物是否受损坏未提出异议，事后发现货物有损坏的，海关不负赔偿的责任

10. 报关单是由报关员按照海关规定格式填制的申报单，包括进出口货物报关单或者带有进出口货物报关单性质的单证。下列属于报关单的单证是（　　）。
    A. 进出境货物备案清单　　　　　　B. ATA 单证册
    C. 过境货物报关单　　　　　　　　D. 进出境展览品清单

11. 货物报关的进口阶段是指进口货物收货人或其代理人根据海关对进境货物的监管要求，在货物进境时，向海关办理相关手续的过程，包括（　　）环节。
    A. 进口申报　　B. 配合查验　　C. 缴纳税费　　D. 提取货物

12. （　　）属于一般进出口货物。
    A. 暂准进境的货样
    B. 转为实际进口的保税料件
    C. 转为实际出口的暂准出境货物
    D. 加工贸易外商免费提供的进境试车材料

13. 一般进口货物进境报关手续包括（　　）等环节。
    A. 进口申报　　　　　　　　　　　B. 配合检查
    C. 缴纳税费　　　　　　　　　　　D. 申请解除监管

14. 径行开验是指海关在进出口货物收发货人不在场的情况下，对进出口货物进行打开拆包查验。海关可以径行开验的情形有（　　）。
    A. 进出口货物发货人对海关查验结论有异议的
    B. 进出口货物存在违法嫌疑的
    C. 经初次检查为查明货物的真实属性，需对已查验货的某些性状进一步确认的
    D. 经海关通知检查，进出口货物收发货人届时未到场

15. （　　）是报关单随附单证中的基本单证。

A. 进出口许可证 B. 商品发票、装箱单
C. 提货、装货单据 D. 加工贸易电子化手册

16. 下列关于复验的表述，正确的是（　　）。
   A. 原查验人员可以参加对同一票货物的复验
   B. 说发货人对查验结论有异议，提出复验要求的，海关可以复验
   C. 货物涉嫌走私违规，需要重新查验的，海关可以复验
   D. 经初次查验未能查明货物的真实属性，需要作进一步确认的，海关可以复验

17. 下列关于滞报金征收的表述，正确的是（　　）。
   A. 因不可抗力产生的滞报可以减免滞报金
   B. 滞报金的计征起始日遇法定节假日和休息日顺延至其后第一个工作日
   C. 滞报金的计征点为人民币 50 元
   D. 滞报金的日征收金额为进口货物完税价格的万分之五

18. 某服装加工厂与外商签订了一份加工服装出口合同，该厂报关员到海关办理该批合同的备案手续时，应向海关提交下列哪些单证资料（　　）。
   A. 加工贸易合同批准证 B. 加工生产企业加工生产能力状况
   C. 加工贸易登记手册 D. 加工贸易合同

19. 下列关于加工贸易深加工结转程序的表述，正确的是（　　）。
   A. 先进行加工贸易深加工结转的计划申报，再办理发货登记，最后办理报关手续
   B. 先进行加工贸易深加工结转的计划申报，再办理报关手续，最后再收、发货
   C. 先由转出企业向转出企业所在地海关进行计划申报，再由转入企业向转入企业所在地海关进行计划申报
   D. 先由转出企业向转出企业所在地海关办理结转出口报关手续，再由转入企业向转入企业所在地海关办理进口报关手续

20. 对于履行加工贸易合同中产生的剩余料件、边角料、残次品、副产品等，在海关规定的下列处理方式中需要填制报关单向海关申报的有（　　）。
   A. 销毁 B. 结转 C. 退运 D. 放弃

21. 下列贸易形式中，属于加工贸易的是（　　）。
   A. 来料加工 B. 来料养殖 C. 进料加工 D. 出境加工

22. 目前已经公开的加工贸易禁止类商品目录包括（　　）。
   A. 国家明令禁止进出口的商品 B. 为种植、养殖而进口的商品
   C. 引起高能耗、高污染的商品 D. 高附加值、高技术含量的商品

23. 加工贸易余料如作（　　）处理，必须填制报关单报关。
   A. 内销 B. 结转 C. 退运 D. 放弃

24. 下列关于加工贸易保证金台账制度的表述，错误的是（　　）。
   A. 海南省、广西省、河北省属于西部地区
   B. 加工贸易企业为 AA 类、A 类、B 类、C 类、D 类 5 个管理类别
   C. 商品分为禁止的、限制的、允许的、鼓励类 4 类
   D. 中西两部地区 C 类企业进口允许类商品，按应该税款的 50%征收保证金

25. 为简化加工贸易合同备案手续，对同时符合（　　）条件的合同，企业可直接到海关和银行办理变更手续。

A. 合同延长不超过 3 个月 B. 变更金额不超过 1 万美元
C. 商品品种不变 D. 贸易性质不变

26. 根据《关于货物暂准进口的 ATA 单证册公约》的规定，下列关于《ATA 单证册》的表述正确的是（　　）。
   A. 是用于替代各缔约方海关暂准进出口货物报关单和税费担保的国际性通关文件
   B. 是国际统一通用的海关申报单证
   C. 一般由公约的各缔约方海关机构签发
   D. 必须使用英语或法语，如果需要，也可以同时用第三种语言印刷

27. 已进境的展览品在某些情形下不需要缴纳进口税，这些情形包括（　　）。
   A. 展览品复运出境的 B. 展览品放弃交由海关处理的
   C. 展览品被窃的 D. 展览品因不可抗力原因灭失的

28. 进境展览品（　　）不复运出境的，海关按照进口同类货物征收进口税。
   A. 毁坏 B. 留购 C. 丢失 D. 被窃

29. 特定减免税通关制度具有显著的管理特征，主要体现在以下哪几个方面（　　）。
   A. 脱离特定使用范围，应按实际去向办理相应的报关和纳税手续
   B. 在特定条件和规定范围内使用可减免进口税费
   C. 原则上免予交验进出口许可证件
   D. 货物进口验放后仍需受海关监管

30. 下列关于特定减免税货物管理的表述，正确的是（　　）。
   A. 特定减免税的申请，首先是减免税的资格确认，然后是《进出口货物征免税证明》的申领
   B. 国内投资项目和利用外资项目减免税资格确认的依据是由国务院有关部门或省市人民政府签了的《国家鼓励发展的内外资项目确认书》
   C. 民政部门或中国残疾人联合会所属单位专用品、专用仪器、专用生产设备的减免税，海关凭民政部门或中国残疾人联合会的批准文件签发《进出口货物征免税证明》
   D. 《进出口货物征免税证明》的有效期为 6 个月，且不得延期

31. 在海关监管期限内（　　），不能按照结转办理海关手续。
   A. 将减免税货物转让给不享受进口税收优惠政策的其他单位的
   B. 将减免税货物转让给进口同一货物不享受同等减免税优惠待遇的其他单位的
   C. 将减免税货物转让给进口同一货物享受同等减免税优惠待遇的其他单位的
   D. 减免税申请人未按照原定用途、地区使用减免税货物的

32. 出境加工货物按规定期限复进口，海关审定完税价格时，其价格因素包括（　　）。
   A. 原出口料件成本价
   B. 境外加工费
   C. 境外加工的材料费
   D. 复运进境的运输及其相关费用、保险费

33. 补偿货物进口时，可以以无代价抵偿货物向海关申报进口的情形有（　　）。
   A. 合同规定的索赔期 1 年，原货物进口 1 年
   B. 合同规定的索赔期 2 年，原货物进口 3 年

C. 合同规定的索赔期 5 年，原货物进口 3 年

D. 合同规定的索赔期 10 年，原货物进口 5 年

34. 短少抵偿的进口货物，收货人按照无代价抵偿货物向海关申报时，除填制报关单并提供基本单证外，还需要提交（　　）等特殊单证。

A. 原进口货物报关单

B. 原进口货物税款缴纳书或者进出口货物征免税证明

C. 买卖双方签订的索赔协议

D. 商品检验机构出具的原进口货物短少检验说明书

35. 因出口短少而申报出口的无代价抵偿货物，报关需要提交（　　）。

A. 出口许可证件　　　　　　　　B. 买卖双方签订的索赔协议

C. 原出口货物税款缴纳书　　　　D. 原出口货物报关单

36. 下列关于进出境修理货物的表述，正确的是（　　）。

A. 出境修理货物复运进境时，按境外修理费和材料费审查确定完税价格计征进口税

B. 出境修理货物不得申请延期

C. 出境修理货物复运进境申报时应当提供原修理货物进口报关单

D. 进境修理货物免予交验许可证件

37. 下列关于进境快件适用报关单证的表述，正确的是（　　）。

A. 文件类应当适用 KJ1 报关单

B. 个人物品类应当适用快件个人物品报关单

C. 海关规定准予免税的货样、广告品应当适用 KJ2 报关单

D. 其他货物类应当适用 KJ3 报关单

38. 进境的加工贸易货物类快件，不论金额大小，数量多少，均不能使用（　　）申报。

A. KJ1 报关单　　　　　　　　　B. KJ2 报关单

C. KJ3 报关单　　　　　　　　　D. 进出口货物报关单

39. 进口（　　）不得申请转关。

A. 易制毒化学品　　　　　　　　B. 废纸

C. 监控化学品　　　　　　　　　D. 消耗臭氧层物质

40. （　　）可以向海关申请转关。

A. 已办理入境手续的海关监管货物从境内一个设关地点运往境内另一个设关地点报关

B. 已办结入境手续的进口货从境内一个设关地点运往境内另一个设关地点

C. 货物在启运地出口报关运往出境地，由出境地出境

D. 货物从进境地入境，运往另一个设关地点进口报关

三、判断题

1. 在海关查验进出口货物时，报关员应按时到场，负责搬移货物，开拆和重封货物的包装。　　　　　　　　　　　　　　　　　　　　　　　　　　　　　　（　　）

2. 在采用电子和纸质报关单申报的一般情况下，海关接受申报的时间以海关接受电子数据报关单申报的时间为准。　　　　　　　　　　　　　　　　　　　（　　）

3. 在一般情况下，进出口货物收发货人或其代理人应当先以电子数据报关单形式向海关申报，海关接受并审结电子数据报关单后，进出口货物收发货人或其代理人应当自接到海关"现场交单"或者"放行交单"通知之日起 10 日内，持打印的纸质报关单，备齐规定的随附单证并签名盖章，到货物所在地海关提交单证并办理相关海关手续。（ ）

4. 在海关放行前遭受损失的货物可根据海关认定的受损程度减征关税。（ ）

5. 电子数据报关单被海关退回的，进出口货物收发货人或其代理人应当按照要求修改后重新申报，申报日期为海关接受重新申报的日期。（ ）

6. 进出境货物的海关现场放行就是结关。（ ）

7. 一般进出口货物也称为一般贸易货物，是指在进出境环节缴纳了应征的进出口税费并办结了所有必要的海关手续，海关放行后不再进行监管，可以直接进入生产和流通领域的进出口货物。（ ）

8. 进出口货物收发货人对海关查验结论有异议，向海关提出复验要求的，经海关同意，可以由原查验人员对该票货物予以复验。（ ）

9. 所谓"异地加工贸易"是指加工贸易企业将保税料件加工的产品结转至另一直属海关关区内的加工贸易企业深加工后复出口的经营活动。（ ）

10. 加工贸易经营企业申请内销的剩余料件，如果金额占该加工贸易合同项下实际进口料件总额 5% 以内（含 5%）且总值在人民币 1 万元以下（含 1 万元），商务主管部门免予审批，属于进口许可证件管理范围的，企业免交许可证件。（ ）

11. 加工贸易银行保证金台账制度的核心是对不同地区的加工贸易企业和加工贸易涉及的进出口商品实行分类管理，对部分企业进口的部分料件和出口的部分成品征收保证金。（ ）

12. 加工贸易边角料，是指加工贸易企业从事加工复出口业务，在海关核定的单耗标准内，加工过程中产生的，无法再用于加工该合同项下出口制成品的数量合理的废、碎料及下脚料。（ ）

13. 加工贸易外发加工，是指经营企业因受自身生产特点和条件限制，经海关批准并办理有关手续，委托承揽企业对加工贸易货物进行加工，在规定期限内将加工后的产品运回本企业并最终复出口的行为。（ ）

14. 外发加工的成品必须运回本企业。（ ）

15. 加工贸易工艺损耗是指因加工工艺原因，料件在正常加工过程中除净耗外所必需好用，但不能存在或者转化到成品中的无形损耗的量。（ ）

16. 电子化手册管理是海关以企业为单元，对加工贸易进行联网监管的一种方式。（ ）

17. 来料加工保税进口料件不得串换。（ ）

18. ATA 单证册既是国际通用的暂准进口报关单证，又是具有国际效力的担保书，在我国，目前仅适用在展览会、交易会、会议及类似活动中供陈列或使用的货物。（ ）

19. 经海关批准暂时进口或者暂时出口的货物，在货物收发货人向海关缴纳相当于税款的保证金或者提供担保后，准予暂时免纳关税。（ ）

20. 暂准进出境货物在向海关申报进出境时，暂不缴纳进出口税费，但收发货人须向海关提供担保。（ ）

21. 对于因毁坏而不能复运出境的进境展览品，海关根据毁坏程度估价征税；对于丢失

或被窃的进境展览品，海关按照进口同类货物征收进口税。（ ）

22. 《进出口货物征税证明》的有效期为 6 个月，且实行"一批一证"的原则，即一份征免税证明上的货物只能在一个进口口岸一次性进口。（ ）

23. 特定减免税货物以外的实际进出口货物都属于一般进出口货物的范围。（ ）

24. 如果一批特定减免货物从不同口岸进口，可以只办理一份"进出口货物征免税证明"。（ ）

25. 减免税货物因品质原因原状退运出境后，以无代价抵偿方式进口的，不予恢复期减免税额度。（ ）

26. 提前报关转关方式是指进口货物在指运地先申报，再到进境地办理进口转关手续，出口货物在货物未运抵启运地监管场所前先申报，货物运抵监管场所后再办理出口转关手续的方式。（ ）

27. 对货物类快件中海关规定准予免税的货样、广告品，报关时应提交进出境快件 KJ1 报关单。（ ）

28. 出境加工货物未按海关允许期限复运进境的，海关按照一般进出口货物办理。（ ）

29. 无代价抵偿货物是指进出口货物在海关放行后，因残损、短少、品质不良或者规格不符，由进出口货物的收发货人、承运人或者保险公司免费补偿或者更换的与原货物相同或者与合同规定相符的货物。（ ）

30. 出境修理货物超过海关规定期限复运进境的，海关按一般进口货物计征进口关税和进口环节海关代征税。（ ）

四、简答题

1. 一般进出口货物报关程序是哪些？
2. 报关申报时间、地点的具体要求有哪些？
3. 海关查验的地点、时间有何要求？查验内容主要包括哪些？
4. 海关查验过程中的经济损失赔偿标准是什么？
5. 海关放行的含义包括哪些？
6. 保税货物的含义是什么？有哪些特点？保税货物的种类有哪些？海关对保税货物的监管期限是什么？
7. 简述加工贸易中深结转的定义和报关程序。
8. 跨境电商批发和零售的管理有什么不同？
9. 参与跨境电商零售进出口业务的企业有哪些？
10. "网购保税进口"与"直购进口"的区别是什么？"特殊区域出口"与"一般出口"的区别是什么？
11. 目前跨境电商零售进口税收政策的主要内容是什么？
12. ATA 单证册的适用范围是什么？报关程序有哪些？须注意什么？
13. 简述展览品进出境的操作流程。
14. 特定减免税货物的概念是什么？其特征有哪些？海关监管期限内容是什么？
15. 进出境快件概念和报关程序是什么？
16. 无代价抵偿货物概念和报关程序是什么？
17. 如何理解进出境修理货物和出境加工货物？

18. 退运货物的特点是什么？操作流程有哪些步骤？
19. 退关货物的概念是什么？其特点有哪些？操作流程有哪些步骤？
20. 货物的转关条件是什么？运输的有哪几种方式？货物进口、出口转关方式有哪几种？

项目四　报关岗位专项技能——进出口税费成本的核算

 知识目标

- ◆ 掌握关税、进口环节税费、滞报金、滞纳金的概念、特点
- ◆ 掌握完税价格确定、原产地确定和税率适用原则
- ◆ 掌握关税、进口环节税费、滞报金、滞纳金的核算方式和步骤

 能力目标

- ◆ 能够根据基本资料，熟练计算完税价格，根据原产地选择适合税率
- ◆ 能够根据基本资料，确定原产地，选择适用税率
- ◆ 能够根据基本资料，熟练计算进出口关税、进口环节税费、滞报金和滞纳金

 重点难点

- ◆ 对进口完税价格调整因素的理解和计算
- ◆ 进口成本核算

 任务引入

　　本项目主要介绍了进出口税费成本的核算技能，这是从事报关工作人员必备的基础技能之一。本项目强调报关整体业务技能基础上的核算技能，以工作过程为导向，归纳为若干作业管理领域，根据进出口税费成本的核算所需的知识和技能，将知识学习，案例分析、作业实施相结合，突出训练工作任务的解决能力的培养。

任务一 进出口税费认知

进出口税费是指在进出口环节中海关依法征收的关税、消费税、增值税、船舶吨税等税费。依法征收关税和其他税、费是海关的重要任务之一，也是国家保护国内经济、实施财政政策、调整产业结构、发展进出口贸易的重要手段。依法交纳关税和其他税、费既是有关纳税义务人的基本义务，也是报关业务中的重点问题。

进出口税费征纳的法律依据主要是《海关法》《关税条例》以及其他有关法律、行政法规。

一、关税的认知

关税是国家税收的重要组成部分，是由海关代表国家，按照国家制定的关税政策和公布实施的税法及进出口税则，对进出关境的货物和物品向纳税义务人征收的一种流转税。

关税是一种国家税收。关税的征收主体是国家，由海关代表国家向纳税义务人征收。其课税对象是进出关境的货物和物品。

（一）进口关税

进口关税是指一国海关以进境货物和物品为课税对象所征收的关税。进口关税的种类是按照不同的分类标准，可以将进口关税分为很多类型。从报关业务的角度来看，主要应掌握以下几种分类。

1. 以是否按税则税率征收税款，可分为正税和附加税

（1）正税。正税是指按照《进出口税则》中的进口税率征收的关税，具有规范性、相对稳定性的特点。包括以下几种。

① 从价税。以货物的价格或者价值为征税标准，以应征税额占货物价格的百分比为税率，价格和税率成正比例关系，价格越高，税额越高。

$$从价税应征税额＝货物的完税价格×从价税税率$$

② 从量税。以货物的计量单位如重量、数量、容量等为征税标准。

$$从量税应征税额＝货物计量单位总数×单位税额$$

从量税的优点是征收简便；缺点是税负不尽合理，影响关税发挥作用。我国目前对原油、啤酒、胶卷和冻鸡等进口商品征收从量关税。

③ 复合税。在海关税则中，一个税目中的商品同时适用从价、从量两种标准计税，计税时按两种标准合并征收的一种关税。从价、从量两种计税标准各有优缺点，两者混合使用可以取长补短，有利于关税作用的发挥。

$$复合税应征税额＝货物的完税价格×从价税税率＋货物数量×单位税额$$

复合税较好地结合了从价和从量的优点，但是征收手续复杂，难以推广。我国目前针对进口价格高于2000美元的磁带放像机、进口价格高于5000美元的电视摄像机等进口商品征收复合税。

（2）附加税。进口附加税是由于一些特定需要对进口货物除征收关税正税之外另行征收的一种附加税，只有符合世界贸易组织反倾销、反补贴条例规定的反倾销税、反补贴税才可以征收。

反倾销税是为抵制外国商品倾销进口，保护国内生产而征收的一种进口附加税，即在倾销商品进口时除征收进口关税外,再征收反倾销税。中国颁布实施了《反倾销反补贴条例》,规定进口产品以低于其正常价值出口到中国且对中国相关企业造成实质性损害的为倾销。反倾销税由海关征收,其税额不超出倾销差额。我国目前征收的进口附加税主要是反倾销税。

此外,为应对他国对我国出口成品实施的歧视性关税或待遇,我国还相应对其产品征收特别关税。特别关税是为抵制外国对本国出口成品的歧视而对原产于该国的进口货物特别征收的一种报复性关税。

2. 按照是否给予税率优惠,可分为普通关税和优惠关税

(1) 普通关税。普通关税是指对与本国没有签署贸易或经济互惠等友好协定的国家或地区原产货物征收的关税。目前,我国对非原产于适用最惠国税率、协定优惠税率、特惠税率的国家或地区的进口货物,以及无法判明原产地的进口货物,适用普通税率。相较前述最惠国等税率,普通税率要高。

(2) 优惠关税。优惠关税是指对来自特定国家或地区的进口货物在关税方面给予优惠待遇,按照比普通关税税率低的税率征收的关税。

目前,我国优惠关税主要有最惠国待遇关税、协定优惠关税、特定优惠关税等。

① 最惠国待遇关税。最惠国待遇关税又称最惠国关税。我国规定,原产于共同适用最惠国待遇条款的世界贸易组织成员的进口货物、原产于与我国签订含有相互给予最惠国待遇条款的双边贸易协定的国家或地区的进口货物,以及原产于我国关境内的进口货物,适用最惠国关税。

② 协定优惠关税。协定优惠关税又称协定关税。我国规定,原产于与我国签订含有关税优惠条款的区域性贸易协定的国家或地区的进口货物,适用协定税率。目前,我国对亚太、东盟、中国香港 CEPA、中国澳门 CEPA、中国台湾农产品、ECFA、秘鲁、新加坡、智利、巴基斯坦、新西兰、哥斯达黎加、冰岛、瑞士、澳大利亚、韩国等自由贸易协定或优惠安排项下进口货物适用协定优惠关税。

③ 特定优惠关税。特定优惠关税又称特惠关税,原产于与我国签订含有特殊关税优惠条款的贸易协定国家或地区的进口货物,适用特惠税率。目前,我国对孟加拉国、老挝、缅甸、柬埔寨、埃塞俄比亚等国家部分进口商品实施特惠关税。

(二) 出口关税

出口关税是一国海关以出境货物和物品为课税对象所征收的关税,主要目的是限制、调控某些商品的出口,特别是防止本国重要的自然资源外流。2005 年我国海关对出口鳗鱼苗、铅矿砂、锌矿砂等 37 个税目的出口商品按法定税率征收出口税。

我国目前征收的出口关税主要有从价税和从量税。

从价税的应征出口关税税额=出口货物完税价格×出口关税税率

出口货物完税价格=FOB÷(1+出口关税税率)

从量税的应征出口关税税额=货物数量×单位税额

二、进出口环节税

进口货物和物品在办理海关手续放行后,进入国内流通领域,与国内货物同等对待,所以应缴纳应征收的国内税。进口货物和物品的一些国内税依法由海关在进口环节征收。目前,由海关征收的国内税费主要有消费税、增值税两种。

(一) 消费税

1. 概念

消费税是以消费品或消费行为的流转额作为课税对象而征收的一种流转税。我国自1994年税制改革后开始实施《中华人民共和国消费税暂行条例》。我国消费税的立法宗旨和原则是调节我国消费结构，引导消费方向，确保国家的财政收入。我国消费税是在对货物普遍征收增值税的基础上，选择少数消费品再予征收的税。我国消费税采用价内税的计税方法，即计税价格组成中包括消费税税额。

2. 消费税的征纳

消费税由税务机关征收，进口环节的消费税由海关代征；进口环节消费税除国务院另有规定外，一律不得免税、减税。进口环节消费税的起征额为人民币50元，低于50元的免征。

在中华人民共和国境内生产、委托加工和进口《消费税暂行条例》规定的消费品的单位和个人，为消费税的纳税义务人。进口的应税消费品，由纳税义务人向报关地海关申报纳税。进口环节消费税的交纳期限应与关税相同。

3. 征税范围

消费税的征收范围，仅限于少数消费品。我国目前征收消费税的商品大致可分为以下四类：

(1) 过度消费会对身体健康、社会秩序、生态环境等方面造成危害的特殊消费品，例如烟、酒、酒精、鞭炮、焰火等。

(2) 奢侈品等非生活必需品，例如贵重首饰及珠宝玉石、化妆品以及护肤护发品等。

(3) 高能耗的高档消费品，例如小轿车、摩托车、汽车轮胎等。

(4) 不可再生和替代的资源类消费品，例如汽油、柴油等。

从2002年1月1日起，进口钻石及钻石饰品的消费税改由税务部门在零售环节征收，进口环节不再征收。

从2002年6月1日起，除加工贸易外，仅出口钻石统一集中到上海钻石交易所办理报关手续，其他口岸均不得进出口钻石。

4. 计算公式

(1) 从价征收的消费税按照组成的计税价格计算，其计算公式为：

$$应纳税额＝组成计税价格×消费税税率$$
$$组成计税价格＝(关税完税价格＋关税税额)÷(1－消费税税率)$$

(2) 从量征收的消费税的计算公式为：

$$应纳税额＝应征消费税消费品数量×单位税额$$

(3) 同时实行从量、从价征收的消费税是上述两种征税方法之和，其计算公式为：

$$应纳税额＝组成计税价格×消费税税率＋应征消费税消费品数量×单位税额$$

(二) 增值税

1. 概念

增值税是以商品的生产、流通和劳务服务各个环节所创造的新增价值额为课税对象的一种流转税。我国税制改革后全面推行并采用国际通行的增值税制。这有利于促进专业分工与协作，体现税负的公平合理，稳定国家财政收入，同时也有利于出口退税的规范操作。

进口增值税是指进口环节征缴的增值税，属于流转税的一种。不同于一般增值税对在生产、批发、零售等环节的增值额为征税对象，进口增值税是专门对进口环节的增值额进行征税的一种增值税。

2. 增值税的征纳

进口环节的增值税由海关征收，其他环节的增值税由税务机关征收。进口环节增值税的免税、减税项目由国务院规定，任何地区、部门都无权擅自决定增值税的减免。进口环节增值税的起征额为人民币50元，低于50元的免征。

按照《中华人民共和国增值税暂行条例》的规定，在中华人民共和国境内销售货物或者提供加工、修理修配劳务以及进口货物，均应照章缴纳增值税。从事以上行为的单位和个人，为增值税的纳税义务人。进口环节增值税的交纳期限与关税相同。

3. 征税范围

我国增值税的征收原则是中性、简便、规范。财政部、国家税务总局关于调整增值税税率（财税〔2018〕32号文件）中确定，纳税人发生增值税应税销售行为或者进口货物，原适用17%和11%税率的，税率分别调整为16%、10%。即对纳税义务人销售或者进口低税率和零税率以外的货物，提供加工、修理、修配劳务的，税率为16%。对于纳税义务人销售或者进口农产品（含粮食）、自来水、暖气、石油液化气、天然气、食用植物油、冷气、热水、煤气、居民用煤炭制品、食用盐、农机、饲料、农药、农膜、化肥、沼气、二甲醚、图书、报纸、杂志、音像制品、电子出版物等货物，按低税率10%计征增值税。

4. 计算公式

进口环节的增值税以组成价格作为计税价格，征税时不得抵扣任何税额。其组成计税价格由关税完税价格加上关税组成；对于应征消费税的品种，其组成价格还要加上消费税。现行组成计税价格和应纳税额计算公式为：

$$组成价格 = 关税完税价格 + 关税税额 + 消费税税额$$
$$应纳增值税税额 = 组成价格 \times 增值税税率$$

三、滞纳金和滞报金

1. 滞纳金

滞纳金是海关税收管理中的一种行政强制措施。在海关监督管理中，滞纳金是应纳关税的单位或个人因在规定期限内未向海关缴纳税款而依法应缴纳的款项。按照规定，关税、进口环节增值税、消费税、船舶吨税等的纳税义务人或其代理人，应当自海关填发税款缴纳书之日起15日内向指定银行缴纳税款，逾期缴纳的，海关依法在原应纳税款的基础上，按日加收滞纳税款0.5‰的滞纳金。

滞纳金的起征额为人民币50元，不足人民币50元的免予征收。其计算公式为：

$$关税滞纳金金额 = 滞纳关税税额 \times 0.5‰ \times 滞纳天数$$
$$代征税滞纳金金额 = 滞纳代征税税额 \times 0.5‰ \times 滞纳天数$$

2. 滞报金

滞报金是海关对未在法定期限内向海关申报进口货物的收货人采取的依法加收的属经济制裁性的款项。征收目的是加速口岸疏运，加强海关对货物的通关管理，促进进口货物收货人按规定时限申报。

进口货物的申报时限如下。

(1) 邮运进口货物为由拒送达领取通知单之日起 14 日内（申报期限届满日遇星期六、星期日等休息日或者法定节假日的，则顺延至其后第 1 个工作日，下同）。

(2) 转关货物自运输工具申报进境之日起 14 日内向进境地海关办理转关手续，逾期征收滞报金；货物在海关限定期限内运抵指运地之日起 14 日内，向指运地海关办理申报手续，逾期征收滞报金。

(3) 其他运输方式的货物均为载运进口货物运输工具申报进境之日起 14 日内。

进口货物的收货人或其代理人未在规定的申报期限内向海关申报，由海关按照规定的比例征收滞报金。

滞报金按日计征，其起征日为规定的申报时限的次日，截止日为收货人向海关申报后，海关接受申报的日期。除另有规定外，起征日和截止日均计入滞报期间。

滞报金的日征收金额为进口货物完税价格的 0.5‰，以人民币"元"为计征单位，不足人民币 1 元的部分免予计征，滞报金的起征点是人民币 50 元。

征收滞报金的计算公式为：

$$应征滞报金金额 = 进口货物完税价格 \times 0.5‰ \times 滞报天数$$

任务二　进出口完税价格和税率

目前，我国海关对绝大多数进出口货物和物品征收的关税都是以价格为计税依据的从价税。海关在征收关税时必须要确定一个计征关税的价格，也就是经海关审定的作为计税依据的完税价格。也就是说，进出口货物完税价格是海关对进出口货物征收从价税时审查估定的应税价格，是凭以计征进出口货物关税及进口环节税税额的基础。海关应当遵循客观、公平、统一的估价原则，依据《海关法》《关税条例》和《中华人民共和国海关审定进出口货物完税价格办法》（以下简称《审价办法》）审定进出口货物的完税价格。因此可见，审定完税价格是贯彻关税政策的重要环节，也是海关依法行政的重要体现。

一、进口货物完税价格的审定

进口货物的完税价格由海关以该货物的成交价格为基础审查确定，并应当包括货物运抵我国境内输入地点起卸前的运输及其相关费用、保险费。"相关费用"主要是指与运输有关的费用，如装卸费、搬运费等属于广义的运费范畴内的运费。

海关确定进出口货物完税价格有六种估价方法：成交价格法、相同货物成交价格法、类似货物成交价格法、倒扣价格法、计算价格法和合理方法。这六种估价方法必须依次使用，即只有在不能使用前一种估价方法的情况下，才可以顺延使用其他估价方法。如果进口货物收货人提出要求并提供相关资料，经海关同意，可以颠倒倒扣价格方法和计算价格方法的适用次序。

（一）成交价格法

1. 成交价格的定义

成交价格是指进口货物的买方为购买该项货物，并按《关税条例》及《审价办法》的相关规定调整后的实付或者应付价格。

实付或应付价格是买方为购买进口货物向卖方或为卖方的利益而已付或者应付的支付总额。支付可以采取多种形式，可以是直接支付，也可以是间接支付。

2. 成交价格的条件

进口货物的成交价格必须满足以下条件，否则不能适用成交价格方法。

（1）买方对进口货物的处置或使用不受限制，但国内法律、行政法规规定的限制、对货物转售地域的限制、对货物价格无实质影响的限制除外。

（2）货物的价格不得受到使该货物成交价格无法确定的条件或因素的影响。

（3）卖方不得直接或间接获得因买方转售、处置或使用进口货物而产生的任何收益，除非能够按照《关税条例》及《审价办法》的规定做出调整。

（4）买卖双方之间没有特殊关系。如果有特殊关系，应当符合《审价办法》的规定。

有以下情形之一的，应当认定买卖双方有特殊关系：买卖双方为同一家族成员；买卖双方互为商业上的高级职员或董事；一方直接或间接地受另一方控制；买卖双方都直接或间接地受第三方控制；买卖双方共同直接或间接地控制第三方；一方直接或间接地拥有、控制或持有对方5％或以上公开发行的有表决权的股票或股份；一方是另一方的雇员、高级职员或董事；买卖双方是同一合伙的成员。

3. 成交价格的调整因素

（1）计入因素。计入因素即调整因素的加项，指符合一定条件的必须计入到实付或应付价格的因素，主要包括以下几点。

① 由买方负担的以下费用。除购货佣金以外的佣金和经纪费，"佣金"主要是指买方或卖方向其代理人所支付的一种劳务费用，包括购货佣金和销售佣金，"购货佣金"主要指买方为购买进口货物向自己的采购代理人支付的劳务费用，购货佣金以外的佣金和经纪费指买方为购买进口货物向代表买卖双方利益的经纪人支付的劳务费用；与进口货物视为一体的容器费用；包装材料和包装劳务费用。

② 可以按照适当比例分摊的，由买方直接或间接免费提供或以低于成本价方式销售给卖方或有关方的，未包括在实付或应付价格之中的货物或服务的价值，具体包括：进口货物包含的材料、部件、零件和类似货物的价值；在生产该货物过程中使用的工具、模具和类似货物的价值；在生产该货物过程中消耗的材料的价值；在境外进行的为生产该货物所需的工程设计、技术研发、工艺及制图等工作的价值。

③ 与该货物有关并作为卖方向我国销售该货物的一项条件，应当由买方直接或间接支付的特许权使用费。

"特许权使用费"是指买方为获得与进口货物相关的、受著作权保护的作品、专利、商标、专有技术和其他权利的使用许可而支付的费用。

④ 卖方直接或间接从买方对该货物进口后转售、处置或使用所得中获得的收益。

上述所有应计入到实付或应付价格中的调整因素的费用或价值，必须同时满足三个条件：由买方负担；未包括在进口货物的实付或应付价格中；有客观量化的数据资料。如果没有客观量化的数据资料，海关可以不采用成交价格的方法而依次使用其他估价方法估价。

（2）扣减因素。在确定进口货物的完税价格时，下列费用如果单独列明，不得计入。

① 厂房、机械、设备等货物进口后的基建、安装、装配、维修和技术服务的费用；

② 货物运抵境内输入地点起卸后的运输费用及其相关费用、保险费；

③ 进口关税及其他国内税。

此外，进口货物设计为在境内复制进口货物而支付的费用、技术培训及境外考察费用，如属单独列明的，经海关审查确认后，不计入进口货物的完税价格。

(二) 相同或类似货物成交价格法

如成交价格方法不能采用时,应按照顺序考虑采用相同或类似货物成交价格法。

1. 相同货物成交价格法

即以被估货物的相同货物的成交价格作为被估货物完税价格的价格依据。

"相同货物"指与进口货物在同一国家或地区生产的,在物理性质、质量和信誉等所有方面都相同的货物,但表面的微小差异允许存在。

2. 类似货物成交价格法

即以被估货物的类似货物的成交价格作为被估货物的完税价格的依据。"类似货物"指与进口货物在同一国家或地区生产的,虽然不是在所有方面都相同,却具有相似的特征、相似的组成材料、同样的功能,并且在商业中可以互换的货物。

海关在使用相同或类似货物成交价格方法时,要求如下。

(1) 以与被估的进口货物同时或大约同时进口的相同或类似货物的成交价格为基础估定完税价格。

(2) 使用与该货物相同商业水平且进口数量基本一致的相同或类似货物的成交价格。

(3) 在上述相同或类似货物的成交价格的情况下,可以使用不同商业水平或不同进口数量的相同或类似货物的成交价格,但应当以客观量化的数据资料对因商业水平、进口数量、运输距离和运输方式不同而在价格、成本和其他费用方面产生的差异作出调整。

(4) 首先使用同一生产商生产的相同或类似货物的成交价格,只有在没有同一生产商生产的相同或类似货物的成交价格的情况下,才可以使用同一生产国或地区生产的相同或类似货物的成交价格。

(5) 如果有多个相同或类似货物的成交价格,应当以最低的成交价格为基础估定进口货物的完税价格。

(三) 倒扣价格法

倒扣价格方法是以被估的进口货物、相同或类似货物在境内销售的价格为基础估定完税价格。

(1) 按用以倒扣的价格销售的货物应当同时符合下列条件。
① 在被估货物进口时或大约同时销售;
② 按照进口时的状态销售;
③ 在境内第一环节销售;
④ 合计的货物销售总量最大;
⑤ 向境内无特殊关系方的销售。

(2) 倒扣价格方法应当扣除的费用如下。
① 该货物的同等级或同种类货物在境内销售时的利润和一般费用(一般费用包括有关货物销售的直接和间接费用)及通常支付的佣金;
② 货物运抵境内输入地点之后的运费、保险费、装卸费及其他相关费用;
③ 进口关税、进口环节税和其他与进口或销售上述货物有关的国内税;
④ 加工增值额。加工增值额主要是指如果使用经过加工后在境内转售的价格作为倒扣的基础,必须扣除这部分价值。

(四) 计算价格法

海关在使用计算价格方法时,应当以下列各项的总和估定进口货物的完税价格:

(1) 生产该货物所使用的原材料价值和进行装配或其他加工的费用；
(2) 与向境内出口销售同等级或同种类货物的利润和一般费用相符的利润和一般费用；
(3) 货物运抵境内输入地点起卸前的运输及相关费用、保险费。

（五）合理方法

合理的估价方法，实际上不是一种具体的估价方法，而是规定了使用方法的范围和原则，即运用合理方法，必须符合《关税条例》《审价办法》的公平、统一、客观的估价原则，必须以在境内获得的数据资料为基础。在使用合理方法估价时，禁止使用以下价格。

① 境内生产的货物在境内的销售价格；
② 在备选价格中选择高的价格；
③ 依据货物在出口地市场的销售价格；
④ 依据《关税条例》《审价办法》规定之外的生产成本价格；
⑤ 依据出口到第三国或地区的货物的销售价格；
⑥ 依据最低限价或武断、虚构的价格。

二、特殊进口货物完税价格的审定

以下主要介绍一些以特殊的贸易方式或交易方式进口的货物的价格审定规定。这里所讲的"特殊"并不是指货物本身，而是指以特殊的贸易方式或交易方式进口的货物，所以上文所讲的估价方法同样适用于以下所述的进口货物。

1. 加工贸易进口料件和制成品的完税价格

对加工贸易进口货物估价的核心问题是按制成品征税还是按料件征税，以及征税的环节是在进口环节还是在内销环节。其主要规定如下。

（1）进口时需征税的进料加工进口料件，以该料件申报进口时的价格估定。进口时需征税的进料加工进口料件主要是指不予保税部分的进料加工进口料件。

（2）内销的进料加工进口料件或其制成品（包括残次品），以料件原进口时的价格估定。制成品因故转为内销时，以制成品所含料件原进口时的价格确定。

（3）内销的来料加工进口料件或其制成品（包括残次品），以料件申报内销时的价格估定。

（4）出口加工区内的加工企业内销的制成品（包括残次品、副产品），以制成品申报内销时的价格估定。

（5）保税区内的加工企业内销的进口料件或其制成品（包括残次品、副产品），分别以料件或制成品申报内销时的价格估定。如果内销的制成品中含有从境内采购的料件，则以所含从境外购入的料件原进口时的价格确定。

（6）加工贸易加工过程中产生的边角料，以申报内销时的价格确定。

2. 从保税区或出口加工区销往境内非特定区域（指保税区、出口加工区、保税区物流园区以外的其他区域）和从保税仓库出库内销的非加工贸易货物的完税价格

从保税区或出口加工区销往境内非特定区域（指保税区、出口加工区、保税区物流园区以外的其他区域）和从保税仓库出库内销的非加工贸易货物，以海关审定的从保税区或出口加工区销往区外、从保税仓库出库内销的价格估定完税价格。对经审核不能确定的，海关按照《关税条例》《审价办法》的相关规定确定完税价格。如果销售价格中未包括在保税区、出口加工区或保税仓库中发生的仓储、运输及其他相关费用的，应当按照客观量化的数据资料予以计入。

3. 出境修理货物的完税价格

运往境外修理的机械器具、运输工具或其他货物,出境时已向海关报明,并在海关规定期限内复运进境的,海关以境外修理费和料件费以及该货物复运进境的运输及其相关费用、保险费审查确定完税价格。

4. 出境加工进口货物的完税价格

运往境外加工的货物,出境时已向海关报明,并在海关规定期限内复运进境的,海关以境外加工费、料件费、该货物复运进境的运输及其相关费用、保险费审查确定完税价格。

5. 暂准进境不复运出境的货物的完税价格

对于经海关批准的暂准进境不复运出境的货物,按照《关税条例》《审价办法》的相关规定确定完税价格。

6. 租赁进口货物的完税价格

租赁方式进口的货物,按照下列方法估定完税价格。
（1）以租金方式对外支付的租赁货物在租赁期间以海关审定的租金作为完税价格。
（2）留购的租赁货物以海关审定的留购价格作为完税价格。
（3）承租人申请一次性缴纳税款的,经海关同意,按照进口货物完税价格的有关规定估定完税价格。

7. 留购的进口货样、展览品和广告品的完税价格

对于境内留购的进口货样、展览品和广告陈列品,以海关审定的留购价格作为完税价格。

8. 特定减免税货物的完税价格

减税或免税进口的货物需予征、补税时,海关以审定的该货物原进口时的价格,扣除折旧部分价值作为完税价格,其计算公式如下：

$$完税价格 = \frac{海关审定该货物}{原进口时的价格} \times \left(1 - \frac{征、补税时实际已使用的月数}{监管年限 \times 12}\right)$$

9. 跨境电子商务零售进口商品

跨境电子商务零售进口商品按照实际交易价格作为货物完税价格,实际交易价格包括货物零售价格、运费和保险费。

近年来,我国海淘数量及规模越来越大,催生大量跨境电子商务交易。为营造公平竞争的市场环境,促进跨境电子商务零售进口健康发展,国家对跨境电子商务零售进口商品管理予以明确。电子商务零售进口商品必须是在《跨境电子商务零售进口商品清单》限定的范围内,并对从事电子商务交易平台的交易、支付、物流等电子信息有明确要求。符合前述规定的,购买跨境电子商务零售进口商品的个人作为纳税义务人,实际交易价格（包括货物零售价格、运费和保险费）作为完税价格,电子商务企业、电子商务交易平台企业或物流企业可作为代收代缴义务人。

对不属于跨境电子商务零售进口的个人物品,以及无法提供交易、支付、物流等电子信息的跨境电子商务零售进口商品,按现行邮递物品进口税规定执行。

10. 其他特殊进口货物的完税价格

以易货贸易、寄售、捐赠、赠送等其他方式进口的货物,海关按照《关税条例》《审价办法》的相关规定确定完税价格。

进口供数据处理设备用载有软件的介质（指《中华人民共和国海关进出口税则》中税则

号 85.24 项下的商品），如介质本身的价值或成本与所载软件的价值分列，以及介质本身的价值或成本与所载软件的价值虽未分列，但进口人能够提供介质本身的价格或成本的证明文件，或能提供所载软件价值的证明文件，所载软件的价值不予计入完税价格。

三、出口货物完税价格的审定

我国《关税条例》规定对出口货物的完税价格进行审定的原则是：出口货物的完税价格由海关以该货物向境外销售的成交价格为基础审查确定，并应包括货物运至中华人民共和国境内输出地点装载前的运输及其相关费用、保险费，但其中包含的出口关税税额应当扣除。出口货物的成交价格是指该货物出口时卖方为出口该货物应当向买方直接收取和间接收取的价款总额。出口货物的成交价格中含有支付给境外的佣金的，如果单独列明，应当扣除。

出口货物的成交价格不能确定时，完税价格由海关依次使用下列方法估定。
（1）同时或大约同时向同一国家或地区出口的相同货物的成交价格；
（2）同时或大约同时向同一国家或地区出口的类似货物的成交价格；
（3）根据境内生产相同或类似货物的成本、利润和一般费用、境内发生的运输及其相关费用、保险费计算所得的价格；
（4）按照合理方法估定的价格。

出口货物完税价格的计算公式如下：

$$出口货物完税价格 = FOB - 出口关税 = FOB 价格 / (1 + 出口关税税率)$$

四、进出口货物完税价格中的运输及其相关费用、保险费的计算

（1）进口货物的运输及其相关费用、保险费的计算。进口货物的运输及其相关费用、保险费应当按照下列方法计算。

① 海运进口货物，计算至该货物运抵境内的卸货口岸。如果该货物的卸货口岸是内河（江）口岸，则应当计算至内河（江）口岸。

② 陆运进口货物，计算至该货物运抵境内的第一口岸。如果运输及其相关费用、保险费支付至目的地口岸，则计算至目的地口岸。

③ 空运进口货物，计算至该货物运抵境内的第一口岸。如果该货物的目的地为境内的第一口岸外的其他口岸，则计算至目的地口岸。

（2）陆运、空运和海运进口货物的运费，应当按照实际支付的费用计算。如果进口货物的运费无法确定或未实际发生，海关应当按照该货物进口同期运输行业公布的运费率（额）计算。

（3）陆运、空运和海运进口货物的保险费，应当按照实际支付的费用计算。如果进口货物的保险费无法确定或未实际发生，海关应当按照"货价加运费"两者总额的 3‰ 计算保险费。

（4）邮运的进口货物，应当以邮费作为运输及其相关费用、保险费。

（5）以境外边境口岸价格条件成交的铁路或公路运输进口货物，海关应当按照货价的 1% 计算运输及其相关费用、保险费。

（6）作为进口货物的自驾进口的运输工具，海关在审定完税价格时，可以不另行计入运费。

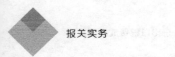

(7) 出口货物的销售价格如果包括离境口岸至境外口岸之间的运费、保险费的,该运费、保险费应当扣除。

五、进出口货物收发货人在海关审定完税价格时的权利和义务

(一) 进出口货物收发货人的权利

1. 要求具保放行货物的权利

海关为确定进出口货物的完税价格需要推迟做出估价决定时,进出口货物的收发货人可以在依法向海关提供担保后,先行提取货物。海关对于实行单保放行的货物,应当自具保之日起 90 天内核查完毕,并将核查结果通知进出口货物的收发货人。

2. 估价方法的选择权

进口货物的收货人提出要求,并提供相关资料,经海关同意,可以选择倒扣价格方法和计算价格方法的适用次序。

3. 知情权

进出口货物的收发货人可以提出书面申请,了解海关确定其进出口货物的完税价格的依据等。

4. 申诉权

依法向海关申请行政复议和向海关提起行政诉讼的权利。

(二) 进出口货物收发货人的义务

1. 如实申报的义务

进出口货物的收发货人应当向海关如实申报进出口货物的成交价格,提供包括发票、合同、装箱清单及其他证明申报价格真实、完整的单证、书面资料和电子数据。

2. 举证的责任

进出口货物的收发货人有举证证明申报价格的真实性、准确性和完整性,或举证证明交易价格没有受到与卖方之间的特殊关系的影响。

六、海关估价中的价格质疑程序和价格磋商程序

1. 价格质疑程序

在确定完税价格过程中,海关对申报价格的真实性或准确性有怀疑,或认为买卖双方的特殊关系可能影响到成交价格时,提出价格质疑的理由并书面通知进出口货物的收发货人,要求进出口货物的收发货人(包括其授权人)对价格情况进行补充申报。

进出口货物的收发货人应在规定的 15 天期限内向海关提供进一步的证据资料,包括有关成交的书面情况说明,如提供价格偏低的理由、价格构成情况、交易各方作用等。如无法在规定的期限内提供,可在到期前向海关说明原因,放弃提供或申请延期。

价格质疑程序的履行是为了核实成交价格的真实性、准确性和完整性,对于进口货物没有成交价格或申报价格明显不符合成交价格条件的情况,海关无须履行价格质疑程序,可以直接进入价格磋商程序。

2. 价格磋商程序

价格磋商是海关估价中的必经程序,海关拟按规定依次使用估价方法估价时,应在确保商业秘密的前提下,向进口货物的收货人了解有关情况,与其进行价格磋商,充分交流双方

掌握的信息。

七、进口货物原产地的确定

(一) 原产地规则的含义

各国为了适应国际贸易的需要，并为执行本国关税及非关税方面的国别歧视性贸货物原产地的认定需要以一定的措施，必须对进出口商品的原产地进行认定。但是，货物原产地的认定需要以一定的标准为依据。为此，各国以本国立法形式制定出其鉴别货物"国籍"的标准，这就是原产地规则。

WTO《原产地规则协议》将原产地规则定义为：一国（地区）为确定货物的原产地而实施的普遍适用的法律、法规和行政决定。

(二) 原产地规则的类别

从适用目的的角度划分，原产地规则分为优惠原产地规则与非优惠原产地规则。

1. 优惠原产地规则

优惠原产地规则是指一国为了实施国别优惠政策而制定的原产地规则，优惠范围以原产地为受惠国的进口产品为限。它是由于某些优惠措施规定的需要，根据受惠国的情况和限定的优惠范围，制定的一些特殊原产地认定标准，而这些标准是给惠国和受惠国之间通过多边或双边协定形势制定的，所以又称为"协定原产地规则"。

2. 非优惠原产地规则

非优惠原产地规则是指一国根据实施其海关税则和其他贸易措施的需要，由本国立法自主制定的原产地规则，也称为"自主原产地规则"。其实是必须遵守最惠国待遇原则，即必须普遍地、无差别地适用于所有原产地为最惠国的进口货物。

我国执行的优惠原产地规则主要有《亚洲及太平洋经济和社会理事会发展中国家成员国前于贸易谈判的第一协定》（简称《曼谷协定》或《亚太贸易协定》）、《中国-东盟自由贸易协定》（简称《东盟协议》）、《内地与香港关于建立更紧密经贸关系的安排》（简称CEPA香港规则）、《内地与澳门关于建立更紧密经贸关系的安排》（简称CEPA澳门规则）和《中华人民共和国给予非洲最不发达国家特别优惠关税待遇的货物原产地规则》等。

我国现行非优惠原产地规则适用于除了上述协定框架以外的其他进口商品的原产地认定，如判断进口货物是否适用最惠国税率、反倾销反补贴税率、保障措施等非双边、非多边优惠的贸易政策。

(三) 原产地认定标准

1. 优惠原产地认定标准

（1）完全获得标准

① 在该国（地区）领土或领海开采的矿产品；
② 在该国（地区）领土或领海收获或采集的植物产品；
③ 在该国（地区）领土上出生和饲养的活动物及从其所得产品；
④ 在该国（地区）领土或领海狩猎或捕捞所得的产品；
⑤ 由该国（地区）的船只在公海捕捞的水产品和其他海洋产品；
⑥ 该国（地区）加工船加工前述第⑤项所列物品所得的产品；
⑦ 在该国（地区）收集的只适用于作原材料回收的废旧物品；

⑧ 该国（地区）加工制造过程中产生的废碎料；

⑨ 在该国（地区）完全使用上述①～⑧项所列产品加工成的制成品。

(2) 增值标准。对于非完全在某一受惠国获得或审查的货物，满足以下条件时，应以进行最后加工制造的受惠国视为有关货物的原产国（地区）。

① 货物的最后加工制造工序在受惠国完成。

② 用于加工制造的非原产于受惠国及产地不明的原材料、零部件等成分的价值占进口货物 FOB 的比例，《曼谷协定》规则要求增值部分不超过 50%，原产于最不发达受惠国（即孟加拉国）的产品得以上比例不超过 60%；《东盟协议》规则增值标准为原产于任一东盟国家的中国-东盟自由贸易区成分不少于 40% 的，原产于非自由贸易区的材料、零件或者产物的总价值不超过所生产或者获得产品 FOB 的 60%，并且最后生产工序在东盟国家境内完成；CEPA 项下港澳产品的原产地增值标准为 30%。

(3) 直接运输标准。不同协定下的优惠原产地规则中的直接运输标准各有不同。

①《曼谷协定》规则的"直接运输"是指货物运输未经受惠国关境。货物虽经一个或多个非受惠国关境，但其有充分理由证明过境运输完全出于地理原因或商业运输的要求，并能证明货物在运输过程中未在非受惠国关境内使用、交易或消费，以及除装卸和保持货物良好状态而接受的简单处理外，未经任何其他处理。

经非受惠国运输进口的货物适用《曼谷协定》税率时，应进口地海关要求，进口货物收货人应提交过境海关签发的对上述事项的证明或其他证明材料。对于非直接运输进境的货物，不能使用《曼谷协定》税率，海关依法确定进口货物的原产地，并据以确定适用税率。

②《东盟协议》规则的"直接运输"是指《东盟协议》项下的进口货物从某一东盟国家直接运输至我国境内，或者从某一东盟国家经过其他自由贸易区成员国（地区）境内运输至我国，但途中没有经过任何非自由贸易区成员国（地区）境内。

进口货物运输途中经过非自由贸易区成员国（地区）境内（包括转换运输工具或者做临时储存）运输至我国，并且同时符合下列条件的，视为从东盟国家直接运输：仅是由于地理原因或者运输需要；产品经过上述国家时未进行贸易或者消费；除装卸或者为保持产品良好状态而进行的加工外，产品在上述国家未经过任何其他加工。

③ CEPA 香港项下的进口货物应当从香港直接运输至内地口岸。CEPA 澳门项下的进口货物不能从香港以外的地区或者国家转运。

2. 非优惠原产地认定标准

完全在一个国家（地区）获得的货物，以该国（地区）为原产地；两个以上国家（地区）参与生产的货物，以最后完成实质性改变的国家（地区）为原产地。

(1) 以下产品视为在一国（地区）"完全获得"。

① 在该国（地区）出生并饲养的活的动物；

② 在该国（地区）野外捕捉、捕捞、搜集的动物；

③ 从该国（地区）的活的动物获得的未经加工的物品；

④ 在该国（地区）收获的植物和植物产品；

⑤ 在该国（地区）采掘的矿物；

⑥ 在该国（地区）获得的除上述①～⑤项范围以外的其他天然生成的物品；

⑦ 在该国（地区）生产过程中产生的只能弃置或者回收用作材料的废碎料；

⑧ 在该国（地区）收集的不能修复或者修理的物品，或者从该物品中回收的零件或

材料；

⑨ 由合法悬挂该国弃置的船舶从其领海以外海域获得的海洋捕捞物和其他物品；

⑩ 在合法悬挂该国旗帜的加工船上加工上述第⑨项所列物品获得的产品；

⑪ 从该国领海以外享有专有开采权的海床或者海床底土获得的物品；

⑫ 在该国（地区）完全从上述各项所列物品中生产的产品；

⑬ 在确定货物是否在一个国家（地区）完全获得时，不考虑下列微小加工或者处理；

⑭ 为运输、储存期间保存货物而作的加工或者处理；

⑮ 为货物便于装卸而作的加工或者处理；

⑯ 为货物销售而作的包装等加工或者处理。

（2）实质性改变的确定标准如下。

实质性改变的确定标准以税则归类改变为基本标准；税则归类改变不能反映实质性改变的，以从价百分比、制造或者加工工序等为补充标准。现分别阐述如下。

① 税则归类改变标准是指在某一国家（地区）对非该国（地区）的原材料进行制造、加工后，所得货物在《中华人民共和国进出口税则》中的四位数税号一级的税则归类发生改变。

② 制造、加工工序标准是指在某一国家（地区）进行的赋予制造、加工后所得货物基本特征的主要工序。

③ 从价百分比标准，是指在某一国家（地区）对非该国（地区）原产材料进行制造、加工后的增值部分达到或超过了所得货物价值的30%。

（四）申报要求

1.《曼谷协定》原产地规则

纳税义务人除了提交其进口货物所需单证外，还应当向海关提交受惠国（指《曼谷协定》项下的韩国、斯里兰卡、孟加拉国、老挝、印度及中巴优惠安排项下的巴基斯坦）政府指定机构签发的原产地证书正本。

若货物经过非受惠国关境，则纳税义务人还令应当向海关交验：货物所经过的该过境国家（地区）有关部门出具的未再加工证明文件［香港、澳门分别由中国检验（香港）有限公司、澳门中国检验有限公司签发，其他国家（地区）由过境地海关签发］，以及自受惠国启运后换装运输工具至我国的全程提（运）单等。

2.《东盟协议》规则

纳税义务人应主动向申报地海关申明该货物适用中国-东盟协定税率。此外，除提交其进口货物所需单证外，还应当向海关提交由东盟出口国（指除菲律宾之外的其他东盟九国，即越南、泰国、新加坡、马来西亚、印度尼西亚、文莱、缅甸、柬埔寨）政府指定机构签发的原产地证书（包括正本和第三联）。

若货物经过非东盟自由贸易区成员国（地区）关境，则纳税义务人还应当向海关交易货物所经过的该过境国家（地区）海关出具的未再加工证明文件［香港、澳门分别由中国检验（香港）有限公司、澳门中国检验有限公司签发，其他国家（地区）由过境地海关签发］及在东盟出口国签发的联运提单、货物的原始商业发票副本。

3. CEPA原产地规则

CEPA的英文表述为Close Economic Partnership Arrangement（更紧密经贸关系的安排）。《内地与香港关于建立更紧密经贸关系的安排》和《内地与澳门关于建立更紧密经贸关系的安排》是中央政府与香港、澳门特别行政区分别签署的两个基本内容相似的协议。香港、澳门CEPA是中央政府根据"一国两制"方针，在世界贸易组织规则的基础上，就处理内地与港澳经贸关系所作出的一项重大战略决策。

应用CEPA原产地规则的申报中，纳税义务人应主动向申报地海关申明该货物适用零税率。此外，除提交其进口货物所需单证外，还应当向海关提交符合CEPA项下规定的有效原产地证书作为报关单随附单证。

香港CEPA原产地规则项下原产于香港的受惠商品，且经香港转运至内地口岸的，除上述单证外，纳税义务人还应当向海关交验货物的原产商发票、在澳门签发的联运提单、中国检验（香港）有限公司出具的未再加工证明文件等。

4. 中国给予非洲最不发达国家特别优惠关税待遇的原产地规则

有关货物在进口报关时，进口货物收货人应当主动向进境地海关申明有关货物享受特别优惠关税，并提交由出口国指定的政府机构签发的原产地证书。各受惠国原产地证书签发机构签发的原产地证书有效期为自签发日起180天。对经过第三国（地区）运输的进口货物，应当向申报地海关提供的单证除出口国发证机构签发的原产地证书之外，还应包括：在出口国签发的联运提单；货物的原产商发票；符合直接运输规则有关条件的证明文件。

（五）原产地证书

原产地证书是证明产品原产于某地的书面文件，它是受惠国的产品出口到给回国时享受关税优惠的凭证，同时也是进口货物是否适用反倾销税率、反补贴税率、保障措施等贸易政策的凭证。

（六）原产地预确定制度

进口货物收货人若有正当理由，可以向直属海关申请对其将要进口的货物的原产地进行预确定。

申请人在申请时，应当填写进口货物原产地预确定申请书并递交申请人的身份证明文件、进口货物本身情况、进口货物交易情况的文件资料及海关要求提供的其他文件资料。

直属海关在接到申请人的书面申请和全部必要文件资料后150天内作出原产地预确定决定，并告知申请人。

八、税率适用

（一）税率适用原则

海关进口税则分设最惠国税率、协定税率、特惠税率、普通税率、关税配额税率等税率。对进口货物在一定期限内可以实行暂定税率。

出口税则的税率栏仅设一个税目。对出口货物在一定期限内可以实行暂定税率。

（1）原产于共同适用最惠国待遇条款的世界贸易组织成员的进口货物，原产于与中华人民共和国签订含有相互给予最惠国待遇条款的双边贸易协定的国家或者地区的进口货物，以及原产于中华人民共和国境内的进口货物，适用最惠国税率。原产于与中华人民共和国签订含有关税优惠条款的区域性贸易协定的国家或者地区的进口货物，适用协定税率。原产于与中华人民共和国签订含有特殊关税优惠条款的贸易协定的国家或者地区的进口货物，使用特惠税率。上述之外的国家或者地区的进口货物，以及原产地不明的进口货物，适用普通税率。

(2) 适用最惠国税率的进口货物有暂定税率的，应当适用暂定税率；适用协定税率、特惠税率的进口货物有暂定税率的，应当从低适用税率。适用普通税率的进口货物，不适用暂定税率。适用出口税率的出口货物有暂定税率的，应当适用暂定税率。

(3) 按照国家规定实行关税配额管理的进口货物，关税配额内的，适用关税配额税率；关税配额外的，其税率的适用按照上述（1）、（2）的相关规定执行。

(4) 按照国家有关法律、行政法规的规定对进口货物采取反倾销、反补贴、保障措施的，其税率的适用按照《中华人民共和国反倾销条例》《中华人民共和国反补贴条例》和《中华人民共和国保障措施条例》的有关规定执行。

(5) 任何国家或者地区违反与中华人民共和国签订或中国共同参加的贸易协定及相关协定，对中华人民共和国在贸易方面采取禁止、限制、加征关税或者其他影响正常贸易的措施的，对原产于该国家或者地区的进口货物可以征收报复性关税，适用报复性关税税率。征收报复性关税的货物、适用国别、税率、期限和征收办法，由国务院关税税则委员会决定并公布。

此外，适用最惠国税率、协定税率、特惠税率的进口货物，以及适用出口税率的出口货物，如实施暂定税率，实行从低适用税率的原则。执行国家有关进出口关税减征措施时，首先应当在最惠国税率的基础上计算有关税目的建筑税率，然后根据进口货物的原产地及各种税率形式的适用范围，将这一税率与同一税目的特惠税率、协定税率、进口暂定最惠国税率进行比较，税率从低执行，但不得在暂定最惠国税率基础上再进行减免。按照普通税率征税的进口货物，不适用进口关税暂定税率。对于无法确定原产国（地区）的进口货物，按普通税率征税。

（二）税率适用时间

《关税条例》规定：进出口货物应当适用海关接受申报进口货物或者出口之日实施的税率。在实际运用时区分以下不同情况。

(1) 进口货物到达前，经海关核准先行申报的，应当适用装载该货物的运输工具申报进境之日实施的税率。

(2) 进口转关运输货物，应当适用指运地海关接受该货物申报进口之日实施的税率；货物运抵指运地前，经海关和制核准先行申报的，应当适用装载该货物的运输工具抵达指运地之日实施的税率。

(3) 出口转关运输货物，应当适用启运地海关接受该货物申报出口之日实施的税率。

(4) 经海关批准，实行集中申报的进出口货物，应当适用每次货物进出口时海关接受该货物申报之日实施的税率。

(5) 因超过规定期限未申报而由海关依法变卖的进口货物，其税款计征应当适用装载该货物的运输工具申报进境之日实施的税率。

(6) 因纳税义务人违反规定需要追征税款的进出口货物，应当适用违反规定的行为发生之日实施的税率；行为发生之日不能确定的，适用海关发现该行为之日实施的税率。

(7) 已申报进境并放行的保税货物、减免税货物、租赁货物或者已申报进出境并放行的暂时进出境货物，有下列情形之一需缴纳税款的，应当适用海关接受纳税义务人再次填写报关单申报办理纳税及有关手续之日实施的税率。

① 保税货物经批准不复运出境的；
② 保税仓储货物转入国内市场先销售的；

③ 减免税货物经批准转让或者移作他用的；
④ 可暂不缴纳税款的暂时进出境货物，经批准不复运出境或者进境的；
⑤ 租赁进口货物，分期缴纳税款的。
进出口货物关税的补征和退还，按照上述规定确定适用的税率。

任务三　进出口关税和进口环节税费核算

海关征收的关税、进口环节税、滞纳金、滞报金等一律以人民币计征，采用四舍五入法计算至分；完税价格、税额采用四舍五入法计算至分，分以下四舍五入。税款的起征点是人民币50元。

需注意，进出口货物的价格及有关费用以外币计价的，海关按照该货物适用税率之日所适用的计征汇率折合为人民币的完税价格，完税价格采用四舍五入法计算至分。

我国规定，计征汇率每月变更一次。每月使用的计征汇率为上一个月第3个星期三（第3个星期三为法定节假日的，顺延采用第4个星期三）中国人民银行公布的外币对人民币基准汇率；以基准汇率币种以外的外币计价的，采用同一时间中国银行公布的现汇买入价和现汇卖出价的中间值（人民币元后采用四舍五入法保留4位小数）。

一、进口关税核算的基本步骤

（一）进口关税正税核算的基本步骤

1. 从价方式计征

进口从价方式计征关税核算步骤主要有3个：确定完税价格，选择适用税率，按照公式准确计算税款。

（1）确定完税价格。我国海关征收进出口税费主要以从价税为基础进行计算，即主要以货物的价格为基础确定纳税义务人需向海关缴纳的税款。按照一定的法律规范和判定标准确定进出口货物完税价格（即海关在计征关税时使用的计税价格）十分重要，这是进行税费核算的首要步骤。

（2）选择适用税率。目前，我国采用复式税率设置，即针对同一税则号列（商品编码）货物存在不同的关税税率。这主要是原产国（地区）差异、国家税收政策等因素导致的。

适用税率的确定与商品归类、货物原产国（地区）关系十分密切，只有在准确核定进出口货物商品归类、货物原产地的基础上，才能运用税率适用的相关规定选择确定最为适合的计征税率。

① 确定商品归类。按照归类原则，将应税货物归入恰当的税则号列。

② 确定货物原产地。目前，世界主要国家关税税则均为复式关税税则，同一税则号列商品因原产地不同税率也可能不同，确定货物原产地是税率选择适用的重要条件。

③ 运用税率适用规定最终确定计征税率。在进出口货物商品归类及原产地已经明确的基础上，按照税率适用的规定最终确定计征税率。

（3）按照公式准确计算税款。在完税价格、税率等关键要素确定无误的情况下，按照规定的计算公式进行准确计算是进口关税核算的最后步骤，也是核心所在。计算公式：

$$应纳关税税额 = 完税价格 \times 进口关税税率$$

（4）计算实例。

【例 4-1】 国内某公司向香港购买德国奥迪小轿车 10 辆,成交价格为 FOB 香港 120000.00 美元,实际支付的运费 5000 美元,保险费 800 美元。已知汽车的规格为 4 座位,气缸容量为 2000 毫升,外汇汇率:1 美元=6.85 元人民币。计算应征进口关税。

计算方法如下。

确定税则归类,汽缸容量 2000 毫升的小轿车归入税目税号 8703.2314;

原产国德国适用最惠国税率 25%;

审定完税价格为 125800 美元(120000.00 美元+5000 美元+800 美元);

根据汇率适用原则将外币折算人民币为 861730.00 元(125800×6.85);

应征进口关税税额=完税价格×法定进口关税税率
=861730×25%
=215432.50(元)

【例 4-2】 国内某远洋渔业企业向美国购进国内性能不能满足需要的柴油船用发动机 2 台,成交价格合计为 CIF 境内目的地口岸 680000.00 美元。经批准该发动机进口关税税率减按 1%计征。已知外币折算率 1 美元=6.85 元人民币,计算应征进口关税。

计算方法如下。

确定税则归类,该发动机归入税目税号 8408.1000;

原产国美国适用最惠国税率 5%;

审定 CIF 价格为 680000.00 美元;

将外币价格折算成人民币为 4658000.00 元;

应征进口关税税额=完税价格×减按进口关税税率
=4658000.00×1%
=46580.00(元)

2. 从量计征方式

从量计征进口关税时,需要确定完税数(重)量、单位税额。

(1)完税数(重)量。即计税数(重)量,计税数(重)量可参照合同或发票、提单体现数(重)量确定。涉及大宗散货数(重)量在最终缴税时可能会有变化,海关在确定大宗散货最终数(重)量时一般会参考检验检疫部门出具数(重)量证书或有资质第三方出具的相关证书。需注意,某些商品需要在成交计量单位与法定计量单位之间进行折算。如申报进口啤酒,若成交计量单位为吨,进行税款核算时需折合成法定计量单位后计算,啤酒 1 吨合 988 升。同样,汽油折算比例为 1 吨合 1388 升,柴油 1 吨合 1176 升。涉及从量计征税款的税种时都需考虑此问题。

(2)单位税额。需要先确定进口货物的商品归类,之后根据税则号列和原产国对应的税率查找适合的从量定额税率。

(3)按照公式准确计算税款。在完税数(重)量及单位税额确定无误的情况下,按照公式进行核算。计算公式:

应纳关税税额=完税数(重)量×进口从量关税税率

(4)计算实例

【例 4-3】 国内某公司从香港购进柯达胶卷 50400 卷(规格 135/36 的胶卷,1 卷=0.05775 平方米),成交价格为 CIF 境内某口岸 10.00 港元/每卷,计算进口关税。

计算方法如下。

确定税则归类，彩色胶卷归入税目税号 3702.5410；

原产地香港适用最惠国税率 96 元/平方米；

确定其实际进口量：50400×0.05775＝2910.6（平方米）；

应征进口关税税额＝货物数量×单位税额＝2910.6×96＝279417.60(元)

3. 复合关税

（1）复合关税是对某种进口商品混合使用从价税和从量税计征关税。

（2）计算公式

$$应征进口关税税额＝货物数量×单位税额＋完税价格×关税税率$$

（3）计算程序

① 按照归类原则确定税则归类，将应税货物归入恰当的税目税号；

② 根据原产地规则和税率使用原则，确定应税货物所适用的税率；

③ 确定其实际进口量；

④ 根据完税价格审定办法和规定，确定应税货物的 CIF 价格（计算增值税时需要）；

⑤ 根据汇率使用原则，将以外币计价的 CIF 价格折算为人民币（完税价格）；

⑥ 按照计算公式正确计算应征税款。

（4）计算实例

【例 4-4】 国内某一公司，从日本购进广播级电视摄像机 40 台，其中有 20 台成交价格为 CIF 境内某口岸 4000 美元/台，其余 20 台成交价格为 CIF 境内某口岸 5200 美元/台。已知外币折算率 1 美元＝6.85 元人民币，计算应征进口关税总额。

计算方法如下。

确定税则归类，该批摄像机归入税目税号 8525.3091；

原产国日本关税税率适用最惠国税率，其中 CIF 境内某口岸 4000 美元/台的关税税率为单一从价税 35%，CIF 境内某口岸 5200 美元/台的关税税率为 13280 元从量税再加 3% 的从价关税；

确定后成交价格分别为 80000 美元和 104000 美元；

将外币价格折算为人民币为 548000.00 元和 712400.00 元；

按照计算公式分别计算进口关税税款。

单一从价进口关税税额＝完税价格×进口关税税率

$$=548000.00×35\%$$
$$=191800.00(元)$$

复合进口关税税额＝货物数量×单位税额＋完税价格×关税税率

$$=20×13280＋712400.00×3\%$$
$$=286972.00(元)$$

合计进口关税税额＝从价进口关税税额＋复合进口关税税额

$$=191800.00＋286972.00$$
$$=478772.00(元)$$

（二）进口附加税核算的基本步骤（以反倾销税核算为例）

反倾销等附加税的核算步骤与正税的核算步骤同样为 3 个：确定完税价格，确定反倾销税税率，按照公式准确计算税款。

1. 确定完税价格

反倾销税等附加税的完税价格确定过程与正税中关税的完税价格确定完全一致。

2. 确定反倾销税税率

确定商品归类及原产地等方法与关税正税一致。

反倾销税税率，国家对相关国家货物进口采取反制措施时均会以公告等形式发布，进口单位及报关服务单位核算此类税款时按照已经公布的决定对照货物商品归类及原产国、厂商等信息，确定适用的反倾销税税率。相关决定及公告可在海关总署及商务部网站查找。

3. 按照公式准确计算税税款

在完税价格、反倾销税税率等关键要素确定无误的情况下，按照规定的计算公式进行计算。计算公式：

$$应纳反倾销税税额＝完税价格×反倾销税税率$$

反补贴等其他附加税的税款核算，在方法上与反倾销税款计算一致。同一货物同时征收关税正税与附加税时应分别核算；同一货物同时执行反倾销和反补贴措施时，不同附加税款也应分别核算。

4. 计算实例

【例 4-5】 国内某公司从韩国某公司购进双酚 A，成交价格为 CIF 大连 256780 美元。已经该货物需要征收反倾销税，已知外币折算率 1 美元＝6.85 元人民币，计算应征的反倾销税税款。

计算方法如下。

（1）运用进口货物完税价格审定的方法，结合合同及发票内容，按照成交价格的定义及条件所述要求全面对申报价格进行审查认定，经审查未发现不符成交价格规定情形，按照成交价格方法确定完税价格，审定 CIF 价格为 256780.00 美元；

（2）按照归类总原则相关规定，确定货物归入税号 2907.2300；

（3）根据案例所示，经查询相关反倾销措施文件，对韩国产双酚 A 征收反倾销税，对应反倾销税税率为 4.7%；

（4）根据汇率使用原则，将以外币计价的 CIF 价格折算为人民币（完税价格）为 1758943.00 元；

（5）按照计算公式分别计算进口反倾销税款。

$$应纳反倾销税税额＝完税价格×反倾销税税率$$
$$＝1758943.00×4.7\%$$
$$＝82670.32(元)$$

二、进口环节海关代征税核算的基本步骤

进口环节海关代征税主要是进口环节增值税及进口环节消费税两个税种，其中增值税征收采用从价计征方式；消费税征收有从价、从量、复合 3 种计征方式，不同应征消费税商品的计税方式均有明确规定。

（一）进口环节消费税核算的基本步骤

国家对进口环节消费税计征规定有从价定率、从量定额、从价定率和从量定额的复合计税等 3 种方式，核算时需要根据具体的应税商品选择国家规定的进口环节消费税计税方法。需注意，国家仅对少数货物征收消费税，不属于应征消费税征收范围的，无须进行消费税

核算。

1. 从价定率方式

该种消费税计税方式，需要先确定关税完税价格及关税税额，它们是消费税计税价格的组成部分，关税完税价格及关税税额的核算方法同上述"进口关税核算的基本步骤"部分描述，之后按照《进出口税则》随附的消费品税目税率表查找对应的税率。

（1）确定完税价格及关税税额。方法及步骤同关税核算。在此环节需要注意，如核算消费税的货物同时也应征关税附加税的，关税税额为关税正税及附加税的总和。

（2）确定消费税率。按照上述步骤（1）核算关税税款时确定的税则号列，查找《进出口税则》随附的消费税税目税率表对应的税率。

（3）按照公式准确计算税款。需要注意，计算从价计征方式征收的消费税时，其组成计税价格包含消费税，不得直接用关税完税价格加关税税额直接与消费税税率相乘。计算公式：

$$消费税应纳税额 = 消费税组成计税价格 \times 消费税比例税率$$

$$消费税组成计税价格 = （关税完税价格 + 关税税额） \div （1 - 消费税比例税率）$$

2. 从量定额方式

从量计征消费税计税方式，需要确定应征消费税的进口数量和单位定额税率。

（1）进口数量。进口数量可凭合同及发票等单据确定。注意：某些商品需要在成交计量单位与法定计量单位之间进行折算。

（2）单位定额税率。按照归类原则准确进行归类，之后根据税则号列在《进出口税则》随附的消费品税目税率表查找对应的税率。

（3）按照公式准确进行计算。在进口数量及单位税额确定无误的情况下，按照公式进行核算。计算公式：

$$消费税应纳税额 = 应征消费税进口数量 \times 消费税定额税率$$

3. 实行从价定率和从量定额的复合计税方式

复合计税方式的应缴税款是从价定率与从量定额方式应缴税款的总和。核算时，需要分别计算出从价税款及从量税款。从价定率方式及从量定额方式征收税款的核算参见相关描述。需要特别注意的是，消费组成计税价格中包含消费税。计算公式：

$$消费税应纳税额 = 消费税组成计税价格 \times 消费税比例税率 + 应征消费税进口数量 \times 消费税定额税率$$

$$消费税组成计税价格 = \frac{关税完税价格 + 关税税额 + 应征消费税进口数量 \times 消费税定额税率}{1 - 消费税税率}$$

4. 计算实例

【例 4-6】 2017 年某进口公司进口啤酒 4000 升（啤酒：1 吨＝988 升），经海关审核其成交价格为 CIF 上海 1800 美元。已知啤酒消费税税率为：进口完税价格≥360 美元/吨时，消费税税率为 250 元/吨；进口完税价格＜360 美元/吨时，消费税税率为 220 元/吨。其使用中国人民银行公布的基准汇率为 1 美元＝6.85 元人民币，计算应纳进口环节消费税额。

计算方法如下。

将进口货物的计量单位折算为计税单位：

$$4000 \div 988 \approx 4.05（吨）$$

计算进口货物的单位完税价格：

$1800 \div 4.05 \approx 444.44$（美元/吨），适用的消费税税率为 250 元/吨。

计算应纳进口消费税税额：
应纳消费税税额＝进口货物数量×消费税从量税率
　　　　　　　＝4.05×250
　　　　　　　＝1012.50(元)

(二) 进口环节海关代征增值税核算的基本步骤

进口环节增值税组成计税价格中包含关税税额和消费税税额（如征收），核算代征增值税税款时需要先计算出关税税额（按照规定的从价或从量计征方式）及消费税税额（按照规定的从价、从量或复合计税方式选一，非应征消费税商品无须计算），之后按照《进出口税则》所示的增值税税率选定适用的税率（10%或16%）。

1. 确定关税完税价格、关税税额、消费税税额

确定步骤及方法参见相关描述。在此环节需要注意，如核算增值税的货物同时也属于征收附加税范围的，关税税额为关税正税及附加税的总和。如该货物不涉及消费税征收，则无须计算。

2. 确定增值税税率

按照上述步骤1确定的税则号列，查找《进出口税则》中所示的增值税税率。凡属征收消费税的货物其增值税税率均为16%。

3. 按照公式准确计算税额

计算公式：
　　　　应纳税额＝增值税组成计税价格×增值税税率
　　增值税组成计税价格＝关税完税价格＋关税税额＋消费税税额

4. 计算实例

【例 4-7】 某公司进口货物一批，经过海关审核其 CIF 成交价格为 1200 美元，外汇汇率 1 美元＝6.85 元人民币，共折合人民币 8220 元。已知该批货物的关税税率为 12%，消费税税率为 10%，增值税税率为 16%。计算应征增值税税额。

计算方法如下。

(1) 确定进口货物的关税完税价格
　　　　　完税价格＝CIF 价格＝8220.00(元)

(2) 计算进口货物的关税税额
　　　　关税税额＝进口货物完税价格×进口关税税率＝8220×12%＝986.40(元)

(3) 确定货物的消费税税额
　　　消费税税额＝(关税完税价＋关税税额)÷(1－消费税率)×消费税税率
　　　　　　　＝(8220.00＋986.40)÷(1－10%)×10%
　　　　　　　＝1022.93(元)

(4) 按照公式计算增值税组成计税价格
　　　增值税组成计税价格＝(关税完税价＋关税税额＋消费税税额)
　　　　　　　　　　　　＝8220.00＋986.40＋1022.93
　　　　　　　　　　　　＝10229.33(元)

(5) 按照公式计算应征增值税额
　　　　应征增值税税额＝增值税组成计税价格×增值税税率
　　　　　　　　　　　＝10229.33×16%
　　　　　　　　　　　＝1636.69(元)

三、出口关税核算基本步骤

(一) 从价计征方式

从价计征出口关税核算步骤主要有3个。

1. 确定完税价格

2. 选择适用税率

首先按照相关规定确定出口货物的完税价格,再选取出口货物适用的应征关税税率(有出口暂定税率的,应优先选用暂定税率),之后按照公式核算出口关税税款。

3. 按照公式准确计算税款

计算公式:

$$出口关税税额 = 出口货物完税价格 \times 出口关税税率$$

$$出口货物完税价格 = FOB(中国境内口岸) \div (1 + 出口关税税率)$$

(二) 从量计征方式

从量计征出口关税时,需要确定出口完税数(重)量及单位税额。

1. 完税数(重)量

出口完税数(重)量可参照合同或发票、提单体现数(重)量确定。涉及大宗散货数(重)量可能会有变化,海关在确定大宗散货最终出口数(重)量时,一般会参考检验检疫部门出具数(重)量证书或有资质第三方出具的相关证书。

2. 单位税额

需要先确定出口货物的商品归类,之后根据税则号列对应的出口关税税率查找适用的从量定额税率。

3. 按照公式准确计算税额

计算公式:

$$应纳关税税额 = 完税数(重)量 \times 出口从量关税税率$$

4. 计算实例

【例4-8】 国内某企业从广州出口到新加坡的合金生铁一批,申报出口量86吨,每吨价格为FOB广州98美元。已知外汇折算汇率1美元=6.85元人民币,要求计算出口关税。

计算方法如下。

确定税则归类,该批合金生铁归入税目税号7201.5000,税率为20%;

审定FOB价8428.00美元(86×98);

根据汇率适用原则将外币折算为人民币57731.80元(8428.00×6.85);

$$出口关税税额 = FOB \div (1 + 出口关税税率) \times 出口关税税率$$
$$= 57731.80 \div (1 + 20\%) \times 20\%$$
$$= 9621.97(元)$$

任务四 滞报金和滞纳金核算

一、滞报金核算的基本步骤

滞纳金核算的最关键步骤是滞报期间的确定,其次是进口货物完税价格的确定,之后是按照公式进行计算。

1. 滞报期间的确定

按照规定，进口货物应自装载货物的运输工具申报进境之日起14日内向海关申报，未按规定期限向海关申报的，由海关自起征之日起，至海关接受申报之日止，按日征收相应货物完税价格万分之五的滞报金。滞报金的征收，以自运输工具申报进境之日起第15日为起征日，以海关接受申报之日为截止日。起征日和截止日均计入滞报期间。

2. 进口货物完税价格的确定

同从价计征关税税款时确定完税价格的方法一致。此环节应注意是完税价格而非申报价格。

3. 按照公式准确计算滞报金额

滞报期间及完税价格确定后，按照滞报金的计算公式准确地进行计算。

（1）计算公式

$$滞报金额＝进口货物完税价格×滞报期间×0.5‰$$

（2）计算实例

【例4-9】某一运输工具装载某进出口企业购买进口的货物于11月11日申报进口，但是该企业于12月2日才向海关申报进口该批货物，海关当天接受申报。该批货物的成交价格为CIF境内口岸285000美元（外汇汇率：1美元＝6.85元人民币）计算应征滞报金。不涉及法定节假日。

计算方法如下。

（1）确定滞报天数：进口申报期限截止日为11月25日，11月26～12月2日为滞报期，一共滞纳7天。

（2）滞报金计算公式为：

$$进口货物滞报金金额＝进口货物的成交价格×0.5‰×滞报天数$$
$$＝285000×6.85×0.5‰×7＝6832.88（元）$$

二、滞纳金核算的基本步骤

滞纳金核算需要先确定发生滞纳税款的种类（金额），其次是确定发生滞纳的税种的滞纳期间，之后是分不同税种分别计算应缴的滞纳金。

按照规定，进出口关税、进口环节增值税、进口环节消费税的纳税义务人或其代理人，应当自海关填发税款缴款书之日起15日内向指定银行缴纳税款。

1. 确定发生滞纳税款的种类（金额）

针对出口货物，如未在规定期限缴纳税款，核算滞纳金时仅需确定出口关税额即可。进口货物涉及税种较多，进口单位或报关服务单位应对照未及时缴纳的关税及（或）进口环节海关代征税消费税、增值税分别确定税种及金额。

需要注意，针对进口货物，虽然各税种的税单是同时出具的，缴款截止期限也是一致的，但纳税义务人可根据自身情况在规定缴款期限内（或外）足额缴纳全部税种或单独某税种对应税款。例如，纳税义务人可根据资金情况在缴款期限内缴清关税税款，在规定的15天缴款期外，缴纳税款期限届满之日起3个月内缴清进口环节代征税税款。但在缴清全部税种税款前，海关将不予放行货物。

2. 确定滞纳期间

对未在规定的15日期限内缴纳税款的，应自第16日起算滞纳金，至缴清税款之日止。

起征日及截止日均计算为滞纳期间。缴款期限届满日遇星期六、星期日等休息日或者法定节假日的,应当顺延至休息日或者法定节假日之后的第1个工作日。国务院临时调整休息日与工作日的,海关应当按照调整后的情况计算缴款期限。

3. 按照公式准确计算滞纳金金额

发生滞纳的税种及滞纳期间确定后,按照滞纳金的计算公式准确地进行计算。

(1) 计算公式

$$关税滞纳金金额 = 滞纳关税税额 \times 滞纳天数 \times 0.5‰$$

$$进口环节海关代征消费税滞纳金金额 = 滞纳进口环节海关代征消费税税额 \times 滞纳期间 \times 0.5‰$$

$$进口环节海关代征增值税滞纳金金额 = 滞纳进口环节海关代征增值税税额 \times 滞纳期间 \times 0.5‰$$

(2) 计算实例

【例 4-10】 某进出口公司进口一批货物,成交价格为 CIF 境内某口岸 8000 美元,已知该货物的应征关税税额为 23240.00 元,增值税税额为 15238.80 元。海关于 10 月 14 日填发海关专用缴款书,该公司于 11 月 9 日缴纳税款,计算应征滞纳金。不涉及法定节假日。

(1) 确定滞纳天数

税款的缴纳期限为 2012 年 10 月 29 日,10 月 30 日至 11 月 9 日为滞纳期,一共滞纳 11 天。

(2) 计算滞纳金金额

$$关税滞纳金 = 滞纳关税税额 \times 滞纳天数 \times 1‰$$
$$= 23240.00 \times 0.5‰ \times 11$$
$$= 127.82(元)$$

$$增值税滞纳金 = 滞纳增值税税额 \times 滞纳天数 \times 1‰$$
$$= 15238.80 \times 0.5‰ \times 11$$
$$= 83.81(元)$$

小　　结

(1) 关税是国家税收的重要组成部分,是由海关代表国家,按照国家制定的关税政策和公布实施的税法及进出口税则,对进出关境的货物和物品向纳税义务人征收的一种流转税。关税是一种国家税收。关税的征收主体是国家,由海关代表国家向纳税义务人征收。其课税对象是进出关境的货物和物品。

(2) 按照不同的分类标准,可以将进口关税分为很多类型。根据征收关税的标准不同可分为从价税、从量税、复合税。按货物国别来源而区别对待的原则可将进口关税分为最惠国关税、协定关税、特惠关税和普通关税。进口关税还有正税和附加税之分。

(3) 进口货物和物品在办理海关手续放行后,进入国内流通领域,由海关在进口环节征收的国内税费主要有增值税、消费税两种。消费税是以消费品或消费行为的流转额作为课税对象而征收的一种流转税。增值税是以商品的生产、流通和劳务服务各个环节所创造的新增价值额为课税对象的一种流转税。

(4) 进口货物的完税价格由海关以该货物的成交价格为基础审查确定,并应当包括货物运抵我国境内输入地点起卸前的运输及其相关费用、保险费。"相关费用"主要是指与运输有关的费用,如装卸费、搬运费等属于广义的运费范畴内的运费。

(5) 海关确定进出口货物完税价格有六种估价方法：成交价格法、相同货物成交价格法、类似货物成交价格法、倒扣价格法、计算价格法和合理方法。这六种估价方法必须依次使用，即只有在不能使用前一种估价方法的情况下，才可以顺延使用其他估价方法。

(6) 海关进口税则分设最惠国税率、协定税率、特惠税率、普通税率、关税配额税率等税率。对进口货物在一定期限内可以实行暂定税率。出口税则的税率栏仅设一个税目。对出口货物在一定期限内可以实行暂定税率。

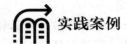

实践案例

案例分析

江苏某贸易进出口公司以一般贸易方式进口一批原产于法国的红葡萄酒，CIF SHANGHAI 30000 欧元（外汇牌价为 100 欧元＝850 元人民币）。货物于某年 8 月 4 日到货，该公司 6 日委托上海某报关公司向上海浦东机场海关申报，属于自动进口许可管理，最惠国关税税率为 14％，消费税税率为 10％，增值税税率为 16％。该公司于 8 月 8 日采用 EDI 电子申报方式向海关报关，8 月 9 日向海关提交纸质报关单。10 日海关进行查验，同日收到海关填发缴款书，11 日缴纳税费后，海关放行。

业务操作

(1) 为什么要向海关缴纳税费？
(2) 缴纳税费的义务人有哪些？
(3) 该批货物进口完税价格应该如何核算？你能指出进口货物适用税率吗？
(4) 你可以帮客户核算缴纳关税和增值税的金额吗？
(5) 缴纳期限有要求吗？若海关填发缴款书后，因故在 9 月 8 日才缴纳税费，问海关将会如何处理？

学习评价

一、单项选择题

1. 目前我国不实行从量计税的进口商品是（   ）。
   A. 冻乌鸡　　　　　B. 鲜啤酒　　　　　C. 未梳原棉　　　　　D. 盘装胶卷
2. 采用价内税计税方法的税种是（   ）。
   A. 进口关税　　　　　　　　　　　　　B. 进口环节增值税
   C. 进口环节消费税　　　　　　　　　　D. 出口关税
3. 如果出口货物的销售价格中包含了出口关税，则出口货物完税价格的计算公式为（   ）。
   A. FOB(中国境内口岸)/(1＋出口关税税率)
   B. FOB(中国境内口岸)/(1－出口关税税率)
   C. CIF(中国境内口岸)/(1＋出口关税税率)
   D. CIF(中国境内口岸)/(1－出口关税税率)

二、多项选择题

1. 下列关于我国增值税和消费税的表述，正确的是（   ）。
   A. 进口环节的增值税、消费税由海关征收，其他环节的增值税、消费税由税务机关征收
   B. 增值税、消费税均从价计征
   C. 对于进口货物税、费的计算，一般的计算过程为：先计算进口关税额，再计算消费税额，最后计算增值税额
   D. 消费税组成计税价格＝（关税完税价格＋关税税额）/（1－消费税率）

2. 对应征进口环节增值税的货物，其进口环节增值税组成计税价格包括（   ）。
   A. 进口货物完税价格　　　　　　　　B. 进口货物关税税额
   C. 进口环节消费税税额　　　　　　　D. 进口环节增值税税额

3. 关税的征税主体是国家，其征税对象是（   ）。
   A. 进出关境的货物　　　　　　　　　B. 进出关境的物品
   C. 进口货物收货人　　　　　　　　　D. 出口货物发货人

4. 对应征进口环节消费税的货物，其进口环节消费税组成计税价格包括（   ）。
   A. 进口货物关税完税价格　　　　　　B. 进口货物关税税额
   C. 进口环节消费税税额　　　　　　　D. 进口环节增值税税额

5. 下列属进出口环节由海关依法征收的税费是（   ）。
   A. 关税　　　　　　　　　　　　　　B. 消费税
   C. 进口车辆购置附加费　　　　　　　D. 船舶吨税

6. 关税的作用是（   ）。
   A. 保护国内工农业生产　　　　　　　B. 调整产业结构
   C. 组织财政收入　　　　　　　　　　D. 调节进出口贸易活动

7. 从价计征进口货物税款时，应考虑（   ）等因素。
   A. 汇率　　　　B. 价格　　　　C. 税率　　　　D. 税则号列

8. 下列属于关税附加税的是（   ）。
   A. 反倾销税　　B. 反补贴税　　C. 消费税　　　D. 增值税

9. 关税的纳税义务人包括（   ）。
   A. 进口货物收货人　　　　　　　　　B. 出口货物发货人
   C. 进出境物品所有人　　　　　　　　D. 运输工具的负责人

10. 进口关税计征方法包括（   ）。
    A. 从价税　　　B. 从量税　　　C. 复合税　　　D. 滑准税

11. 下列税费中，不足人民币50元免予征收的是（   ）。
    A. 关税　　　　B. 进口环节增值税　　C. 进口环节消费税　　D. 滞纳金

12. 进口环节消费税以从价定率方法计算的，其计税组成价格应当包括（   ）。
    A. 进口环节消费税税额　　　　　　　B. 进口环节增值税税额
    C. 进口关税税额　　　　　　　　　　D. 关税完税价格

三、判断题

1. 进口货物关税滞纳金的日征收金额为关税税额的1‰；进口货物滞报金的日征收金额为进口货物完税价格的0.5‰。　　　　　　　　　　　　　　　　　　　　　　　　（   ）

2. 我国目前征收的进口附加税主要是报复性关税。（ ）

3. 消费税组成计税价格的计算方法为：（进口关税完税价格＋进口关税税额）÷（1＋消费税税率）。（ ）

4. 进口环节增值税管理，适用关税征收管理的规定。（ ）

5. 关税是海关代表国家向纳税义务人征收的一种流转税，其征收的主体是国家，课税对象是纳税义务。（ ）

6. 关税是对准许进出关境的货物和物品向纳税义务人征收的一种流转税。（ ）

四、简答题

1. 关税、进口环节税费征收对象有哪些？

2. 关税正税和附加税都有哪些？普通关税、最惠国待遇关税及协定优惠关税有哪些区别？

3. 进口环节税由何部门负责征收？各自征纳范围是什么？

4. 试述关税、进口环节税核算公式。

5. 何为滞报？何为滞纳？试述滞报、滞纳期间的规定。

6. 试述完税价格的定义。

7. 试述成交价格的定义和条件。成交价格调整项目有哪些？

8. 何为优惠原产地？其适用范围？

9. 何为最惠国税率、协定税率、特惠税率、关税配额税率、普通税率？

10. 税率的适用原则有哪些？如何确定？

项目五 报关岗位专项技能——报关单的填制与复核

 知识目标

- ◆ 了解进出口报关单的类别，报关单各联的用途和法律效力
- ◆ 掌握海关对进出口报关单填制的一般要求
- ◆ 掌握进出口报关单各栏目填制规范
- ◆ 了解报关单填制中常见错误及造成错误的原因，掌握有效防范常见错误的方法与途径

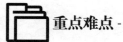 **能力目标**

- ◆ 能够正确选用与海关手续对应的电子或纸质报关单；能够熟悉掌握调整后的报关单结构
- ◆ 能够根据基本资料，熟练填制进出口报关单
- ◆ 能够根据企业的进出口资料，对已填制完成的报关单的复核作业

重点难点

- ◆ 报关单各栏目之间的逻辑关系
- ◆ 运用复核及错误排查技能，完成报关单填制复核作业

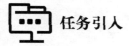 **任务引入**

本项目主要介绍了报关单的填制与复核专项技能，这是从事报关工作人员必备的基础技能之一。本项目强调报关单填制规范化，以工作过程为导向，深刻理解报关单各栏目的设置意义、填制规范，这是对报关基础知识和报关基本技能的整体考察活动作业。本项目将学习报关单填制和复核所需的知识和技能，将规范学习、作业实施相结合，突出训练工作任务的解决能力的培养。

任务一 进出口报关单认知

一、进出口货物报关单的含义、类别

(一) 含义

进出口货物报关单是指进出口货物的收发货人或其代理人，按照海关规定的格式对进出口货物的实际情况作出书面申明，以此要求海关对其货物按适用的海关制度办理通关手续的法律文书。

(二) 类别

按照货物的流转状态、贸易性质和海关监管方式的不同，进出口货物报关单可分为以下几种类型。

1. 按进出口状态分

(1) 进口货物报关单；

(2) 出口货物报关单。

2. 按表现形式分

(1) 纸质报关单；

(2) 电子数据报关单。

3. 按使用性质分

(1) 进料加工进出口货物报关单；

(2) 来料加工及补偿贸易进出口货物报关单；

(3) 一般贸易及其他贸易进出口货物报关单。

4. 按用途分

(1) 报关单录入凭单。指申报单位按海关规定的格式填写的凭单，用作报关单预录入的依据。

(2) 预录入报关单。指预录入单位录入、打印，由申报单位向海关申报的报关单。

(3) 电子数据报关单。指申报单位通过电子计算机系统，按照《报关单填制规范》的要求，向海关申报的电子报文形式的报关单及事后打印、补交备核的纸质报关单。

(4) 报关单证明联。指海关在核实货物实际入、出境后按报关单格式提供的证明，用作企业向税务、外汇管理部门办结有关手续的证明文件。包括出口货物报关单出口退税证明联、进口货物报关单付汇证明联和出口货物报关单收汇核销联。

二、进出口货物报关单各联的用途

纸质进口货物报关单一式五联，分别是海关作业联、海关留存联、企业留存联、海关核销联、进口付汇证明联。纸质出口货物报关单一式六联，分别是海关作业联、海关留存联、企业留存联、海关核销联、出口收汇证明联、出口退税证明联。

1. 进出口货物报关单作业联和留存联

进出口货物报关单海关作业联和留存联是报关员配合海关查验、缴纳税费、提取或装运货物的重要单据，也是海关查验货物、征收税费、编制海关统计以及处理其他海关事务的重要凭证。

2. 进出口货物报关单收付汇证明联

进口货物报关单付汇证明联和出口货物报关单收汇证明联,是海关签发的证明货物已实际进口或出口的证明文件,是银行和国家外汇管理部门办理售汇、付汇及核销手续的重要依据之一。

对需办理进口付汇核销或出口收汇核销的货物,进出口人或其代理人应当在海关放行货物或结关以后,向海关申领进口报关单进口付汇证明联或出口报关单出口收汇证明联。

3. 进出口货物报关单海关核销联

进出口货物报关单海关核销联是指口岸海关签发的证明货物已申报进口或出口的证明文件,是海关办理加工贸易合同核销、结案手续的重要凭证。加工贸易的货物进出口后,申报人应向海关领取进出口货物报关单海关核销联,并凭以向主管海关办理加工贸易合同核销手续。

4. 出口货物报关单出口退税证明联

出口货物报关单出口退税证明联是海关签发的证明货物已实际申报出口并已装运离境的证明文件,是国家税务机构办理出口货物退税手续的重要凭证之一。

(1) 对可办理出口退税的货物,出口货物发货人或其代理人应当在运输工具实际离境,海关收到载货清单(俗称"清洁舱单")、办理结关手续后,向海关申领出口退税证明联。

(2) 对不属于出口退税范围的,如来料加工、捐赠出口货物等,海关不予签发出口退税证明联。

三、进出口货物报关单的法律效力

《海关法》规定:"进口货物的收货人、出口货物的发货人应当向海关如实申报,交验进出口许可证件和有关单证。"

进出口货物报关单及其他进出境报关单(证)在对外经济贸易活动中具有十分重要的法律效力,它是货物的收、发货人向海关报告其进出口货物实际情况及适用海关业务制度,申请海关审查并放行货物的必备法律书证。它既是海关对进出口货物进行监管、征税、统计以及开展稽查、调查的重要依据,又是加工贸易核销、出口退税和外汇管理的重要凭证,也是海关处理进出口货物走私、违规案件及税务、外汇管理部门查处骗税、套汇犯罪活动的重要书证。因此,申报人对所填报的进出口货物报关单的真实性和准确性应承担法律责任。

四、海关对进出口货物报关单填制的一般要求

进出境货物的收、发货人或其代理人向海关申报时,必须填写并向海关递交进出口货物报关单。申报人在填制报关单时,应当依法如实向海关申报,对申报内容的真实性、准确性、完整性和规范性承担相应的法律责任。

(1) 报关员必须按照《海关法》及《中华人民共和国海关进出口货物申报管理规定》和《报关单填制规范》的有关规定和要求,向海关如实申报。

(2) 报关单的填报必须真实,做到"两个相符",一是单、证相符,即所填报关单各栏目的内容必须与合同、发票、装箱单、提单以及批文等随附单据相符;二是单、货相符,即所填报关单各栏目的内容必须与实际进出口货物情况相符。尤其是货物的品名、规格、数量、价格等栏目的内容必须真实,不得出现差错,更不能出现伪报、瞒报、虚报。

(3) 报关单的填报要准确、齐全、完整、清楚，报关单各栏目内容要逐项详细准确填报（打印），字迹清楚、整洁、端正，不得用铅笔或红色复写纸填写；若有更正，必须在更正项目上加盖校对章。

(4) 不同批文或合同的货物、同一批货物中不同贸易方式的货物、不同备案号的货物、不同提运单的货物、不同征免性质的货物、不同运输方式或相同运输方式但不同航次的货物，均应分别填写报关单。

(5) 已向海关申报的进出口货物报关单，如原填报内容与实际进出口货物不一致而又有正当理由的，申报人应向海关递交书面更正申请，经海关核准后，对原填报的内容进行更改或撤销。

任务二　报关单填制作业

2018 年 6 月 21 日，海关总署发布第 60 号公告，修订《中华人民共和国海关进出口货物报关单填制规范》，自 2018 年 8 月 1 日起执行。现行报关单分 49 个栏目，另附"相关用语的含义"，共 50 项。根据现行相关规定，对预录入编号、海关编号、境内收发货人、备案号、运输方式、运输工具名称及航次号、消费使用单位/生产销售单位、征免性质、包装种类、标记唛码及备注、项号、商品名称及规格型号、境内目的地/境内货源地、申报单位等栏目的填制要求做了相应调整和修改。新增"境外收发货人""货物存放地点""启运港""入境口岸/离境口岸"和"自报自缴"5 个栏目的填制要求。修改 4 个栏目的名称，将"收发货人"改为"境内收发货人"，将"进口口岸/出口口岸"改为"进境关别/出境关别"，将"装货港/指运港"改为"经停港/指运港"，将"随附单证"改为"随附单证及编号"。

海关特殊监管区域企业向海关申报货物进出境、进出区，应填制中华人民共和国海关进（出）境货物备案清单，海关特殊监管区域与境内（区外）之间进出的货物，区外企业应填制中华人民共和国海关进（出）口货物报关单。保税货物流转按照相关规定执行。中华人民共和国海关进（出）境货物备案清单比照《中华人民共和国海关进出口货物报关单填制规范》的要求填制。

在本任务中，我们根据新的规范要求，梳理各个项目之间的关系，为了有利于工作需要，我们按照项目关联性介绍报关单的填制作业。

一、与申报进出境口岸海关有关的项目填制

1. 预录入编号

预录入编号指预录入报关单的编号，一份报关单对应一个预录入编号，由系统自动生成。

报关单预录入编号为 18 位，其中第 1～4 位为接受申报海关的代码（海关规定的关区代码表中相应海关代码），第 5～8 位为录入时的公历年份，第 9 位为进出口标志（"1"为进口，"0"为出口；集中申报清单"I"为进口，"E"为出口），后 9 位为顺序编号。

2. 海关编号

海关编号指海关接受申报时给予报关单的编号，一份报关单对应一个海关编号，由系统自动生成。

报关单海关编号为 18 位，其中第 1～4 位为接受申报海关的代码（海关规定的关区代码

表中相应海关代码），第 5～8 位为海关接受申报的公历年份，第 9 位为进出口标志（"1" 为进口，"0" 为出口；集中申报清单 "I" 为进口，"E" 为出口），后 9 位为顺序编号。

3. 进出境关别

根据货物实际进出境的口岸海关，填报海关规定的关区代码表中相应口岸海关的名称及代码。

进口转关运输货物填报货物进境地海关名称及代码，出口转关运输货物填报货物出境地海关名称及代码。按转关运输方式监管的跨关区深加工结转货物，出口报关单填报转出地海关名称及代码，进口报关单填报转入地海关名称及代码。

在不同海关特殊监管区域或保税监管场所之间调拨、转让的货物，填报对方海关特殊监管区域或保税监管场所所在的海关名称及代码。

其他无实际进出境的货物，填报接受申报的海关名称及代码。

4. 进出口日期

进口日期填报运载进口货物的运输工具申报进境的日期。出口日期指运载出口货物的运输工具办结出境手续的日期，在申报时免予填报。无实际进出境的货物，填报海关接受申报的日期。

进出口日期为 8 位数字，顺序为年（4 位）、月（2 位）、日（2 位）。

5. 申报日期

申报日期指海关接受进出口货物收发货人、受委托的报关企业申报数据的日期。以电子数据报关单方式申报的，申报日期为海关计算机系统接受申报数据时记录的日期。以纸质报关单方式申报的，申报日期为海关接受纸质报关单并对报关单进行登记处理的日期。本栏目在申报时免予填报。

申报日期为 8 位数字，顺序为年（4 位）、月（2 位）、日（2 位）。

6. 入境口岸/离境口岸

入境口岸填报进境货物从跨境运输工具卸离的第一个境内口岸的中文名称及代码；采取多式联运跨境运输的，填报多式联运货物最终卸离的境内口岸中文名称及代码；过境货物填报货物进入境内的第一个口岸的中文名称及代码；从海关特殊监管区域或保税监管场所进境的，填报海关特殊监管区域或保税监管场所的中文名称及代码。其他无实际进境的货物，填报货物所在地的城市名称及代码。

出境口岸填报装运出境货物的跨境运输工具离境的第一个境内口岸的中文名称及代码；采取多式联运跨境运输的，填报多式联运货物最初离境的境内口岸中文名称及代码；过境货物填报货物离境的第一个境内口岸的中文名称及代码；从海关特殊监管区域或保税监管场所出境的，填报海关特殊监管区域或保税监管场所的中文名称及代码。其他无实际出境的货物，填报货物所在地的城市名称及代码。

入境口岸/离境口岸类型包括港口、码头、机场、机场货运通道、边境口岸、火车站、车辆装卸点、车检场、陆路港、坐落在口岸的海关特殊监管区域等。按海关规定的国内口岸编码表选择填报相应的境内口岸名称及代码。

二、与海关监管方式有关的项目填制

1. 备案号

填报进出口货物收发货人、消费使用单位、生产销售单位在海关办理加工贸易合同备案或征、减、免税审核确认等手续时,海关核发的加工贸易手册、海关特殊监管区域和保税监管场所保税账册、征免税证明或其他备案审批文件的编号。

一份报关单只允许填报一个备案号。具体填报要求如下。

(1) 加工贸易项下货物,除少量低值辅料按规定不使用加工贸易手册及以后续补税监管方式办理内销征税的外,填报加工贸易手册编号。

使用异地直接报关分册和异地深加工结转出口分册在异地口岸报关的,填报分册号;本地直接报关分册和本地深加工结转分册限制在本地报关,填报总册号。

加工贸易成品凭征免税证明转为减免税进口货物的,进口报关单填报征免税证明编号,出口报关单填报加工贸易手册编号。

对加工贸易设备、使用账册管理的海关特殊监管区域内减免税设备之间的结转,转入和转出企业分别填制进、出口报关单,在报关单"备案号"栏目填报加工贸易手册编号。

(2) 涉及征、减、免税审核确认的报关单,填报征免税证明编号。

(3) 减免税货物退运出口,填报中华人民共和国海关进口减免税货物准予退运证明的编号;减免税货物补税进口,填报减免税货物补税通知书的编号;减免税货物进口或结转进口(转入),填报征免税证明的编号;相应的结转出口(转出),填报中华人民共和国海关进口减免税货物结转联系函的编号。

2. 监管方式

监管方式是以国际贸易中进出口货物的交易方式为基础,结合海关对进出口货物的征税、统计及监管条件综合设定的海关对进出口货物的管理方式。其代码由 4 位数字构成,前两位是按照海关监管要求和计算机管理需要划分的分类代码,后两位是参照国际标准编制的贸易方式代码。

根据实际对外贸易情况按海关规定的监管方式代码表(见表 5-1)选择填报相应的监管方式简称及代码。一份报关单只允许填报一种监管方式。

表 5-1 监管方式代码表

监管方式代码	监管方式代码简称	贸易方式全称
0110	一般贸易	一般贸易
0130	易货贸易	易货贸易
0139	旅游购物商品	用于旅游者 5 万美元以下的出口小批量订货
0200	料件放弃	主动放弃交由海关处理的来料或进料加工料件
0214	来料加工	来料加工装配贸易进口料件及加工出口货物
0245	来料料件内销	来料加工料件转内销
0255	来料深加工	来料深加工结转货物
0258	来料余料结转	来料加工余料结转
0265	来料料件复出	来料加工复运出境的原进口料件
0300	来料料件退换	来料加工料件退换
0314	加工专用油	加工专用油
0320	不作价设备	加工贸易外商提供的不作价进口设备
0345	来料成品减免	来料加工成品凭征免税证明转减免税
0400	成品放弃	主动放弃交由海关处理的来料及进料加工成品

续表

监管方式代码	监管方式代码简称	贸易方式全称
0420	加工贸易设备	加工贸易项下外商提供的进口设备
0444	保区进料成品	按成品征税的保税区进料加工成品转内销货物
0445	保区来料成品	按成品征税的保税区来料加工成品转内销货物
0446	加工设备内销	加工贸易免税进口设备转内销
0456	加工设备结转	加工贸易免税进口设备结转
0466	加工设备退运	加工贸易免税进口设备退运出境
0500	减免设备结转	用于监管年限内减免税设备的结转
0513	补偿贸易	补偿贸易
0544	保区进料料件	按料件征税的保税区进料加工成品转内销货物
0545	保区来料料件	按料件征税的保税区来料加工成品转内销货物
0615	进料加工	进料加工
0642	进料以产顶进	进料加工成品以产顶进
0644	进料料件内销	进料加工料件转内销
0654	进料深加工	进料深加工结转货物
0657	进料余料结转	进料加工余料结转
0664	进料料件复出	进料加工复运出境的原进口料件
0700	进料料件退换	进料加工料件退换
0744	进料成品减免	进料加工成品凭征免税证明转减免税
0815	低值辅料	低值辅料
0844	进料边角料内销	进料加工项下边角料转内销
0845	来料边角料内销	来料加工项下边角料转内销
0864	进料边角料复出	进料加工项下边角料复出口
0865	来料边角料复出	来料加工项下边角料复出口
1139	国轮油物料	中国籍运输工具境内添加的保税油料、物料
1200	保税间货物	保税区间及保税仓库间货物的转关
1215	保税工厂	保税工厂
1233	保税仓库货物	保税仓库进出境货物
1234	保税区仓储转口	保税区进出境仓储转口货物
1300	修理物品	进出境修理物品
1427	出料加工	出料加工
1500	租赁不满一年	租期不满一年的租赁贸易货物
1523	租赁贸易	租期在一年及以上的租赁贸易货物
1616	寄售代销	寄售、代销货物
1741	免税品	免税品
1831	外汇商品	免税外汇商品
2025	合资合作设备	合资合作企业作为投资进口设备物品
2225	外资设备物品	外资企业作为投资进口的设备物品

续表

监管方式代码	监管方式代码简称	贸易方式全称
2400	外航公务货	外国航空公司进口公务货
2439	常驻机构公用	外国常驻机构进口办公用品
2600	暂时进出货物	暂时进出口货物
2700	展览品	进出境展览品
2939	陈列样品	驻华商业机构不复运出口的进口陈列样品
3010	货样广告品A	有经营权单位进出口的货样广告品
3039	货样广告品B	无经营权单位进出口的货样广告品
3100	无代价抵偿进出口	无低价抵偿货物进出口
3339	其他进出口免费	其他进出口免费提供货物
3410	承包工程进口	对外承包工程进口物资
3422	对外承包出口	对外承包工程出口物资
3511	援助物资	国家和国际组织无偿援助物资
3612	捐赠物资	华侨、港澳台同胞、外籍华人捐赠物资
3910	有权军事装备	直接军事装备(有经营权)
3939	无权军事装备	直接军事装备(无经营权)
4019	边境小额	边境小额贸易(边民互市贸易除外)
4039	对台小额	对台小额贸易
4200	驻外机构运回	我驻外机构运回旧公用物品
4239	驻外机构购进	我驻外机构境外购买运回国的公务用品
4400	来料成品退换	来料加工成品退换
4500	直接退运	直接退运
4539	进口溢误卸	进口溢卸、误卸货物
4561	退运货物	因质量不符、延误交货等原因退运进出境货物
4600	进料成品退换	进料成品退换
5000	料件进出区	用于区内外非实际进出境货物
5015	区内加工货物	加工区内企业从境外进口料件及加工出口成品
5033	区内仓储货物	加工区内仓储企业从境外进口的货物
5100	成品进出区	用于区内外非实际进出境货物
5200	区内边角调出	用于区内外非实际进出境货物
5300	设备进出区	用于区内外非实际进出境货物
5335	境外设备进区	加工区内企业从境外进口的设备物资
5361	区内设备退运	加工区内设备退运境外
6033	物流中心进出境货物	保税物流中心与境外之间进出仓储货物
9639	海关处理货物	海关变卖处理的超期未报货物,走私违规货物
9700	后续补税	无原始报关单的后续补税
9739	其他贸易	其他贸易
9800	租赁征税	租赁期一年及以上的租赁贸易货物的租金
9839	贸赠转卖物品	外交机构转售境内或国际活动留赠放弃特批货
9900	其他	其他

特殊情况下加工贸易货物监管方式填报要求如下。

（1）进口少量低值辅料（即5000美元以下，78种以内的低值辅料）按规定不使用加工贸易手册的，填报"低值辅料"。使用加工贸易手册的，按加工贸易手册上的监管方式填报。

（2）加工贸易料件转内销货物以及按料件办理进口手续的转内销制成品、残次品、未完成品，填制进口报关单，填报"来料料件内销"或"进料料件内销"；加工贸易成品凭征免税证明转为减免税进口货物的，分别填制进、出口报关单，出口报关单填报"来料成品减免"或"进料成品减免"，进口报关单按照实际监管方式填报。

（3）加工贸易出口成品因故退运进口及复运出口的，填报"来料成品退换"或"进料成品退换"；加工贸易进口料件因换料退运出口及复运进口的，填报"来料料件退换"或"进料料件退换"；加工贸易过程中产生的剩余料件、边角料退运出口，以及进口料件因品质、规格等原因退运出口且不再更换同类货物进口的，分别填报"来料料件复出""来料边角料复出""进料料件复出"和"进料边角料复出"。

（4）加工贸易边角料内销和副产品内销，填制进口报关单，填报"来料边角料内销"或"进料边角料内销"。

（5）企业销毁处置加工贸易货物未获得收入，销毁处置货物为料件、残次品的，填报"料件销毁"；销毁处置货物为边角料、副产品的，填报"边角料销毁"。

企业销毁处置加工贸易货物获得收入的，填报为"进料边角料内销"或"来料边角料内销"。

3. 征免性质

根据实际情况按海关规定的征免性质代码表（见表5-2）选择填报相应的征免性质简称及代码，持有海关核发的征免税证明的，按照征免税证明中批注的征免性质填报。一份报关单只允许填报一种征免性质。

加工贸易货物报关单按照海关核发的加工贸易手册中批注的征免性质简称及代码填报。

表5-2 征免性质代码表

代码	征免性质简称	征免性质全称
101	一般征税	一般征税进出口货物
201	无偿援助	无偿援助进出口物资
299	其他法定	其他法定减免税进出口货物
301	特定区域	特定区域进口自用物资及出口货物
307	保税区	保税区进口自用物资
399	其他地区	其他执行特殊政策地区出口货物
401	科教用品	大专院校及科研机构进口科教用品
403	技术改造	企业技术改造进口货物
406	重大项目	国家重大项目进口货物
412	基础设施	通信、港口、铁路、公路、机场建设进口设备
413	残疾人	残疾人组织和企业进出口货物
417	远洋渔业	远洋渔业自捕水产品
418	国产化	国家定点生产小轿车和摄录机企业进口散件
501	加工设备	加工贸易外商提供的不作价进口设备

续表

代码	征免性质简称	征免性质全称
502	来料加工	来料加工装配和补偿贸易进口料件及出口成品
503	进料加工	进料加工贸易进口料件及出口成品
506	边境小额	边境小额贸易进出口货物
601	中外合资	中外合资经营企业进出口货物
602	中外合作	中外合作经营企业进出口货物
603	外资企业	外商独资企业进出口货物
606	海上石油	勘探、开发海上石油进口货物
608	陆地石油	勘探、开发陆地石油进口货物
609	贷款项目	利用贷款进口货物
611	贷款中标	利用国际金融组织贷款和外国政府贷款项目中标进口机电设备
789	鼓励项目	国家鼓励发展的内外资项目进口设备
799	自有资金	外商投资额度外利用自有资金进口设备、备件、配件
801	救灾捐赠	救灾捐赠进口物资
898	国批减免	国务院特准减免税的进出口货物
998	内部暂定	享受内部暂定税率的进出口货物
999	例外减免	例外减免税进出口货物

特殊情况填报要求如下。

（1）加工贸易转内销货物，按实际情况填报（如一般征税、科教用品、其他法定等）。

（2）料件退运出口、成品退运进口货物填报"其他法定"（代码299）。

（3）加工贸易结转货物，免予填报。

4. 许可证号

填报进（出）口许可证、两用物项和技术进（出）口许可证、两用物项和技术出口许可证（定向）、纺织品临时出口许可证、出口许可证（加工贸易）、出口许可证（边境小额贸易）的编号。

一份报关单只允许填报一个许可证号。

5. 随附单证及编号

根据海关规定的监管证件代码表和随附单据代码表选择填报除上述许可证件以外的其他进出口许可证件或监管证件、随附单据代码及编号。

本栏目分为随附单证代码和随附单证编号两栏，其中代码栏按海关规定的监管证件代码表和随附单据代码表选择填报相应证件代码；随附单证编号栏填报证件编号。

（1）加工贸易内销征税报关单，随附单证代码栏填报"c"，随附单证编号栏填报海关审核通过的内销征税联系单号。

（2）一般贸易进出口货物，只能使用原产地证书申请享受协定税率或者特惠税率（以下统称优惠税率）的"无原产地声明模式"，"随附单证代码"栏填报原产地证书代码"Y"，在"随附单证编号"栏填报"优惠贸易协定代码"和"原产地证书编号"。可以使用原产地证书或者原产地声明申请享受优惠税率的"有原产地声明模式"，"随附单证代码"栏填写"Y"，"随附单证编号"栏填报"优惠贸易协定代码""C"（凭原产地证书申报）或"D"

(凭原产地声明申报),以及"原产地证书编号(或者原产地声明序列号)"。一份报关单对应一份原产地证书或原产地声明。

各优惠贸易协定代码如下。

"01"为"亚太贸易协定";"02"为"中国-东盟自贸协定";"03"为"内地与香港紧密经贸关系安排"(香港CEPA);"04"为"内地与澳门紧密经贸关系安排"(澳门CEPA);"06"为"台湾农产品零关税措施";"07"为"中国-巴基斯坦自贸协定";"08"为"中国-智利自贸协定";"10"为"中国-新西兰自贸协定";"11"为"中国-新加坡自贸协定";"12"为"中国-秘鲁自贸协定";"13"为"最不发达国家特别优惠关税待遇";"14"为"海峡两岸经济合作框架协议(ECFA)";"15"为"中国-哥斯达黎加自贸协定";"16"为"中国-冰岛自贸协定";"17"为"中国-瑞士自贸协定";"18"为"中国-澳大利亚自贸协定";"19"为"中国-韩国自贸协定";"20"为"中国-格鲁吉亚自贸协定"。

海关特殊监管区域和保税监管场所内销货物申请适用优惠税率的,有关货物进出海关特殊监管区域和保税监管场所以及内销时,已通过原产地电子信息交换系统实现电子联网的优惠贸易协定项下货物报关单,按照上述一般贸易要求填报;未实现电子联网的优惠贸易协定项下货物报关单,"随附单证代码"栏填报"Y","随附单证编号"栏填报"优惠贸易协定代码"和"原产地证据文件备案号"。"原产地证据文件备案号"为进出口货物的收发货物人或者其代理人录入原产地证据文件电子信息后,系统自动生成的号码。

向香港或者澳门特别行政区出口用于生产香港CEPA或者澳门CEPA项下货物的原材料时,按照上述一般贸易填报要求填制报关单,香港或澳门生产厂商在香港工贸署或者澳门经济局登记备案的有关备案号填报在"关联备案"栏。

"单证对应关系表"中填报报关单上的申报商品项与原产地证书(原产地声明)上的商品项之间的对应关系。报关单上的商品序号与原产地证书(原产地声明)上的项目编号应一一对应,不要求顺序对应。同一批次进口货物可以在同一报关单中申报,不享受优惠税率的货物序号不填报在"单证对应关系表"中。

(3)各优惠贸易协定项下,免提交原产地证据文件的小金额进口货物"随附单证代码"栏填报"Y","随附单证代码"栏填报"协定编号XJE00000","单证对应关系表"享惠报关单项号按实际填报,对应单证项号与享惠报关单项号相同。

6. 项号

项号分两行填报。第一行填报报关单中的商品顺序编号;第二行填报备案序号,专用于加工贸易及保税、减免税等已备案、审批的货物,填报该项货物在加工贸易手册或征免税证明等备案、审批单证中的顺序编号。有关优惠贸易协定项下报关单填制要求按照海关总署相关规定执行。其中第二行特殊情况填报要求如下。

(1)深加工结转货物。分别按照加工贸易手册中的进口料件项号和出口成品项号填报。

(2)料件结转货物(包括料件、制成品和未完成品折料)。出口报关单按照转出加工贸易手册中进口料件的项号填报;进口报关单按照转进加工贸易手册中进口料件的项号填报。

(3)料件复出货物(包括料件、边角料)。出口报关单按照加工贸易手册中进口料件的项号填报;当边角料对应一个以上料件项号时,填报主要料件项号。料件退换货物(包括料件、不包括未完成品),进出口报关单按照加工贸易手册中进口料件的项号填报。

(4)成品退换货物。退运进境报关单和复运出境报关单按照加工贸易手册原出口成品的项号填报。

(5) 加工贸易料件转内销货物（以及按料件办理进口手续的转内销制成品、残次品、未完成品）。填制进口报关单，填报加工贸易手册进口料件的项号；加工贸易边角料、副产品内销，填报加工贸易手册中对应的进口料件项号。当边角料或副产品对应一个以上料件项号时，填报主要料件项号。

(6) 加工贸易成品。凭征免税证明转为减免税货物进口的，应先办理进口报关手续。进口报关单填报征免税证明中的项号，出口报关单填报加工贸易手册原出口成品项号，进出口报关单货物数量应一致。

(7) 加工贸易货物销毁。填报加工贸易手册中相应的进口料件项号。

(8) 加工贸易副产品退运出口、结转出口。填报加工贸易手册中新增成品的出口项号。

(9) 经海关批准实行加工贸易联网监管的企业。按海关联网监管要求，企业需申报报关清单的，应在向海关申报进出口（包括形式进出口）报关单前，向海关申报清单。一份报关清单对应一份报关单，报关单上的商品由报关清单归并而得。加工贸易电子账册报关单中项号、品名、规格等栏目的填制规范比照加工贸易手册。

7. 征免

按照海关核发的征免税证明或有关政策规定，对报关单所列每项商品选择海关规定的征减免税方式代码表（见表5-3）中相应的征减免税方式填报。

表5-3 征减免税方式代码表

征减免税方式代码	征减免税方式名称	征减免税方式代码	征减免税方式名称
1	照章征税	6	保证金
2	折半征税	7	保函
3	全免	8	折半补税
4	特案	9	全额退税
5	随征免性质		

加工贸易货物报关单根据加工贸易手册中备案的征免规定填报；加工贸易手册中备案的征免规定为"保金"或"保函"的，填报"全免"。

三、与合同参与执行方有关的项目填制

1. 境内收发货人

填报在海关备案的对外签订并执行进出口贸易合同的中国境内法人、其他组织名称及编码。编码填报18位法人和其他组织统一社会信用代码，没有统一社会信用代码的，填报其在海关的备案编码。

特殊情况下填报要求如下。

(1) 进出口货物合同的签订者和执行者非同一企业的，填报执行合同的企业。

(2) 外商投资企业委托进出口企业进口投资设备、物品的，填报外商投资企业，并在标记唛码及备注栏注明"委托某进出口企业进口"，同时注明被委托企业的18位法人和其他组织统一社会信用代码。

(3) 有代理报关资格的报关企业代理其他进出口企业办理进出口报关手续时，填报委托的进出口企业。

(4) 海关特殊监管区域收发货人填报该货物的实际经营单位或海关特殊监管区域内经营

企业。

2. 境外收发货人

境外收货人通常指签订并执行出口贸易合同中的买方或合同指定的收货人，境外发货人通常指签订并执行进口贸易合同中的卖方。

填报境外收发货人的名称及编码。名称一般填报英文名称，检验检疫要求填报其他外文名称的，在英文名称后填报，以半角括号分隔；对于 AEO 互认国家（地区）企业的，编码填报 AEO 编码，填报样式按照海关总署发布的相关公告要求填报（如新加坡 AEO 企业填报样式为 SG123456789012，韩国 AEO 企业填报样式为 KR1234567）；非互认国家（地区）AEO 企业等其他情形，编码免予填报。

特殊情况下无境外收发货人的，名称及编码填报"NO"。

3. 消费使用单位/生产销售单位

（1）消费使用单位填报已知的进口货物在境内的最终消费、使用单位的名称，包括自行进口货物的单位和委托进出口企业进口货物的单位。

（2）生产销售单位填报出口货物在境内的生产或销售单位的名称，包括自行出口货物的单位和委托进出口企业出口货物的单位。

（3）减免税货物报关单的消费使用单位/生产销售单位应与《中华人民共和国海关进出口货物征免税证明》（简称《征免税证明》）的"减免税申请人"一致；保税监管场所与境外之间的进出境货物，消费使用单位/生产销售单位填报保税监管场所的名称（保税物流中心（B型）填报中心内企业名称）。

（4）海关特殊监管区域的消费使用单位/生产销售单位填报区域内经营企业（"加工单位"或"仓库"）。

（5）编码填报要求如下。

① 填报 18 位法人和其他组织统一社会信用代码。

② 无 18 位统一社会信用代码的，填报"NO"。

4. 合同协议号

填报进出口货物合同（包括协议或订单）编号。未发生商业性交易的免予填报。

5. 贸易国（地区）

发生商业性交易的进口填报购自国（地区），出口填报售予国（地区）。未发生商业性交易的填报货物所有权拥有者所属的国家（地区）。

按海关规定的国别（地区）代码表选择填报相应的贸易国（地区）中文名称及代码。

6. 申报单位

自理报关的，填报进出口企业的名称及编码；委托代理报关的，填报报关企业名称及编码。编码填报 18 位法人和其他组织统一社会信用代码。

报关人员填报在海关备案的姓名、编码、电话，并加盖申报单位印章。

四、与货物运输有关的项目填制

1. 运输方式

运输方式包括实际运输方式和海关规定的特殊运输方式，前者指货物实际进出境的运输方式，按进出境所使用的运输工具分类；后者指货物无实际进出境的运输方式，按货物在境内的流向分类。

根据货物实际进出境的运输方式或货物在境内流向的类别，按照海关规定的运输方式代码表（见表5-4）所示，选择填报相应的运输方式。

表 5-4 运输方式代码表

代码	中文名称	代码	中文名称
0	非保税区	9	其他方式运输
1	监管仓库	H	边境特殊海关作业区
2	水路运输	T	综合实验区
3	铁路运输	W	物流中心
4	公路运输	X	物流园区
5	航空运输	Y	保税港区
6	邮件运输	Z	出口加工区
7	保税区	L	旅客携带
8	保税仓库	G	固定设施运输

（1）特殊情况填报要求

① 非邮件方式进出境的快递货物，按实际运输方式填报。

② 进口转关运输货物，按载运货物抵达进境地的运输工具填报；出口转关运输货物，按载运货物驶离出境地的运输工具填报。

③ 不复运出（入）境而留在境内（外）销售的进出境展览品、留赠转卖物品等，填报"其他运输"（代码9）。

（2）无实际进出境货物在境内流转时填报要求

① 境内非保税区运入保税区货物和保税区退区货物，填报"非保税区"（代码0）。

② 保税区运往境内非保税区货物，填报"保税区"（代码7）。

③ 境内存入出口监管仓库和出口监管仓库退仓货物，填报"监管仓库"（代码1）。

④ 保税仓库转内销货物或转加工贸易货物，填报"保税仓库"（代码8）。

⑤ 从境内保税物流中心外运入中心或从中心运往境内中心外的货物，填报"物流中心"（代码W）。

⑥ 从境内保税物流园区外运入园区或从园区内运往境内园区外的货物，填报"物流园区"（代码X）。

⑦ 保税港区、综合保税区与境内（区外）（非海关特殊监管区域、保税监管场所）之间进出的货物，填报"保税港区/综合保税区"（代码Y）。

⑧ 出口加工区、珠澳跨境工业区（珠海园区）、中哈霍尔果斯边境合作区（中方配套区）与境内（区外）（非海关特殊监管区域、保税监管场所）之间进出的货物，填报"出口加工区"（代码Z）。

⑨ 海关特殊监管区域内的流转、调拨货物，海关特殊监管区域、保税监管场所之间的流转货物，海关特殊监管区域与境内区外之间进出的货物，海关特殊监管区域外的加工贸易余料结转、深加工结转、内销货物，以及其他境内流转货物，填报"其他运输"（代码9）。

2. 运输工具名称及航次号

填报载运货物进出境的运输工具名称或编号及航次号。填报内容应与运输部门向海关申报的舱单（载货清单）所列相应内容一致。

(1) 运输工具名称具体填报要求

① 直接在进出境地或采用全国通关一体化通关模式办理报关手续的报关单填报要求。

水路运输：填报船舶编号（来往港澳小型船舶为监管簿编号）或者船舶英文名称。

公路运输：启用公路舱单前，填报该跨境运输车辆的国内行驶车牌号，深圳提前报关模式的报关单填报国内行驶车牌号＋"/"＋"提前报关"。启用公路舱单后，免予填报。

铁路运输：填报车厢编号或交接单号。

航空运输：填报航班号。

邮件运输：填报邮政包裹单号。

其他运输：填报具体运输方式名称，例如管道、驮畜等。

② 转关运输货物的报关单填报要求。

a. 进口情形填报要求。

水路运输：直转、提前报关填报"@"＋16位转关申报单预录入号（或13位载货清单号）；中转填报进境英文船名。

铁路运输：直转、提前报关填报"@"＋16位转关申报单预录入号；中转填报车厢编号。

航空运输：直转、提前报关填报"@"＋16位转关申报单预录入号（或13位载货清单号）；中转填报"@"。

公路及其他运输：填报"@"＋16位转关申报单预录入号（或13位载货清单号）。

以上各种运输方式使用广东地区载货清单转关的提前报关货物填报"@"＋13位载货清单号。

b. 出口情形填报要求。

水路运输：非中转填报"@"＋16位转关申报单预录入号（或13位载货清单号）。如多张报关单需要通过一张转关单转关的，运输工具名称字段填报"@"。中转货物，境内水路运输填报驳船船名；境内铁路运输填报车名（主管海关4位关区代码＋"TRAIN"）；境内公路运输填报车名（主管海关4位关区代码＋"TRUCK"）。

铁路运输：填报"@"＋16位转关申报单预录入号（或13位载货清单号），如多张报关单需要通过一张转关单转关的，填报"@"。

航空运输：填报"@"＋16位转关申报单预录入号（或13位载货清单号），如多张报关单需要通过一张转关单转关的，填报"@"。

其他运输方式：填报"@"＋16位转关申报单预录入号（或13位载货清单号）。

③ 采用"集中申报"通关方式办理报关手续的，报关单填报"集中申报"。

④ 无实际进出境的货物，免予填报。

(2) 航次号具体填报要求

① 直接在进出境地或采用全国通关一体化通关模式办理报关手续的报关单填报要求。

水路运输：填报船舶的航次号。

公路运输：启用公路舱单前，填报运输车辆的8位进出境日期［顺序为年（4位）、月（2位）、日（2位），下同］。启用公路舱单后，填报货物运输批次号。

铁路运输：填报列车的进出境日期。

航空运输：免予填报。

邮件运输：填报运输工具的进出境日期。

其他运输方式：免予填报。

② 转关运输货物的报关单填报要求。

a. 进口情形填报要求。

水路运输：中转转关方式填报"@"+进境干线船舶航次。直转、提前报关免予填报。

公路运输：免予填报。

铁路运输："@"+8位进境日期。

航空运输：免予填报。

其他运输方式：免予填报。

b. 出口情形填报要求。

水路运输：非中转货物免予填报。中转货物：境内水路运输填报驳船航次号；境内铁路、公路运输填报6位启运日期［顺序为年（2位）、月（2位）、日（2位）］。

铁路拼车拼箱捆绑出口：免予填报。

航空运输：免予填报。

其他运输方式：免予填报。

③ 无实际进出境的货物，免予填报。

3. 提运单号

填报进出口货物提单或运单的编号。一份报关单只允许填报一个提单或运单号，一票货物对应多个提单或运单时，应分单填报。

具体填报要求如下。

(1) 直接在进出境地或采用全国通关一体化通关模式办理报关手续的报关单填报要求。

水路运输：填报进出口提单号。如有分提单的，填报进出口提单号+"＊"+分提单号。

公路运输：启用公路舱单前，免予填报；启用公路舱单后，填报进出口总运单号。

铁路运输：填报运单号。

航空运输：填报总运单号+"-"+分运单号，无分运单的填报总运单号。

邮件运输：填报邮运包裹单号。

(2) 转关运输货物的报关单填报要求。

① 进口情形填报要求。

水路运输：直转、中转填报提单号。提前报关免予填报。

铁路运输：直转、中转填报铁路运单号。提前报关免予填报。

航空运输：直转、中转货物填报总运单号+"-"+分运单号。提前报关免予填报。

其他运输方式：免予填报。

以上运输方式进境货物，在广东省内用公路运输转关的，填报车牌号。

② 出口情形填报要求。

水路运输：中转货物填报提单号；非中转货物免予填报；广东省内汽车运输提前报关的转关货物，填报承运车辆的车牌号。

其他运输方式：免予填报。广东省内汽车运输提前报关的转关货物，填报承运车辆的车牌号。

③ 采用"集中申报"通关方式办理报关手续的，报关单填报归并的集中申报清单的进出口起止日期［顺序为年（4位）、月（2位）、日（2位）、年（4位）、月（2位）、日（2位）］。

④ 无实际进出境的货物，免予填报。

4. 货物存放地点

填报货物进境后存放的场所或地点，包括海关监管作业场所、分拨仓库、定点加工厂、隔离检疫场、企业自有仓库等。

5. 启运港

填报进口货物在运抵我国关境前的第一个境外装运港。

根据实际情况，按海关规定的港口代码表填报相应的港口名称及代码，未在港口代码表列明的，填报相应的国家名称及代码。货物从海关特殊监管区域或保税监管场所运至境内区外的，填报港口代码表中相应海关特殊监管区域或保税监管场所的名称及代码，未在港口代码表中列明的，填报"未列出的特殊监管区"及代码。

其他无实际进境的货物，填报"中国境内"及代码。

6. 启运国（地区）/运抵国（地区）

启运国（地区）填报进口货物启始发出直接运抵我国或者在运输中转国（地）未发生任何商业性交易的情况下运抵我国的国家（地区）。

运抵国（地区）填报出口货物离开我国关境直接运抵或者在运输中转国（地区）未发生任何商业性交易的情况下最后运抵的国家（地区）。

不经过第三国（地区）转运的直接运输进出口货物，以进口货物的装货港所在国（地区）为启运国（地区），以出口货物的指运港所在国（地区）为运抵国（地区）。

经过第三国（地区）转运的进出口货物，如在中转国（地区）发生商业性交易，则以中转国（地区）作为启运/运抵国（地区）。

按海关规定的国别（地区）代码表选择填报相应的启运国（地区）或运抵国（地区）中文名称及代码。

无实际进出境的货物，填报"中国"及代码。

7. 经停港/指运港

经停港填报进口货物在运抵我国关境前的最后一个境外装运港。

指运港填报出口货物运往境外的最终目的港；最终目的港不可预知的，按尽可能预知的目的港填报。

根据实际情况，按海关规定的港口代码表选择填报相应的港口名称及代码。经停港/指运港在港口代码表中无港口名称及代码的，可选择填报相应的国家名称及代码。

无实际进出境的货物，填报"中国境内"及代码。

8. 包装种类

填报进出口货物的所有包装材料，包括运输包装和其他包装，按海关规定的包装种类代码表选择填报相应的包装种类名称及代码。运输包装指提运单所列货物件数单位对应的包装，其他包装包括货物的各类包装，以及植物性铺垫材料等。

9. 件数

填报进出口货物运输包装的件数（按运输包装计）。特殊情况填报要求如下。

（1）舱单件数为集装箱的，填报集装箱个数。

（2）舱单件数为托盘的，填报托盘数。

不得填报为零，裸装货物填报为"1"。

10. 毛重（千克）

填报进出口货物及其包装材料的重量之和，计量单位为千克，不足 1 千克的填报为"1"。

11. 净重（千克）

填报进出口货物的毛重减去外包装材料后的重量，即货物本身的实际重量，计量单位为千克，不足 1 千克的填报为"1"。

12. 标记唛码及备注

填报要求如下。

（1）标记唛码中除图形以外的文字、数字，无标记唛码的填报 N/M。

（2）受外商投资企业委托代理其进口投资设备、物品的进出口企业名称。

（3）与本报关单有关联关系的，同时在业务管理规范方面又要求填报的备案号，填报在电子数据报关单中"关联备案"栏。

保税间流转货物、加工贸易结转货物及凭征免税证明转内销货物，其对应的备案号填报在"关联备案"栏。

减免税货物结转进口（转入），"关联备案"栏填报本次减免税货物结转所申请的《中华人民共和国海关进口减免税货物结转联系函》的编号。

减免税货物结转出口（转出），"关联备案"栏填报与其相对应的进口（转入）报关单"备案号"栏中征免税证明的编号。

（4）与本报关单有关联关系的，同时在业务管理规范方面又要求填报的报关单号，填报在电子数据报关单中"关联报关单"栏。

保税间流转、加工贸易结转类的报关单，应先办理进口报关，并将进口报关单号填入出口报关单的"关联报关单"栏。

办理进口货物直接退运手续的，除另有规定外，应先填制出口报关单，再填制进口报关单，并将出口报关单号填报在进口报关单的"关联报关单"栏。

减免税货物结转出口（转出），应先办理进口报关，并将进口（转入）报关单号填入出口（转出）报关单的"关联报关单"栏。

（5）办理进口货物直接退运手续的，填报"〈ZT"＋海关审核联系单号或者海关责令进口货物直接退运通知书编号＋"〉"。

（6）保税监管场所进出货物，在"保税/监管场所"栏填报本保税监管场所编码（保税物流中心（B型）填报本中心的国内地区代码），其中涉及货物在保税监管场所间流转的，在本栏填报对方保税监管场所代码。

（7）跨境电子商务进出口货物，填报"跨境电子商务"。

（8）进出口与预裁定决定书列明情形相同的货物时，按照预裁定决定书填报，格式为："预裁定＋预裁定决定书编号"（例如：某份预裁定决定书编号为 R-2-0100-2018-0001，则填报为"预裁定 R-2-0100-2018-0001"）。

（9）含归类行政裁定报关单，填报归类行政裁定编号，格式为："c"＋4 位数字编号。例如：c0001。

（10）企业提供 ATA 单证册的货物，填报"ATA 单证册"字样。

13. 最终目的国（地区）

最终目的国（地区）填报已知的进出口货物的最终实际消费、使用或进一步加工制造国家（地区）。不经过第三国（地区）转运的直接运输货物，以运抵国（地区）为最终目的国

（地区）；经过第三国（地区）转运的货物，以最后运往国（地区）为最终目的国（地区）。同一批进出口货物的最终目的国（地区）不同的，分别填报最终目的国（地区）。进出口货物不能确定最终目的国（地区）时，以尽可能预知的最后运往国（地区）为最终目的国（地区）。

按海关规定的国别（地区）代码表选择填报相应的国家（地区）名称及代码。

14. 境内目的地/境内货源地

境内目的地填报已知的进口货物在国内的消费、使用地或最终运抵地，其中最终运抵地为最终使用单位所在的地区。最终使用单位难以确定的，填报货物进口时预知的最终收货单位所在地。

境内货源地填报出口货物在国内的产地或原始发货地。出口货物产地难以确定的，填报最早发运该出口货物的单位所在地。

海关特殊监管区域、保税物流中心（B型）与境外之间的进出境货物，境内目的地/境内货源地填报本海关特殊监管区域、保税物流中心（B型）所对应的国内地区名称及代码。

五、与进出口货物价格申报相关的项目填制

1. 成交方式

根据进出口货物实际成交价格条款，按海关规定的成交方式代码表（见表5-5）选择填报相应的成交方式代码。无实际进出境的货物，进口填报CIF，出口填报FOB。

表 5-5 成交方式代码表

成交方式代码	成交方式名称	成交方式代码	成交方式名称
1	CIF	5	市场价
2	C&F	6	垫仓
3	FOB	7	EXW
4	C&I		

2. 运费

填报进口货物运抵我国境内输入地点起卸前的运输费用，出口货物运至我国境内输出地点装载后的运输费用。

运费可按运费单价、总价或运费率方式填报，注明运费标记（运费标记"1"表示运费率，"2"表示每吨货物的运费单价，"3"表示运费总价），并按海关规定的货币代码表选择填报相应的币种代码。

3. 保费

填报进口货物运抵我国境内输入地点起卸前的保险费用，出口货物运至我国境内输出地点装载后的保险费用。

保费可按保险费总价或保险费率方式填报，注明保险费标记（保险费标记"1"表示保险费率，"3"表示保险费总价），并按海关规定的货币代码表选择填报相应的币种代码。

4. 杂费

填报成交价格以外的、按照《中华人民共和国进出口关税条例》相关规定应计入完税价格或应从完税价格中扣除的费用。可按杂费总价或杂费率方式填报，注明杂费标记（杂费标记"1"表示杂费率，"3"表示杂费总价），并按海关规定的货币代码表选择填报相应的币种代码。

应计入完税价格的杂费填报为正值或正率，应从完税价格中扣除的杂费填报为负值或负率。

5. 商品编号

填报由13位数字组成的商品编号。前8位为《中华人民共和国进出口税则》和《中华人民共和国海关统计商品目录》确定的编码；9、10位为监管附加编号，11～13位为检验检疫附加编号。

6. 商品名称及规格型号

分两行填报。第一行填报进出口货物规范的中文商品名称，第二行填报规格型号。具体填报要求如下：

（1）商品名称及规格型号应据实填报，并与进出口货物收发货人或受委托的报关企业所提交的合同、发票等相关单证相符。

（2）商品名称应当规范，规格型号应当足够详细，以能满足海关归类、审价及许可证件管理要求为准，可参照《中华人民共和国海关进出口商品规范申报目录》中对商品名称、规格型号的要求进行填报。

（3）已备案的加工贸易及保税货物，填报的内容必须与备案登记中同项号下货物的商品名称一致。

（4）对需要海关签发货物进口证明书的车辆，商品名称栏填报"车辆品牌＋排气量（注明cc）＋车型（如越野车、小轿车等）"。进口汽车底盘不填报排气量。车辆品牌按照进口机动车辆制造厂名称和车辆品牌中英文对照表中"签注名称"一栏的要求填报。规格型号栏可填报"汽油型"等。

（5）由同一运输工具同时运抵同一口岸并且属于同一收货人、使用同一提单的多种进口货物，按照商品归类规则应当归入同一商品编号的，应当将有关商品一并归入该商品编号。商品名称填报一并归类后的商品名称；规格型号填报一并归类后商品的规格型号。

（6）加工贸易边角料和副产品内销、边角料复出口，填报其报验状态的名称和规格型号。

7. 数量及单位

分三行填报。具体要求如下。

（1）第一行按进出口货物的法定第一计量单位填报数量及单位，法定计量单位以《中华人民共和国海关统计商品目录》中的计量单位为准。

（2）凡列明有法定第二计量单位的，在第二行按照法定第二计量单位填报数量及单位。无法定第二计量单位的，第二行为空。

（3）成交计量单位及数量填报在第三行。

（4）法定计量单位为"千克"的数量填报，特殊情况下填报要求如下。

① 装入可重复使用的包装容器的货物，按货物扣除包装容器后的重量填报，如罐装同位素、罐装氧气及类似品等。

② 使用不可分割包装材料和包装容器的货物，按货物的净重填报（即包括内层直接包装的净重重量），如采用供零售包装的罐头、药品及类似品等。

③ 按照商业惯例以公量重计价的商品，按公量重填报，如未脱脂羊毛、羊毛条等。

④ 采用以毛重作为净重计价的货物，可按毛重填报，如粮食、饲料等大宗散装货物。

⑤ 采用零售包装的酒类、饮料、化妆品，按照液体部分的重量填报。

（5）成套设备、减免税货物如需分批进口，货物实际进口时，按照实际报验状态确定数量。

（6）具有完整品或制成品基本特征的不完整品、未制成品，根据商品名称及编码协调制度归类规则按完整品归类的，按照构成完整品的实际数量填报。

（7）已备案的加工贸易及保税货物，成交计量单位必须与加工贸易手册中同项号下货物的计量单位一致，加工贸易边角料和副产品内销、边角料复出口，填报其报验状态的计量单位。

（8）优惠贸易协定项下进出口商品的成交计量单位必须与原产地证书上对应商品的计量单位一致。

（9）法定计量单位为立方米的气体货物，应折算成标准状况（即摄氏零度及1个标准大气压）下的体积进行填报。

8. 单价

填报同一项号下进出口货物实际成交的商品单位价格。无实际成交价格的，填报单位货值。

9. 总价

填报同一项号下进出口货物实际成交的商品总价格。无实际成交价格的，填报货值。

10. 币制

按海关规定的货币代码表（见表5-6）选择相应的货币名称及代码填报，如货币代码表中无实际成交币种，需将实际成交货币按申报日外汇折算率折算成货币代码表列明的货币填报。

表5-6 货币代码表

代码	符号	币制名称	代码	符号	币制名称
110	HKD	港币	303	GBP	英镑
116	JPY	日本元	331	CHF	瑞士法郎
121	MOP	澳门元	501	CAD	加拿大元
132	SGD	新加坡元	502	USD	美元
142	CNY	人民币	601	AUD	澳大利亚元
143	TWD	台币	609	NZD	新西兰元
300	EUR	欧元			

11. 原产国（地区）

原产国（地区）依据《中华人民共和国进出口货物原产地条例》《中华人民共和国海关关于执行〈非优惠原产地规则中实质性改变标准〉的规定》以及海关总署关于各项优惠贸易协定原产地管理规章规定的原产地确定标准填报。同一批进出口货物的原产地不同的，分别填报原产国（地区）。进出口货物原产国（地区）无法确定的，填报"国别不详"。

按海关规定的国别（地区）代码表选择填报相应的国家（地区）名称及代码。

12. 特殊关系确认

根据《中华人民共和国海关审定进出口货物完税价格办法》（简称《审价办法》）第十六条，填报确认进出口行为中买卖双方是否存在特殊关系，有下列情形之一的，应当认为买卖双方存在特殊关系，应填报"是"，反之则填报"否"。

（1）买卖双方为同一家族成员的。

(2) 买卖双方互为商业上的高级职员或者董事的。
(3) 一方直接或者间接地受另一方控制的。
(4) 买卖双方都直接或者间接地受第三方控制的。
(5) 买卖双方共同直接或者间接地控制第三方的。
(6) 一方直接或者间接地拥有、控制或者持有对方5%以上（含5%）公开发行的有表决权的股票或者股份的。
(7) 一方是另一方的雇员、高级职员或者董事的。
(8) 买卖双方是同一合伙的成员的。

买卖双方在经营上相互有联系，一方是另一方的独家代理、独家经销或者独家受让人，如果符合前款的规定，也应当视为存在特殊关系。

出口货物免予填报，加工贸易及保税监管货物（内销保税货物除外）免予填报。

13. 价格影响确认

根据《审价办法》第十七条，填报确认纳税义务人是否可以证明特殊关系未对进口货物的成交价格产生影响，纳税义务人能证明其成交价格与同时或者大约同时发生的任何一款价格相近的，应视为特殊关系未对成交价格产生影响，填报"否"，反之则填报"是"。

出口货物免予填报，加工贸易及保税监管货物（内销保税货物除外）免予填报。

14. 支付特许权使用费确认

根据《审价办法》第十一条和第十三条，填报确认买方是否存在向卖方或者有关方直接或者间接支付与进口货物有关的特许权使用费，且未包括在进口货物的实付、应付价格中。

买方存在需向卖方或者有关方直接或者间接支付特许权使用费，且未包含在进口货物实付、应付价格中，并且符合《审价办法》第十三条的，在"支付特许权使用费确认"栏目填报"是"。

买方存在需向卖方或者有关方直接或者间接支付特许权使用费，且未包含在进口货物实付、应付价格中，但纳税义务人无法确认是否符合《审价办法》第十三条的，填报"是"。

买方存在需向卖方或者有关方直接或者间接支付特许权使用费且未包含在实付、应付价格中，纳税义务人根据《审价办法》第十三条，可以确认需支付的特许权使用费与进口货物无关的，填报"否"。

买方不存在向卖方或者有关方直接或者间接支付特许权使用费的，或者特许权使用费已经包含在进口货物实付、应付价格中的，填报"否"。

出口货物免予填报，加工贸易及保税监管货物（内销保税货物除外）免予填报。

15. 自报自缴

进出口企业、单位采用"自主申报、自行缴税"（自报自缴）模式向海关申报时，填报"是"，反之则填报"否"。

报关单填制规范所述标点符号及数字，填报时都必须使用非中文状态下的半角字符。

任务三 报关单复核

一、报关单填制常见差错原因

报关单填制常见差错主要由工作不细致、责任心不强、专业技能不高、业务不熟练等多种原因引起，这些差错原因分析如下。

（一）工作不细致、责任心不强等原因引起差错

1. 报关单栏目数据填制不齐全

从对差错的统计来看，经常出现漏填的项目有备案号、合同协议号、许可证号、集装箱号、规格型号、征免性质等十多项。在填制时应该逐项填制，不能漏项。漏填项目是比较简单低级的失误，刚开始填制报关单时容易出现，随着填制技术的成熟及责任心的增强，会逐步减少此类差错。

2. 报关单栏目数据填制差错

由于工作不认真、马虎造成的填写错误，在报关单的任何栏目都可能发生，表现为数据错误、数字颠倒、字母颠倒、数据不符等，其中监管方式、征免性质、数（重）量、商品名称、规格型号及运输方式、运费、保费、单价、总价、随附单证、许可证号等栏目错填的影响较大。

（1）币制差错。例如，日元错填成美元，如果数值较大，海关将视为重大统计差错，可能移交相关部门处置，可能引起处罚及降低企业信用管理等级。

（2）通关单漏输号码位数或错附通关单。通关单数据已实现联网核查，数据对碰失败会造成退单，同时会计入企业差错。

（3）集装箱号错误。箱号填制错误，将造成删改单，严重时进口无法提取货物，出口无法正常出运。

（4）数量、总价等数值差错。数量、总价填制错误和币制填制错误一样，均可能引起处罚及降低企业信用管理等级。

（二）专业技能不高、业务不熟练等原因引起差错

1. 报关单栏目概念不清楚造成的填制失误

在填制报关单前，报关人员应熟练掌握《报关单填制规范》的内容，对每个栏目的含义界定要相当清楚，否则概念不清，内涵及外延不能区分，往往造成错填。

（1）监管方式错填。例如，外方赠送货物，应按"其他进出口免费"，代码为"3339"，但填制为"一般贸易"。

（2）征免性质错填。征免性质和监管方式、收发货人、备案号等有很严格的对应关系，填制的征免性质需和所填制的监管方式匹配，如果概念不清，很容易填错。例如，鼓励类外商投资企业等利用投资总额外的自有资金，按照有关减免税政策进口的设备，填制进口货物报关单"征免性质"栏时，应按"自有资金"填报，不能填报为"鼓励项目"。

（3）许可证号错填。例如，错将自动进口许可证号填在许可证号栏。

（4）随附单证错填。例如，将实行联网管理的和不实行联网管理的原产地证书号码均填报在本栏目。

（5）杂费错填。对杂费的概念不清，分不清哪些费用属于杂费，哪些费用应在运费栏目填报。

（6）进口口岸、出口口岸错填。这种情况多发生在转关货物，或者不同海关特殊监管区域或保税监管场所之间调拨、转让的货物报关单的填制过程中。

（7）装货港错填。在进口货物有转船的情况发生时，将装货港错填为境外起始发出的港口，按照规定，本栏目应按进口货物在运抵我国关境前的最后一个境外装运港填制。

(8) 原产国（地区）错填。如果进口货物有两个以上国家参与生产，经常造成原产国（地区）错填。

(9) 运输方式错填。填制错误多发生在无实际进出境货物于境内流转时，混淆海关规定的特殊运输方式的代码。海关现行的特殊监管区域形式很多，如保税区、保税物流园区、保税物流中心、保税港区等，在填报时注意区分区域不同，运输方式也不同。

2. 报关承栏目逻辑关系不对应造成的差错

例如，进（出）口货物报关单分单填报时，各分项数值与发票总数值不符、报关单上的数值和许可证数值不符。

(三) 其他原因引起报关单填制差错

例如，预录入单位差错。录完单据申报前，已复核出差错并进行标记，但预录入单位人员未更改即发送申报数据。例如，企业的加工贸易手册超期未核、手册超量等。进出口企业手册管理不完善，造成手册超期未核，或者某项商品进口超量，造成自动退单。另外，国家政策临时调整及电子口岸系统故障，也是报关单填制出现差错的原因。

二、报关单复核

报关单填制出现错误，会引起海关计税错误，影响海关贸易管制与准确统计；会因报关单的修改或撤销而增加工作量，延缓海关正常放行速度；会使委托人无法提取货物，舱单无法核销，不能签发收汇联和核销、退税联，无法办理付汇或退税手续；会记入报关企业差错，降低企业管理类别等。

复核报关单需要掌握国际货运及国际贸易相关知识、海关关于货物监管的相关管理规定、商品归类相关知识、报关单的填制规范及报关单各栏目的逻辑对应关系等。

报关单常用复核方法如下。

1. 相关栏目的逐项审核

根据货主提供的原始单据，针对报关单各栏目逐一与原始单据进行核对。这是报关单复核的最基本的方法，通过上述步骤，力争做到单单相符、单证相符。

2. 根据监管方式进行的逻辑审核

利用该种方法复核，必须首先保证监管方式填制正确。在此前提下，根据监管方式与报关单其他栏目的相互对应关系，快速验证相关栏目的填制是否正确。

例如，监管方式为"外资设备物品"的进口货物，其"备案号"栏应填制为 Z 字母开头的征免税证明编号，其"征免性质"栏应正确填写"鼓励项目"等内容，其"征免"应填制为"特案"。

3. 根据货物收发货人进行的逻辑审核

在货物进出口的国际贸易中，经常会发生委托代理进出口业务，通过检查收发货人和消费使用单位/生产销售单位填制的逻辑关系（见表 5-7），可快速查出差错。

表 5-7 收发货人和消费使用单位/生产销售单位的逻辑关系表

进出口状况	收发货人	消费使用单位/生产销售单位	备注
外贸代理进出口	外贸流通企业	国内委托进出口的单位	不包括外商投资企业在投资总额内委托进出口
外贸自营进出口	外贸流通企业	外贸流通企业	

续表

进出口状况	收发货人	消费使用单位/生产销售单位	备注
外商投资企业自营进出口	外商投资企业	外商投资企业	
外商投资企业在投资总额内委托进出口	外商投资企业	外商投资企业	实际收发货人应在备注栏说明
签约与执行合同分离	执行合同的外贸流通企业	执行合同的外贸流通企业或者委托进出口的单位	
直接接受进出口	直接接受货物的国内单位	直接接受货物的国内单位	该批货物的进出口应经批准

4. 通过监管证件与报关单相应栏目一致性进行的审核

根据货主提供的监管证件，对照报关单相关栏目进行一致性审核，一般包括：进/出口口岸、收发货人、消费使用单位/生产销售单位、商品名称、商品编码、规格型号、数量、单位、单价、币制、总价等。如为"一批一证"的监管证件，要做到报关单项目与相应证件数据相符。

5. 通过成交方式与运费、保费逻辑关系进行的审核

进出口单据与相应的成交方式逻辑对应关系见表5-8。

表5-8 成交方式与运费、保费的逻辑关系表

业务类型	成交方式	运费	保费
进口	CIF	不填	不填
	C&F	不填	填
	FOB	填	填
出口	FOB	不填	不填
	C&F	填	不填
	CIF	填	填

复核人员可根据表5-8快速核实报关单草单填制是否有误。

6. 通过货物件数进行的逻辑审核

例如，报关单分单填报时，核实提货单、装箱单上所示件数与各报关单件数之和是否相等；报关单品名在两项以上的，核实货物总件数和分项件数之和是否相符。

7. 通过货物毛净重进行的逻辑审核

例如，报关单分单填报时，提货单、装箱单上所示毛重与各报关单毛重之和是否相等；提货单、装箱单所示净重与各报关单净重之和是否相等；报关单品名在两项以上的，货物总净重与分项净重之和是否相符。此外，还可通过对货物总价进行逻辑审核等方式进行复核。例如，报关单分单填报时，发票所示总价与各报关单总价之和是否相等；报关单品名在两项以上的，货物总价与报关单各分项总价之和是否相符等。

报关人员按照《报关单填制规范》填制报关单草单及复核后，自行或交由报关现场的预录入公司进行终端录入，将报关单纸质数据输入系统，形成电子数据报关单待向海关申报。复核人员此时应认真核对，与待申报电子数据的一致性，确保录入内容无误。再次核对需提交的随附单证是否完备、齐全、有效后，正式向海关提交电子数据进行申报。报关单填制复核及错误排查应包含草单复核及预录入后待申报电子数据一致性的复核。

小 结

(1) 进出口货物报关单是指进出口货物的收发货人或其代理人,按照海关规定的格式对进出口货物的实际情况作出书面申明,以此要求海关对其货物按适用的海关制度办理通关手续的法律文书。

(2) 报关单常用复核方法有:相关栏目的逐项审核、根据监管方式进行的逻辑审核、根据货物收发货人进行的逻辑审核、通过监管证件与报关单相应栏目一致性进行的审核、通过成交方式与运保费逻辑关系进行的审核、通过货物件数进行的逻辑审核、通过货物毛净重进行的逻辑审核等。

(3) 不同批文或合同的货物、同一批货物中不同贸易方式的货物、不同备案号的货物、不同提运单的货物、不同征免性质的货物、不同运输方式或相同运输方式但不同航次的货物,均应分别填写报关单。

 实践案例

案例分析 根据发票、装箱单等资料填写进口货物报关单

上海某贸易发展公司以一般贸易方式进口原产于德国的 VIDD 牌切纸机 80 台,货物于某年 7 月 11 日到货,该公司 12 日委托中外运上海分公司向上海外港海关(2225)申报,属于自动进口许可管理,最惠国关税税率为 8%,优惠原产地关税税率为 5%,增值税税率为 16%。该公司于 7 月 13 日采用 EDI 电子申报方式向海关报关,7 月 15 日向海关提交纸质报关单。

素材 1 发票

COMMERCIAL INVOICE

Seller: AAA MANAGEMENT LTD. , HONGKONG		Invoice No. and Date: SH20-6-001 JUN. 28TH, 20××		
		L/C NO. and date: 36LC32576		
Consignee: SHANGHAI ×××× TRADE DEVELOPMENT CORP. , SHANGHAI, CHINA		Buyer (if any than consignee)		
		Other Reference CONTRACT NO: SHD43-245HJ345		
Departure Date: From: BOSTON TO: SHANGHAI, CHINA	Date:	Terms of Delivery and Payment: CFR SHANGHAI		
SHIPPING MARKS	NO. & KINDS OF PACKING; GOODS DESCRIPTION	QUANTITY	UNIT PRICE	AMOUNT
VADU SHANGHAI C/NO. :1-10	VIDD CUTTING MACHINES VIDD-400 (VIDD 牌切纸机 VI-400)	80PCS	USD6500	USD520000
				CFR SHANGHAI, CHINA
				COUNTRY OF ORIGIN: GERMANY

素材2 装箱单
PACKING LIST

Seller: AAA MANAGEMENT LTD., HONGKONG			Invoice No. and Date: SH20-6-001 JUN. 28TH, 20××		
			Buyer (if any than consignee)		
Consignee: SHANGHAI ×××× TRADE DEVELOPMENT CORP., SHANGHAI, CHINA			Other Reference CONTRACT NO: SHD43-245HJ345		
Departure Date:	Date:				
From: BOSTON					
TO: SHANGHAI, CHINA					
SHIPPING MARKS NO. & KINDS OF PACKING; GOODS DESCRIPTION			QUANTITY	NET WEIGHT	GROSS WEIGHT	MEASUREMENT
VIDD CUTTING MACHINES VIDD-400			CASE	KG	KG	
TOTAL			10	14400	15600	

素材3 提单

BILL OF LADING FOR COMBINED TRANSPORT SHIPMENT OR PORT TO PORT SHIPMENT

Shipper: AAA MANAGEMENT LTD., HONGKONG		B/L NO: COUL0000034578
		Reference No:
Consignee: TO ORDER		
		Carrier MALAYSIA INTERNATIONAL SHIPPING CORPORATION BERHAD
Notify party/Address: It is agreed that no responsibility shall attach to the Carrier or his Agents for failure to notify (see Clause 20 on reverse of this Bill of Lading) SHANGHAI ×××× TRADE DEVELOPMENT CORP., SHANGHAI, CHINA		Place of RECEIPT(Applicable only when this document is used as Transport Bill of Lading)
Vessel and Voy. No: QIANJIN 308		Place of RECEIPT(Applicable only when this document is used as Transport Bill of Lading)
Port of loading BOSTON		
Port of transshipment: HONGKONG		Port of discharge: SHANGHAI
Marks and Nos. VADU SHANGHAI C/NO.: 1-10 CY/CY	Number and Kind of package; Description of goods VIDD CUTTING MACHINES VIDD-400 'FREIGHT PREPAID' TOTAL: TWO 40FOOT CONTAINERS ONLY	Gross weight(kg) of cargo 15600 SHIPPER'S LOAD COUNT AND SEALED 2×40'CONTAINER(S) SAID TO CONTAIN: 10CASES CONTAINER NO.; ABTU1368989 tare: 4250 ABTU1368988 tare: 4250	Measurement (CBM) 106

项目五 报关岗位专项技能——报关单的填制与复核

素材 4 中华人民共和国海关进口货物报关单

（××海关）

预录入编号：　　　　　海关编号：　　　　　　　　　　　　　　　　　　　　　页码/页数：

境内收货人		进境关别		进口日期		申报日期		备案号	
境外发货人		运输方式		运输工具名称及航次号		提运单号		货物存放地点	
消费使用单位		监管方式		征免性质		许可证号		启运港	
合作协议号		贸易国（地区）		启运国（地区）		经停港		入境口岸	
包装种类		件数		毛重（千克）		净重（千克）		成交方式		运费		保费		杂费	
随附单证及编号									
标记唛码及备注									
项号	商品编号	商品名称及规格型号	数量及单位	单位/总价/币制	原产国（地区）	最终目的国（地区）	境内目的地	征免	
特殊关系确认：		价格影响确认：		支付特许使用费确认：		自报自缴			
报关人员　报关人员证号		电话		兹申明对以上内容承担如实申报、依法纳税之法律责任 申报单位（签章）		海关批注及签章			
申报单位									

183

学习评价

案例一： 根据发票、装箱单等资料填写进口货物报关单

素材1　发票

INVOICE	
FOR ACCOUNT AND RISK OF SHANGHAI M&M PUDONG CORP, SHANGHAI 上海 M&M 浦东公司 公司编号：312221××××	INVOICE No. KFQE-2018-0206 DATE MAR 10,2018 L/C No. LC312970679 DAIE DEC 19,2018 ISSUED BY INDUSTRIAL AND COMMERCIAL BANK OF CHINA, SHANGHAI PUDONG BRANCH CONTRACT No. 7EOW48250124JP
SHIPPED BY SKY TREASURE V013 FROM YOKOHAMA, JAPAN	SAILING ON OR ABOUT MAR 10,2018 TO SHANGHAI, CHINA B/L No. OOCL089012
MARKS & NOS. 7EOW48250124JP SHANGHAI	DESCRIPTIONS PLAIN GALVANIZED STEEL SHEETS, SGCC-Z27 SPECIFICATION AND GENERAL CONDITIONS AS PER ATTACHED SHEET No. GI-0701-R-l APPEARANCE ACCORDING TO JIS G33025.5.1 PACKING: STEEL PACKING WITHOUT SKID, GROSS MAX. 5M/T MANUFACTURER: SUMITOMO INDUSTRIES LTD, JAPAN HS CODE 72101100　计量单位：千克
QUANTITY FOB YOKOHAMA 55PALLETS 　　USD 627.5	PRICE　　　　　　　　　AMOUNT (INCLUDING PACKING CHARGES) (PER M/T OF ACTUAL NET WEIGHT) 　　　　　　　USD 60371.78

预录入编号：108012543

收货人：上海 KT 设备有限公司（浦东新区）

已办商检及自动进口许可证

运费：USD 19 M/T　保险费率 0.25%

该货于 2018.3.19 进口，于 2018.3.30 由 M&M 国际货运上海公司向上海外港海关 2223 申报。

境外生产商为：NANKO KIGYO CO., LTD. 南光企业株式会社 .Chome, Nishi. Ooizumi, Nerima KU, TOKYO, JAPAN

素材2　装箱单/重量单

	PACKING LIST/WEIGHT MEMO NANKO KIGYO CO. ,LTD	
TO： SHANGHAI M&M PUDONG CORP, SHANGHAI	PACKING LIST NO. KFQE-2018-0206 DATEMAR 10,2018	MARKS&NOS. 7EOW48250124JP SHANGHAI
	SHIPPED BY SKY TREASURE V013 SAILING ON OR ABOUT MAR 10,2018 FROM YOKOHAMA,JAPAN TO SHANGHAI,CHINA	

DESCRIPTIONS
PLAIN GALVANIZED STEEL SHEETS,SGCC-Z27

SPECIFICATION AND GENERAL CONDITIONS AS PER ATTACHED SHEET

APPEARANCE ACCORDING TO JIS G33025.5.1

PACKING STEEL PACKING WITHOUT SKID GROSS MAX. 5M/T

NO. OF	PACKAGE	CONTENTS	N/WT	G/WT
1-55	55PALLETS	11,232SHEETS	96,210KGS	100,884KGS
TOTAL	55PALLETS	11,232SHEETS	96,210KGS	100,884KGS

5 CONTAINERS X 20'TARE 2240KGS
NO. TEXU 3621232
　　TRLU 3569596
　　TRLU 3617056
　　TTLU 8508658
　　TTLU 8508674

素材3 中华人民共和国海关进口货物报关单

(××海关)

预录入编号：		海关编号：				页码/页数：
境内收货人	进境关别		进口日期		申报日期	备案号
境外发货人	运输方式		运输工具名称及航次号		提运单号	货物存放地点
消费使用单位	监管方式		征免性质		许可证号	启运港
合作协议号	贸易国（地区）		启运国（地区）		经停港	入境口岸
包装种类	件数	毛重（千克）	净重（千克）	成交方式	运费	保费	杂费
随附单证及编号						
标记唛码及备注						

项号	商品编号	商品名称及规格型号	数量及单位	单位/总价/币制	原产国（地区）	最终目的国（地区）	境内目的地	征免

特殊关系确认：	价格影响确认：	支付特许使用费确认：	自报自缴	
报关人员 报关人员证号	电话	兹申明对以上内容承担如实申报、依法纳税纳之法律责任	海关批注及签章	
申报单位		申报单位（签章）		

186

案例二： 根据中文资料、发票、装箱单等资料填写出口货物报关单

广州JX食品有限公司（440194××××）出口加工贸易合同项下的盐渍海蜇和冷冻北方长额虾一批，该批货物分别列于编号为C514974××××号登记手册第5项和第6项。商品编码分别为：03079990、03055920；法定计量单位：千克。于2018年7月28日由广州某货运有限公司向广州大铲海关（关区代码：5149）申报。生产、发货单位与经营单位相同，运费率5‰，《出境货物通关单》证件编号4404××××××。集装箱自重各3000千克。

素材1　发票

广州JX食品有限公司 GUANGZHOU JX FOODS CO., LTD. INVOICE				
INVOICE NO:JN2638 CONTRACT NO:KS9802 B/L NO:OOLU92412316		DATE:2018/06/18 DATE:2018/06/30 TERMS:D/P		
SELLER: GUANGZHOU JX FOODS CO., LTD. TEL:　　　FAX:		BUYER: LD PTE LTD.,JAPAN		
SHIPPED PER:DANU BHUM/5009 FROM:GUANGZHOU TO:TOKYO JAPAN VIA HONGKONG				
MARK	DESCRIPTION	QUANTITY	UNIT/PRICE	AMOUNT(USD)
CNFTOKYO N/M	SALTED JELLYFISH 盐渍海蜇 NORTHEMPANDALUS 冷冻北方长额虾	600 CASES 500 CASES	USD22.00/KGS USD80.00/KGS	USD33,000.00 USD80,000.00
	TOTAL:	1,100 CASES		USD113,000.00
			GUANGZHOU JX FOODS CO., LTD.	

素材2 装箱单

广州 JX 食品有限公司
GUANGZHOU JX FOODS CO., LTD.
PACKING LIST

INVOICE NO: JN2638   DATE: 2018/06/18
CONTRACT NO: KS9802   DATE: 2018/06/30
B/L NO: OOLU92412316

SELLER: BUYER:
GUANGZHOU JX FOODS CO., LTD.   LD PTE LTD., JAPAN.
TEL: FAX: 11 GUL CIRCLE, JAPAN 3668

SHIPPED PER: DANU BHUM/5009
FROM: GUANGZHOU TO: TOKYO JAPAN VIA HONGKONG

MARK	DESCRIPTION	QUANTITY	NET WEIGHT	GROSS WEIGHT
N/M	SALTED JELLYFISH 盐渍海蜇	600 CASES	1,500.00KGS	1,725.00KGS
	NORTHEMPANDALUS 冷冻北方长额虾	500 CASES	1,000.00KGS	1,010.00KGS
	TOTAL:	1,100 CASES	2,500.00KGS	2,735.00KGS

CONTAINER NO.:
ABLU6838228 (1×20′)
ABLU7356939 (1×20′)

GUANGZHOU JX FOODS CO., LTD.

素材3 中华人民共和国海关进口货物报关单

（××海关）

预录入编号： 海关编号： 页码/页数：

境内发货人		出境关别		出口日期		申报日期		备案号	
境外收货人		运输方式		运输工具名称及航次号		提运单号			
生产销售单位		监管方式		征免性质		许可证号			
合作协议号		贸易国（地区）		运抵国（地区）		指运港		离境口岸	
包装种类		件数		毛重（千克）		净重（千克）		成交方式		运费		保费		杂费	
随附单证及编号									
标记唛码及备注									

项号	商品编号	商品名称及规格型号	数量及单位	原产国（地区）	单价/总价/币制	最终目的国（地区）	境内货源地	征免

特殊关系确认： 价格影响确认： 支付特许使用费确认： 自报自缴

报关人员	报关人员证号	电话	兹申明对以上内容承担如实申报，依法纳税之法律责任	海关批注及签章
申报单位			申报单位（签章）	

附录 中华人民共和国海关法（2017年修正版）

第一章 总 则

第一条 为了维护国家的主权和利益，加强海关监督管理，促进对外经济贸易和科技文化交往，保障社会主义现代化建设，特制定本法。

第二条 中华人民共和国海关是国家的进出关境（以下简称进出境）监督管理机关。海关依照本法和其他有关法律、行政法规，监管进出境的运输工具、货物、行李物品、邮递物品和其他物品（以下简称进出境运输工具、货物、物品），征收关税和其他税、费，查缉走私，并编制海关统计和办理其他海关业务。

第三条 国务院设立海关总署，统一管理全国海关。

国家在对外开放的口岸和海关监管业务集中的地点设立海关。海关的隶属关系，不受行政区划的限制。

海关依法独立行使职权，向海关总署负责。

第四条 国家在海关总署设立专门侦查走私犯罪的公安机构，配备专职缉私警察，负责对其管辖的走私犯罪案件的侦查、拘留、执行逮捕、预审。

海关侦查走私犯罪公安机构履行侦查、拘留、执行逮捕、预审职责，应当按照《中华人民共和国刑事诉讼法》的规定办理。

海关侦查走私犯罪公安机构根据国家有关规定，可以设立分支机构。各分支机构办理其管辖的走私犯罪案件，应当依法向有管辖权的人民检察院移送起诉。

地方各级公安机关应当配合海关侦查走私犯罪公安机构依法履行职责。

第五条 国家实行联合缉私、统一处理、综合治理的缉私体制。海关负责组织、协调、管理查缉走私工作。有关规定由国务院另行制定。

各有关行政执法部门查获的走私案件，应当给予行政处罚的，移送海关依法处理；涉嫌犯罪的，应当移送海关侦查走私犯罪公安机构、地方公安机关依据案件管辖分工和法定程序办理。

第六条 海关可以行使下列权力：

（一）检查进出境运输工具，查验进出境货物、物品；对违反本法或者其他有关法律、行政法规的，可以扣留。

（二）查阅进出境人员的证件；查问违反本法或者其他有关法律、行政法规的嫌疑人，调查其违法行为。

（三）查阅、复制与进出境运输工具、货物、物品有关的合同、发票、账册、单据、记录、文件、业务函电、录音录像制品和其他资料；对其中与违反本法或者其他有关法律、行政法规的进出境运输工具、货物、物品有牵连的，可以扣留。

（四）在海关监管区和海关附近沿海沿边规定地区，检查有走私嫌疑的运输工具和有藏匿走私货物、物品嫌疑的场所，检查走私嫌疑人的身体；对有走私嫌疑的运输工具、货物、物品和走私犯罪嫌疑人，经直属海关关长或者其授权的隶属海关关长批准，可以扣留；对走私犯罪嫌疑人，扣留时间不超过二十四小时，在特殊情况下可以延长至四十八小时。

在海关监管区和海关附近沿海沿边规定地区以外，海关在调查走私案件时，对有走私嫌疑的运输工具和除公民住处以外的有藏匿走私货物、物品嫌疑的场所，经直属海关关长或者其授权的隶属海关关长批准，可以进行检查，有关当事人应当到场；当事人未到场的，在有见证人在场的情况下，可以径行检查；对其中有证据证明有走私嫌疑的运输工具、货物、物品，可以扣留。

海关附近沿海沿边规定地区的范围，由海关总署和国务院公安部门会同有关省级人民政府确定。

（五）在调查走私案件时，经直属海关关长或者其授权的隶属海关关长批准，可以查询案件涉嫌单位和涉嫌人员在金融机构、邮政企业的存款、汇款。

（六）进出境运输工具或者个人违抗海关监管逃逸的，海关可以连续追至海关监管区和海关附近沿海沿边规定地区以外，将其带回处理。

（七）海关为履行职责，可以配备武器。海关工作人员佩带和使用武器的规则，由海关总署会同国务院公安部门制定，报国务院批准。

（八）法律、行政法规规定由海关行使的其他权力。

第七条 各地方、各部门应当支持海关依法行使职权，不得非法干预海关的执法活动。

第八条 进出境运输工具、货物、物品，必须通过设立海关的地点进境或者出境。在特殊情况下，需要经过未设立海关的地点临时进境或者出境的，必须经国务院或者国务院授权的机关批准，并依照本法规定办理海关手续。

第九条 进出口货物，除另有规定的外，可以由进出口货物收发货人自行办理报关纳税手续，也可以由进出口货物收发货人委托海关准予注册登记的报关企业办理报关纳税手续。

进出境物品的所有人可以自行办理报关纳税手续，也可以委托他人办理报关纳税手续。

第十条 报关企业接受进出口货物收发货人的委托，以委托人的名义办理报关手续的，应当向海关提交由委托人签署的授权委托书，遵守本法对委托人的各项规定。

报关企业接受进出口货物收发货人的委托，以自己的名义办理报关手续的，应当承担与收发货人相同的法律责任。

委托人委托报关企业办理报关手续的，应当向报关企业提供所委托报关事项的真实情况；报关企业接受委托人的委托办理报关手续的，应当对委托人所提供情况的真实性进行合理审查。

第十一条 进出口货物收发货人、报关企业办理报关手续，必须依法经海关注册登记。未依法经海关注册登记，不得从事报关业务。

报关企业和报关人员不得非法代理他人报关，或者超出其业务范围进行报关活动。

第十二条 海关依法执行职务，有关单位和个人应当如实回答询问，并予以配合，任何单位和个人不得阻挠。

海关执行职务受到暴力抗拒时，执行有关任务的公安机关和人民武装警察部队应当予以协助。

第十三条 海关建立对违反本法规定逃避海关监管行为的举报制度。

任何单位和个人均有权对违反本法规定逃避海关监管的行为进行举报。

海关对举报或者协助查获违反本法案件的有功单位和个人，应当给予精神的或者物质的奖励。

海关应当为举报人保密。

第二章 进出境运输工具

第十四条 进出境运输工具到达或者驶离设立海关的地点时，运输工具负责人应当向海关如实申报，交验单证，并接受海关监管和检查。

停留在设立海关的地点的进出境运输工具，未经海关同意，不得擅自驶离。

进出境运输工具从一个设立海关的地点驶往另一个设立海关的地点的，应当符合海关监管要求，办理海关手续，未办结海关手续的，不得改驶境外。

第十五条 进境运输工具在进境以后向海关申报以前，出境运输工具在办结海关手续以后出境以前，应当按照交通主管机关规定的路线行进；交通主管机关没有规定的，由海关指定。

第十六条 进出境船舶、火车、航空器到达和驶离时间、停留地点、停留期间更换地点以及装卸货物、物品时间，运输工具负责人或者有关交通运输部门应当事先通知海关。

第十七条 运输工具装卸进出境货物、物品或者上下进出境旅客，应当接受海关监管。

货物、物品装卸完毕，运输工具负责人应当向海关递交反映实际装卸情况的交接单据和记录。

上下进出境运输工具的人员携带物品的，应当向海关如实申报，并接受海关检查。

第十八条 海关检查进出境运输工具时，运输工具负责人应当到场，并根据海关的要求开启舱室、房间、车门；有走私嫌疑的，并应当开拆可能藏匿走私货物、物品的部位，搬移货物、物料。

海关根据工作需要，可以派员随运输工具执行职务，运输工具负责人应当提供方便。

第十九条 进境的境外运输工具和出境的境内运输工具，未向海关办理手续并缴纳关税，不得转让或者移作他用。

第二十条 进出境船舶和航空器兼营境内客、货运输，应当符合海关监管要求。

进出境运输工具改营境内运输，需向海关办理手续。

第二十一条 沿海运输船舶、渔船和从事海上作业的特种船舶，未经海关同意，不得载运或者换取、买卖、转让进出境货物、物品。

第二十二条 进出境船舶和航空器，由于不可抗力的原因，被迫在未设立海关的地点停泊、降落或者抛掷、起卸货物、物品，运输工具负责人应当立即报告附近海关。

第三章 进出境货物

第二十三条 进口货物自进境起到办结海关手续止，出口货物自向海关申报起到出境止,过境、转运和通运货物自进境起到出境止,应当接受海关监管。

第二十四条 进口货物的收货人、出口货物的发货人应当向海关如实申报,交验进出口许可证件和有关单证。国家限制进出口的货物,没有进出口许可证件的,不予放行,具体处理办法由国务院规定。

进口货物的收货人应当自运输工具申报进境之日起十四日内,出口货物的发货人除海关特准的外应当在货物运抵海关监管区后、装货的二十四小时以前,向海关申报。

进口货物的收货人超过前款规定期限向海关申报的,由海关征收滞报金。

第二十五条 办理进出口货物的海关申报手续,应当采用纸质报关单和电子数据报关单的形式。

第二十六条 海关接受申报后,报关单证及其内容不得修改或者撤销,但符合海关规定情形的除外。

第二十七条 进口货物的收货人经海关同意,可以在申报前查看货物或者提取货样。需要依法检疫的货物,应当在检疫合格后提取货样。

第二十八条 进出口货物应当接受海关查验。海关查验货物时,进口货物的收货人、出口货物的发货人应当到场,并负责搬移货物,开拆和重封货物的包装。海关认为必要时,可以径行开验、复验或者提取货样。

海关在特殊情况下对进出口货物予以免验,具体办法由海关总署制定。

第二十九条 除海关特准的外,进出口货物在收发货人缴清税款或者提供担保后,由海关签印放行。

第三十条 进口货物的收货人自运输工具申报进境之日起超过三个月未向海关申报的,其进口货物由海关提取依法变卖处理,所得价款在扣除运输、装卸、储存等费用和税款后,尚有余款的,自货物依法变卖之日起一年内,经收货人申请,予以发还;其中属于国家对进口有限制性规定,应当提交许可证件而不能提供的,不予发还。逾期无人申请或者不予发还的,上缴国库。

确属误卸或者溢卸的进境货物,经海关审定,由原运输工具负责人或者货物的收发货人自该运输工具卸货之日起三个月内,办理退运或者进口手续;必要时,经海关批准,可以延期三个月。逾期未办手续的,由海关按前款规定处理。

前两款所列货物不宜长期保存的,海关可以根据实际情况提前处理。

收货人或者货物所有人声明放弃的进口货物,由海关提取依法变卖处理;所得价款在扣除运输、装卸、储存等费用后,上缴国库。

第三十一条 按照法律、行政法规、国务院或者海关总署规定暂时进口或者暂时出口的货物,应当在六个月内复运出境或者复运进境;需要延长复运出境或者复运进境期限的,应当根据海关总署的规定办理延期手续。

第三十二条 经营保税货物的储存、加工、装配、展示、运输、寄售业务和经营免税商店,应当符合海关监管要求,经海关批准,并办理注册手续。

保税货物的转让、转移以及进出保税场所,应当向海关办理有关手续,接受海关监管和查验。

第三十三条 企业从事加工贸易,应当按照海关总署的规定向海关备案。加工贸易制成品单位耗料量由海关按照有关规定核定。

加工贸易制成品应当在规定的期限内复出口。其中使用的进口料件,属于国家规定准予保税的，应当向海关办理核销手续；属于先征收税款的，依法向海关办理退税手续。

加工贸易保税进口料件或者制成品内销的，海关对保税的进口料件依法征税；属于国家对进口有限制性规定的，还应当向海关提交进口许可证件。

第三十四条 经国务院批准在中华人民共和国境内设立的保税区等海关特殊监管区域，由海关按照国家有关规定实施监管。

第三十五条 进口货物应当由收货人在货物的进境地海关办理海关手续，出口货物应当由发货人在货物的出境地海关办理海关手续。

经收发货人申请，海关同意，进口货物的收货人可以在设有海关的指运地、出口货物的发货人可以在设有海关的启运地办理海关手续。上述货物的转关运输，应当符合海关监管要求；必要时，海关可以派员押运。

经电缆、管道或者其他特殊方式输送进出境的货物，经营单位应当定期向指定的海关申报和办理海关手续。

第三十六条 过境、转运和通运货物，运输工具负责人应当向进境地海关如实申报，并应当在规定期限内运输出境。

海关认为必要时，可以查验过境、转运和通运货物。

第三十七条 海关监管货物，未经海关许可，不得开拆、提取、交付、发运、调换、改装、抵押、质押、留置、转让、更换标记、移作他用或者进行其他处置。

海关加施的封志，任何人不得擅自开启或者损毁。

人民法院判决、裁定或者有关行政执法部门决定处理海关监管货物的，应当责令当事人办结海关手续。

第三十八条 经营海关监管货物仓储业务的企业，应当经海关注册，并按照海关规定，办理收存、交付手续。

在海关监管区外存放海关监管货物，应当经海关同意，并接受海关监管。

违反前两款规定或者在保管海关监管货物期间造成海关监管货物损毁或者灭失的，除不可抗力外，对海关监管货物负有保管义务的人应当承担相应的纳税义务和法律责任。

第三十九条 进出境集装箱的监管办法、打捞进出境货物和沉船的监管办法、边境小额贸易进出口货物的监管办法，以及本法未具体列明的其他进出境货物的监管办法，由海关总署或者由海关总署会同国务院有关部门另行制定。

第四十条 国家对进出境货物、物品有禁止性或者限制性规定的，海关依据法律、行政法规、国务院的规定或者国务院有关部门依据法律、行政法规的授权作出的规定实施监管。具体监管办法由海关总署制定。

第四十一条 进出口货物的原产地按照国家有关原产地规则的规定确定。

第四十二条 进出口货物的商品归类按照国家有关商品归类的规定确定。

海关可以要求进出口货物的收发货人提供确定商品归类所需的有关资料；必要时，海关可以组织化验、检验，并将海关认定的化验、检验结果作为商品归类的依据。

第四十三条 海关可以根据对外贸易经营者提出的书面申请，对拟作进口或者出口的货物预先作出商品归类等行政裁定。

进口或者出口相同货物，应当适用相同的商品归类行政裁定。

海关对所作出的商品归类等行政裁定，应当予以公布。

第四十四条 海关依照法律、行政法规的规定，对与进出境货物有关的知识产权实施保护。

需要向海关申报知识产权状况的,进出口货物收发货人及其代理人应当按照国家规定向海关如实申报有关知识产权状况,并提交合法使用有关知识产权的证明文件。

第四十五条 自进出口货物放行之日起三年内或者在保税货物、减免税进口货物的海关监管期限内及其后的三年内,海关可以对与进出口货物直接有关的企业、单位的会计账簿、会计凭证、报关单证以及其他有关资料和有关进出口货物实施稽查。具体办法由国务院规定。

第四章 进出境物品

第四十六条 个人携带进出境的行李物品、邮寄进出境的物品,应当以自用、合理数量为限,并接受海关监管。

第四十七条 进出境物品的所有人应当向海关如实申报,并接受海关查验。

海关加施的封志,任何人不得擅自开启或者损毁。

第四十八条 进出境邮袋的装卸、转运和过境,应当接受海关监管。邮政企业应当向海关递交邮件路单。

邮政企业应当将开拆及封发国际邮袋的时间事先通知海关,海关应当按时派员到场监管查验。

第四十九条 邮运进出境的物品,经海关查验放行后,有关经营单位方可投递或者交付。

第五十条 经海关登记准予暂时免税进境或者暂时免税出境的物品,应当由本人复带出境或者复带进境。

过境人员未经海关批准,不得将其所带物品留在境内。

第五十一条 进出境物品所有人声明放弃的物品、在海关规定期限内未办理海关手续或者无人认领的物品,以及无法投递又无法退回的进境邮递物品,由海关依照本法第三十条的规定处理。

第五十二条 享有外交特权和豁免的外国机构或者人员的公务用品或者自用物品进出境,依照有关法律、行政法规的规定办理。

第五章 关 税

第五十三条 准许进出口的货物、进出境物品,由海关依法征收关税。

第五十四条 进口货物的收货人、出口货物的发货人、进出境物品的所有人,是关税的纳税义务人。

第五十五条 进出口货物的完税价格,由海关以该货物的成交价格为基础审查确定。成交价格不能确定时,完税价格由海关依法估定。

进口货物的完税价格包括货物的货价、货物运抵中华人民共和国境内输入地点起卸前的运输及其相关费用、保险费;出口货物的完税价格包括货物的货价、货物运至中华人民共和国境内输出地点装载前的运输及其相关费用、保险费,但是其中包含的出口关税税额,应当予以扣除。

进出境物品的完税价格,由海关依法确定。

第五十六条 下列进出口货物、进出境物品,减征或者免征关税:

（一）无商业价值的广告品和货样；

（二）外国政府、国际组织无偿赠送的物资；

（三）在海关放行前遭受损坏或者损失的货物；

（四）规定数额以内的物品；

（五）法律规定减征、免征关税的其他货物、物品；

（六）中华人民共和国缔结或者参加的国际条约规定减征、免征关税的货物、物品。

第五十七条 特定地区、特定企业或者有特定用途的进出口货物，可以减征或者免征关税。特定减税或者免税的范围和办法由国务院规定。

依照前款规定减征或者免征关税进口的货物，只能用于特定地区、特定企业或者特定用途，未经海关核准并补缴关税，不得移作他用。

第五十八条 本法第五十六条、第五十七条第一款规定范围以外的临时减征或者免征关税，由国务院决定。

第五十九条 暂时进口或者暂时出口的货物，以及特准进口的保税货物，在货物收发货人向海关缴纳相当于税款的保证金或者提供担保后，准予暂时免纳关税。

第六十条 进出口货物的纳税义务人，应当自海关填发税款缴款书之日起十五日内缴纳税款；逾期缴纳的，由海关征收滞纳金。纳税义务人、担保人超过三个月仍未缴纳的，经直属海关关长或者其授权的隶属海关关长批准，海关可以采取下列强制措施：

（一）书面通知其开户银行或者其他金融机构从其存款中扣缴税款；

（二）将应税货物依法变卖，以变卖所得抵缴税款；

（三）扣留并依法变卖其价值相当于应纳税款的货物或者其他财产，以变卖所得抵缴税款。

海关采取强制措施时，对前款所列纳税义务人、担保人未缴纳的滞纳金同时强制执行。

进出境物品的纳税义务人，应当在物品放行前缴纳税款。

第六十一条 进出口货物的纳税义务人在规定的纳税期限内有明显的转移、藏匿其应税货物以及其他财产迹象的，海关可以责令纳税义务人提供担保；纳税义务人不能提供纳税担保的，经直属海关关长或者其授权的隶属海关关长批准，海关可以采取下列税收保全措施：

（一）书面通知纳税义务人开户银行或者其他金融机构暂停支付纳税义务人相当于应纳税款的存款；

（二）扣留纳税义务人价值相当于应纳税款的货物或者其他财产。

纳税义务人在规定的纳税期限内缴纳税款的，海关必须立即解除税收保全措施；期限届满仍未缴纳税款的，经直属海关关长或者其授权的隶属海关关长批准，海关可以书面通知纳税义务人开户银行或者其他金融机构从其暂停支付的存款中扣缴税款，或者依法变卖所扣留的货物或者其他财产，以变卖所得抵缴税款。

采取税收保全措施不当，或者纳税义务人在规定期限内已缴纳税款，海关未立即解除税收保全措施，致使纳税义务人的合法权益受到损失的，海关应当依法承担赔偿责任。

第六十二条 进出口货物、进出境物品放行后，海关发现少征或者漏征税款，应当自缴纳税款或者货物、物品放行之日起一年内，向纳税义务人补征。因纳税义务人违反规定而造成的少征或者漏征，海关在三年以内可以追征。

第六十三条 海关多征的税款，海关发现后应当立即退还；纳税义务人自缴纳税款之日起一年内，可以要求海关退还。

第六十四条 纳税义务人同海关发生纳税争议时，应当缴纳税款，并可以依法申请行政复议；对复议决定仍不服的，可以依法向人民法院提起诉讼。

第六十五条 进口环节海关代征税的征收管理，适用关税征收管理的规定。

第六章 海关事务担保

第六十六条 在确定货物的商品归类、估价和提供有效报关单证或者办结其他海关手续前，收发货人要求放行货物的，海关应当在其提供与其依法应当履行的法律义务相适应的担保后放行。法律、行政法规规定可以免除担保的除外。

法律、行政法规对履行海关义务的担保另有规定的，从其规定。

国家对进出境货物、物品有限制性规定，应当提供许可证件而不能提供的，以及法律、行政法规规定不得担保的其他情形，海关不得办理担保放行。

第六十七条 具有履行海关事务担保能力的法人、其他组织或者公民，可以成为担保人。法律规定不得为担保人的除外。

第六十八条 担保人可以以下列财产、权利提供担保：

（一）人民币、可自由兑换货币；

（二）汇票、本票、支票、债券、存单；

（三）银行或者非银行金融机构的保函；

（四）海关依法认可的其他财产、权利。

第六十九条 担保人应当在担保期限内承担担保责任。担保人履行担保责任的，不免除被担保人应当办理有关海关手续的义务。

第七十条 海关事务担保管理办法，由国务院规定。

第七章 执法监督

第七十一条 海关履行职责，必须遵守法律，维护国家利益，依照法定职权和法定程序严格执法，接受监督。

第七十二条 海关工作人员必须秉公执法，廉洁自律，忠于职守，文明服务，不得有下列行为：

（一）包庇、纵容走私或者与他人串通进行走私；

（二）非法限制他人人身自由，非法检查他人身体、住所或者场所，非法检查、扣留进出境运输工具、货物、物品；

（三）利用职权为自己或者他人谋取私利；

（四）索取、收受贿赂；

（五）泄露国家秘密、商业秘密和海关工作秘密；

（六）滥用职权，故意刁难，拖延监管、查验；

（七）购买、私分、占用没收的走私货物、物品；

（八）参与或者变相参与营利性经营活动；

（九）违反法定程序或者超越权限执行职务；

（十）其他违法行为。

第七十三条 海关应当根据依法履行职责的需要，加强队伍建设，使海关工作人员具有良好的政治、业务素质。

海关专业人员应当具有法律和相关专业知识，符合海关规定的专业岗位任职要求。

海关招收工作人员应当按照国家规定，公开考试，严格考核，择优录用。

海关应当有计划地对其工作人员进行政治思想、法制、海关业务培训和考核。海关工作人员必须定期接受培训和考核，经考核不合格的，不得继续上岗执行职务。

第七十四条 海关总署应当实行海关关长定期交流制度。

海关关长定期向上一级海关述职，如实陈述其执行职务情况。海关总署应当定期对直属海关关长进行考核，直属海关应当定期对隶属海关关长进行考核。

第七十五条 海关及其工作人员的行政执法活动，依法接受监察机关的监督；缉私警察进行侦查活动，依法接受人民检察院的监督。

第七十六条 审计机关依法对海关的财政收支进行审计监督，对海关办理的与国家财政收支有关的事项，有权进行专项审计调查。

第七十七条 上级海关应当对下级海关的执法活动依法进行监督。上级海关认为下级海关作出的处理或者决定不适当的，可以依法予以变更或者撤销。

第七十八条 海关应当依照本法和其他有关法律、行政法规的规定，建立健全内部监督制度，对其工作人员执行法律、行政法规和遵守纪律的情况，进行监督检查。

第七十九条 海关内部负责审单、查验、放行、稽查和调查等主要岗位的职责权限应当明确，并相互分离、相互制约。

第八十条 任何单位和个人均有权对海关及其工作人员的违法、违纪行为进行控告、检举。收到控告、检举的机关有权处理的，应当依法按照职责分工及时查处。收到控告、检举的机关和负责查处的机关应当为控告人、检举人保密。

第八十一条 海关工作人员在调查处理违法案件时，遇有下列情形之一的，应当回避：

（一）是本案的当事人或者是当事人的近亲属；

（二）本人或者其近亲属与本案有利害关系；

（三）与本案当事人有其他关系，可能影响案件公正处理的。

第八章 法律责任

第八十二条 违反本法及有关法律、行政法规，逃避海关监管，偷逃应纳税款、逃避国家有关进出境的禁止性或者限制性管理，有下列情形之一的，是走私行为：

（一）运输、携带、邮寄国家禁止或者限制进出境货物、物品或者依法应当缴纳税款的货物、物品进出境的；

（二）未经海关许可并且未缴纳应纳税款、交验有关许可证件，擅自将保税货物、特定减免税货物以及其他海关监管货物、物品、进境的境外运输工具，在境内销售的；

（三）有逃避海关监管，构成走私的其他行为的。

有前款所列行为之一，尚不构成犯罪的，由海关没收走私货物、物品及违法所得，可以并处罚款；专门或者多次用于掩护走私的货物、物品，专门或者多次用于走私的运输工具，予以没收，藏匿走私货物、物品的特制设备，责令拆毁或者没收。

有第一款所列行为之一，构成犯罪的，依法追究刑事责任。

第八十三条 有下列行为之一的，按走私行为论处，依照本法第八十二条的规定处罚：

（一）直接向走私人非法收购走私进口的货物、物品的；

（二）在内海、领海、界河、界湖，船舶及所载人员运输、收购、贩卖国家禁止或者限制进出境的货物、物品，或者运输、收购、贩卖依法应当缴纳税款的货物，没有合法证明的。

第八十四条 伪造、变造、买卖海关单证，与走私人通谋为走私人提供贷款、资金、账号、发票、证明、海关单证，与走私人通谋为走私人提供运输、保管、邮寄或者其他方便，构成犯罪的，依法追究刑事责任；尚不构成犯罪的，由海关没收违法所得，并处罚款。

第八十五条 个人携带、邮寄超过合理数量的自用物品进出境，未依法向海关申报的，责令补缴关税，可以处以罚款。

第八十六条 违反本法规定有下列行为之一的，可以处以罚款，有违法所得的，没收违法所得：

（一）运输工具不经设立海关的地点进出境的；

（二）不将进出境运输工具到达的时间、停留的地点或者更换的地点通知海关的；

（三）进出口货物、物品或者过境、转运、通运货物向海关申报不实的；

（四）不按照规定接受海关对进出境运输工具、货物、物品进行检查、查验的；

（五）进出境运输工具未经海关同意，擅自装卸进出境货物、物品或者上下进出境旅客的；

（六）在设立海关的地点停留的进出境运输工具未经海关同意，擅自驶离的；

（七）进出境运输工具从一个设立海关的地点驶往另一个设立海关的地点，尚未办结海关手续又未经海关批准，中途擅自改驶境外或者境内未设立海关的地点的；

（八）进出境运输工具，不符合海关监管要求或者未向海关办理手续，擅自兼营或者改营境内运输的；

（九）由于不可抗力的原因，进出境船舶和航空器被迫在未设立海关的地点停泊、降落或者在境内抛掷、起卸货物、物品，无正当理由，不向附近海关报告的；

（十）未经海关许可，擅自将海关监管货物开拆、提取、交付、发运、调换、改装、抵押、质押、留置、转让、更换标记、移作他用或者进行其他处置的；

（十一）擅自开启或者损毁海关封志的；

（十二）经营海关监管货物的运输、储存、加工等业务，有关货物灭失或者有关记录不真实，不能提供正当理由的；

（十三）有违反海关监管规定的其他行为的。

第八十七条 海关准予从事有关业务的企业，违反本法有关规定的，由海关责令改正，可以给予警告，暂停其从事有关业务，直至撤销注册。

第八十八条 未经海关注册登记从事报关业务的，由海关予以取缔，没收违法所得，可以并处罚款。

第八十九条 报关企业非法代理他人报关或者超出其业务范围进行报关活动的，由海关责令改正，处以罚款；情节严重的，撤销其报关注册登记。

报关人员非法代理他人报关或者超出其业务范围进行报关活动的，由海关责令改正，处以罚款。

第九十条 进出口货物收发货人、报关企业向海关工作人员行贿的，由海关撤销其报关注册登记，并处以罚款；构成犯罪的，依法追究刑事责任，并不得重新注册登记为报关企业。

报关人员向海关工作人员行贿的，处以罚款；构成犯罪的，依法追究刑事责任。

第九十一条 违反本法规定进出口侵犯中华人民共和国法律、行政法规保护的知识产权的货物的,由海关依法没收侵权货物,并处以罚款;构成犯罪的,依法追究刑事责任。

第九十二条 海关依法扣留的货物、物品、运输工具,在人民法院判决或者海关处罚决定作出之前,不得处理。但是,危险品或者鲜活、易腐、易失效等不宜长期保存的货物、物品以及所有人申请先行变卖的货物、物品、运输工具,经直属海关关长或者其授权的隶属海关关长批准,可以先行依法变卖,变卖所得价款由海关保存,并通知其所有人。

人民法院判决没收或者海关决定没收的走私货物、物品、违法所得、走私运输工具、特制设备,由海关依法统一处理,所得价款和海关决定处以的罚款,全部上缴中央国库。

第九十三条 当事人逾期不履行海关的处罚决定又不申请复议或者向人民法院提起诉讼的,作出处罚决定的海关可以将其保证金抵缴或者将其被扣留的货物、物品、运输工具依法变价抵缴,也可以申请人民法院强制执行。

第九十四条 海关在查验进出境货物、物品时,损坏被查验的货物、物品的,应当赔偿实际损失。

第九十五条 海关违法扣留货物、物品、运输工具,致使当事人的合法权益受到损失的,应当依法承担赔偿责任。

第九十六条 海关工作人员有本法第七十二条所列行为之一的,依法给予行政处分;有违法所得的,依法没收违法所得;构成犯罪的,依法追究刑事责任。

第九十七条 海关的财政收支违反法律、行政法规规定的,由审计机关以及有关部门依照法律、行政法规的规定作出处理;对直接负责的主管人员和其他直接责任人员,依法给予行政处分;构成犯罪的,依法追究刑事责任。

第九十八条 未按照本法规定为控告人、检举人、举报人保密的,对直接负责的主管人员和其他直接责任人员,由所在单位或者有关单位依法给予行政处分。

第九十九条 海关工作人员在调查处理违法案件时,未按照本法规定进行回避的,对直接负责的主管人员和其他直接责任人员,依法给予行政处分。

第九章 附 则

第一百条 本法下列用语的含义:

直属海关,是指直接由海关总署领导,负责管理一定区域范围内的海关业务的海关;隶属海关,是指由直属海关领导,负责办理具体海关业务的海关。

进出境运输工具,是指用以载运人员、货物、物品进出境的各种船舶、车辆、航空器和驮畜。

过境、转运和通运货物,是指由境外启运、通过中国境内继续运往境外的货物。其中,通过境内陆路运输的,称过境货物;在境内设立海关的地点换装运输工具,而不通过境内陆路运输的,称转运货物;由船舶、航空器载运进境并由原装运输工具载运出境的,称通运货物。

海关监管货物,是指本法第二十三条所列的进出口货物,过境、转运、通运货物,特定减免税货物,以及暂时进出口货物、保税货物和其他尚未办结海关手续的进出境货物。

保税货物,是指经海关批准未办理纳税手续进境,在境内储存、加工、装配后复运出境的货物。

海关监管区,是指设立海关的港口、车站、机场、国界孔道、国际邮件互换局(交换站）和其他有海关监管业务的场所，以及虽未设立海关，但是经国务院批准的进出境地点。

第一百零一条 经济特区等特定地区同境内其他地区之间往来的运输工具、货物、物品的监管办法，由国务院另行规定。

第一百零二条 本法自1987年7月1日起施行。1951年4月18日中央人民政府公布的《中华人民共和国暂行海关法》同时废止。

参 考 文 献

[1] 报关水平测试教程编委会．国际报关人才培养工程报关水平测试教程．北京：中国海关出版社，2017．
[2] 刘丽．国际物流报关实务．第4版．上海：立信会计出版社，2012．
[3] 王艳娜．报关实务．大连：东北财经大学出版社有限责任公司，2016．
[4] 祖天明．报关实务．北京：电子工业出版社，2014．
[5] 叶红玉，刘小聪．跨境电商通关实务．北京：中国人民大学出版社，2018．
[6] 韩斌，韦昌鑫．报关与报检实务．北京：中国人民大学出版社，2016．
[7] 张晓妮．报关理论与实务．北京：中国人民大学出版社，2017．
[8] 刘庆珠．报关实务．北京：中国海关出版社，2014．
[9] 张荣．报关实务．北京：清华大学出版社，2017．
[10] 张颖，黄锐，曾召兵．报关基础．北京：中国海关出版社，2014．
[11] 胡俊芳．报关实务．上海：复旦大学出版社，2017．
[12] 顾永才．报检与报关实务．北京：首都经济贸易大学出版社，2017．
[13] 杨建国．进出口报关．杭州：浙江大学出版社，2011．
[14] 翟士军，李春艳．海关与报关实务．北京：机械工业出版社，2012．
[15] 罗兴武．报关实务．第3版．北京：机械工业出版社，2017．
[16] 武晋军．报关实务．北京：电子工业出版社，2016．